ÉLÉMENTS

DE

DROIT CONSTITUTIONNEL

ÉTUDE JURIDIQUE ET CRITIQUE

SUR LA CONSTITUTION DE LA RÉPUBLIQUE D'HAÏTI

PAR

J.-B. DORSAINVIL

ANCIEN DÉPUTÉ AU CORPS LÉGISLATIF

MINISTRE-RÉSIDENT D'HAÏTI A LONDRES

PARIS (Vᵉ)

M. GIARD & E. BRIÈRE

LIBRAIRES-ÉDITEURS

16, RUE SOUFFLOT ET 12, RUE TOULLIER

--

1912

ÉLÉMENTS

DE

DROIT CONSTITUTIONNEL

ÉLÉMENTS

DE

DROIT CONSTITUTIONNEL

ÉTUDE JURIDIQUE ET CRITIQUE

SUR LA CONSTITUTION DE LA RÉPUBLIQUE D'HAÏTI

PAR

J.-B. DORSAINVIL

ANCIEN DÉPUTÉ AU CORPS LÉGISLATIF
MINISTRE-RÉSIDENT D'HAÏTI A LONDRES

PARIS (V^e)

M. GIARD & E. BRIÈRE

LIBRAIRES-ÉDITEURS

16, RUE SOUFFLOT ET 12, RUE TOULLIER

1912

PRÉFACE

—

Sauf peut-être en Angleterre, son pays d'origine, la science du droit constitutionnel est encore loin d'avoir produit une littérature riche. Les fortes œuvres, présentant une analyse complète et approfondie des questions constitutionnelles, sont jusqu'ici assez rares. Cependant on sent la nécessité d'une doctrine savante, saine et complète partout où domine une Constitution plus ou moins originale ou particulière. Aussi, en bien des pays, les esprits sont-ils revenus aux problèmes de droit public, en vue de rajeunir en quelque manière cette science de l'organisation politique et de la compléter tout à la fois. Comme toute science concrète ou positive, la science juridique subit l'influence des idées évolutives, se modifie et même se transforme sous cette influence : il n'y a que les principes absolus qui ne changent pas, qui ne varient pas sous l'action du temps et du progrès.

Sans espérer offrir une œuvre achevée, mon livre procède du même besoin et vise au même but. Tout en nous livrant à une analyse succincte des principes et des institutions démocratiques, nous avons voulu grouper, serrer de près les règles du bon gouvernement des États et déterminer la procédure ou la méthode qui permette une saine et sage application de ces règles. C'est du droit comparé que nous avons été amené à faire, en prenant pour point de départ la Constitution politique d'Haïti.

Une analyse plus ou moins approfondie de notre statut fondamental ne m'a pas paru inopportune ou sans utilité. Cette Constitution ne ressemble, identiquement, à celle d'aucun des grands Etats modernes. Les doctrines qui se sont dégagées de l'étude de leurs Constitutions respectives ne sont pas applicables, de tout point, à notre Constitution particulière. L'absence d'un ouvrage qui les condense ou les résume est toujours et partout une lacune regrettable et incommode. C'est en partie pour combler une pareille lacune dans notre littérature scientifique que j'ai publié ces *Eléments de droit constitutionnel*.

Le droit constitutionnel, cette partie fondamentale du *droit public*, qui embrasse aussi le *droit administratif* et le *droit criminel*, a un triple objet ; 1° l'organisation de l'Etat, 2° l'organisation des pouvoirs publics, 3° les droits de l'Etat et leurs limites nécessaires. L'étude des droits de l'Etat et de leurs limites nécessaires devait nous amener à traiter de la *souveraineté du peuple* et des *droits publics* des individus, appelés communément les *droits individuels*. C'est par là que nous avons, en effet, commencé notre ouvrage ; puis nous avons parlé de l'Etat en général, de l'Etat dans sa forme abstraite, et ensuite des institutions particulières avec lesquelles il s'incorpore et par lesquelles il s'individualise. C'est alors l'Etat dans sa forme concrète. L'ouvrage se divise ainsi en deux parties distinctes : 1° les principes, 2° les institutions.

Personne ne doit s'attendre à voir des actes irréguliers

s'harmoniser avec les postulats du droit et de la raison. C'est pourquoi on trouvera de nombreuses contradictions entre les faits contingents de la vie publique de tel ou tel peuple et les doctrines préconisées dans l'ouvrage. En cela, il n'y a eu de notre part ni parti-pris, ni artifice. Dans notre intention, ces *éléments de droit constitutionnel* sont une œuvre d'interprétation juridique et de développement historique. C'est comme telle que nous les recommandons à l'attention bienveillante des gens compétents et des amis de la *démocratie*, dont le nombre s'accroît dans le monde, parce qu'elle est, croyons-nous, la forme définitive et générale de l'organisation politique de l'avenir.

Ce retour vers l'étude approfondie des questions de droit public est surtout caractérisé par les éditions françaises complétées des grands travaux de W. Anson, *Loi et pratique constitutionnelles de l'Angleterre* (1903-1905) ; de J. Bryce, *La République américaine* (1901-1902) ; de Dicey, *Introduction à l'étude du droit constitutionnel* ; d'Hamilton et Madison, *Le Fédéraliste* ; de O. Orban, *Le Droit constitutionnel de la Belgique* ; d'Esmein, d'Eugène Pierre, de Laband, de Buys, de Palma, de Burgess, etc. Tous ceux qui s'intéressent à ces questions liront avec fruit les grands traités que nous signalons ici à leur attention et qui placent leurs auteurs au premier rang parmi les jurisconsultes et les publicistes contemporains, anciens ou modernes.

J.-B. Dorsainvil.

ÉLÉMENTS

DE

DROIT CONSTITUTIONNEL

PREMIÈRE PARTIE

—

CHAPITRE PREMIER

FONDEMENT DE LA SOUVERAINETÉ POPULAIRE OU NATIONALE. — COMMENT CE PRINCIPE JURIDIQUE S'EST DÉGAGÉ ET PRÉCISÉ A TRAVERS LES AGES.

L'homme a des droits naturels. Leur conception est indépendante de toute constitution sociale et politique. Ces droits dérivent de sa nature et, par leur libre exercice, sont les conditions mêmes de son existence et du développement de ses facultés. Le sentiment qu'il a de sa personnalité, de sa destination particulière et de son indépendance comme être doué de raison et de volonté ; la conscience qu'il a également de sa liberté morale, de son libre arbitre, sont le fondement et la raison d'être de ces droits nés avec lui, *nata lex*, et que, par conséquent, il apporte dans la société civile plutôt qu'elle ne les lui confère (1). Les plus essentiels parmi eux sont ceux qui ont

(1) Locke est le premier, croyons-nous, qui ait distingué très nettement les droits de l'homme de ceux du citoyen, c'est-à-dire

rapport à sa personne, à sa liberté et à sa conscience. Il
s'ensuit que la loi positive n'est pas le fondement des
droits individuels ; ils lui sont antérieurs. Elle ne fait
qu'en régler l'exercice dans l'intérêt du bon ordre social.
Les droits naturels de l'homme font donc partie de son
être moral ; partant, ils sont imprescriptibles et inaliénables (1). Ces droits existent par le fait que l'homme,
être moral doué de raison et de volonté, a sa personnalité
propre au milieu de ses semblables, quel que soit d'ailleurs
l'état de civilisation dans lequel il manifeste cette personnalité. Le droit en soi, le droit comme principe métaphy-
sique, ne se concevrait pas et deviendrait inexplicable.
Mais le droit dans l'ordre moral et dans l'ordre matériel
est un fait en quelque sorte tangible, certain, nécessaire.
L'ordre moral crée le droit subjectif ; l'ordre matériel, le
droit objectif. Par le fait seulement que j'existe et que j'ai

les droits qui lui appartiennent en tant qu'homme et ceux qui
lui viennent de la société. Ces derniers ne doivent pas être con-
fondus avec les droits politiques. On les range sous la rubrique
de droits civils. De là trois sortes de droits : les droits naturels,
les droits civils et les droits politiques.

(1) La Constitution des Etats-Unis d'Amérique interdit péremptoirement aux Chambres de légiférer sur les droits primordiaux de l'homme, d'où découlent ses libertés nécessaires. Ces
droits restent par conséquent en dehors et au-dessus des attributions de l'Etat, de l'action gouvernementale. Les articles 9
et 10 de la Constitution fédérale formulent en effet les déclarations suivantes :

L'énumération de certains droits dans la Constitution ne
pourra être interprétée comme une dénégation ou un affaiblissement des autres droits que le peuple s'est réservés,

Les pouvoirs qui ne sont pas délégués aux Etats-Unis par la
Constitution ni interdits par elle aux Etats sont réservés aux
divers Etats ou au peuple.

Le pacte fédéral limite ainsi les droits de l'Etat, des Pouvoirs
Publics par rapport à ceux du peuple, des citoyens. Ces sortes
de Constitutions sont dites *limitatives*.

le libre exercice de mes facultés, je sens que j'ai en moi-
même le droit d'imposer le respect de ma personne comme
celui d'exiger le respect de mes biens. En dehors de la reconnaissance probante de ces deux ordres de droits, aucune
société humaine ne paraît pas pouvoir se former et se développer. La propriété, qui est le fruit du travail et de la
liberté de la personne humaine, est donc, à ce titre,
sacrée et doit être aussi respectée comme elle.

Les droits naturels se présentent à nous sous une forme
idéale, c'est-à-dire qu'ils sont inefficaces ou inopérants si
leur respect n'est pas assuré dans leur essence même, qui
est la liberté, par une force effective quelconque. Cependant nous sommes loin de croire, avec les jurisconsultes
de l'école historique, qu'ils soient abstraits, indéterminés,
illusoires, ou bien l'expression des besoins créés par le
développement de la civilisation, et qu'ils n'acquièrent de
la réalité que lorsqu'ils sont prévus et garantis par les
lois (1). S'il en était ainsi, l'homme cesserait en principe
d'être une chose sacrée pour l'homme, *homo res sacra
hominis*, et la contrainte légale n'aurait aucun fondement
moral, puisque le droit naturel n'existerait pas. « En face
de l'opinion faillible et toujours changeante des majorités,
la Révolution Française a pris soin de poser comme l'in-
destructible fondement de la construction politique et sociale les droits du citoyen, les droits de l'individu (2). »

Mais, qu'est-ce que le droit ? — On peut, croyons-nous,
définir ainsi le droit : la faculté innée et inviolable qu'a
l'homme de réaliser les fins pour lesquelles il a été créé.
Il lui confère des immunités naturelles que ses semblables
et la société sont dans l'obligation de respecter (3). A ce

(1) Voir Funck-Brentano, *La Civilisation et ses lois.*

(2) M. Clémenceau, Ministre de l'Intérieur, discours prononcé
à Draguignan le 14 octobre 1906.

(3) « On est d'accord pour reconnaître l'existence *actuelle*,
chez l'homme, d'un *sens moral* ; mais on diffère profondément

point de vue, le droit n'est plus une conception abstraite ; il se concrète en quelque sorte dans les intérêts soit moraux, soit matériels des individus.

L'homme a conscience qu'il possède aussi la volonté ou mieux le pouvoir de contraindre ses semblables à lui reconnaître ces droits et à les respecter dans sa personne et dans sa propriété. S'il les voit menacés ou violés, il trouvera en son être une énergie farouche pour repousser l'agression et défendre ses intérêts, à moins que ses mœurs naturelles ne soient profondément modifiées par le milieu social au préjudice de ses qualités viriles. La même ardeur, il peut la déployer à repousser toute action, même dirigée contre autrui, qui lui paraîtrait injuste. S'il agit ainsi, c'est qu'il trouve dans sa conscience la notion du juste et de l'injuste et le sentiment du droit.

De cette double certitude, devenue une conviction presque universelle, il résulte que chaque membre de la société civile comporte en lui-même quelque chose de sacré pour les autres : c'est, redisons-le, sa personne, sa liberté, sa conscience. Ces objets que chacun de nous doit respecter dans autrui sont les limites que la nature elle-même a posées à notre liberté et à notre pouvoir de con-

sur l'origine de cette faculté qui serait innée et primitive d'après les uns, qui serait acquise d'après d'autres. Sans prendre parti sur les questions métaphysiques qui se rattachent à ce problème, il faut considérer que la conception même du droit, chez les peuples modernes, repose sur deux postulats : l'existence d'une loi morale qui s'impose à l'homme comme règle de conduite, et la *liberté* pour l'homme d'y conformer ses actes. Du rapprochement de ces deux concepts naissent, en effet, la *responsabilité*, c'est-à-dire le devoir et l'*inviolabilité*, c'est-à-dire le *droit* ; l'homme n'est responsable que parce qu'il est libre et il n'est inviolable que parce qu'il est responsable ; de sorte que, dans le sens subjectif, le droit serait précisément la faculté inviolable pour l'homme de réaliser son devoir. » R. GARRAUD, *Précis de droit criminel*, page 4.

-trainte par rapport à ceux de nos semblables. L'ensemble de ces droits et de ces pouvoirs de détermination qui existent naturellement dans la société civile ou dans chacun des membres qui la composent, indépendamment de toute forme d'Etat et de gouvernement, constitue le fondement naturel de la souveraineté populaire ou nationale (1). La liberté de l'homme d'une part, sa volonté de l'autre, voilà les principes générateurs de cette souveraineté qui, par cela même, ne repose sur aucun fondement historique et a ses racines dans le droit naturel. C'est pourquoi, cette conception théorique ou philosophique de la notion de souveraineté s'est maintenue sans interruption à travers les âges, conception qui est conforme en tout point aux données de la raison. Le droit public moderne, en prenant ces postulats pour point de départ, « place la souveraineté légale là où réside la souveraineté de fait ». La souveraineté n'est pas donc un attribut essentiel de la puissance publique qui n'en a que l'exercice. C'est là un fait modifiable.

Ayant ainsi l'exercice de la souveraineté, non de droit et indéfiniment, mais par délégation, l'Etat n'est pas souverain à proprement parler : il a l'attribution de la souveraineté, ce qui constitue sa fonction propre, modifiable et même révocable si les conditions de la délégation ne sont pas respectées. L'Etat, ainsi conçu, n'a pas de droits propres, absolus ; il n'a pas non plus de personnalité, étant une fiction juridique, c'est-à-dire n'étant pas une personne réelle (2). Il en résulte que les droits de l'Etat se résument dans la faculté de contrainte que la loi attribue aux détenteurs de l'autorité contre les citoyens, soit pour

---

(1) Emile BOUTMY envisage la souveraineté du peuple, dans ses *Etudes politiques*, comme un axiome de droit naturel.

(2) Dans la pratique, il faut toujours concevoir l'Etat dans les organes qui le représentent et agissent au nom de la nation.

les contraindre à remplir leurs devoirs sociaux, soit pour les obliger à respecter les droits et les intérêts d'autrui, soit enfin pour réprimer les délits et les crimes qu'ils peuvent commettre.

Cependant, bien que l'élément générateur de la souveraineté nationale soit dans l'individu, cette souveraineté ne se concevrait pas sans l'existence de la société civile, de la nation, et en dehors de l'idée de l'Etat. Il en résulte que tous les actes politiques qu'accomplissent les citoyens, ils les font au nom du peuple par une délégation tacite ou expresse, et nous verrons que ce principe est essentiel au gouvernement démocratique et représentatif (1).

Si la liberté n'est pas une utopie, si nous en avons le sentiment intime et vrai, si notre raison atteste son existence en nous, l'esprit humain saisit les rapports qui doivent exister entre elle et la puissance publique, et comprend que ces rapports sont nécessairement faussés si la souveraineté est l'anéantissement de la liberté et le contrepied du respect de la personne humaine. Bien au contraire, l'organisation de l'Etat ne paraît avoir d'autre but que la sûreté des personnes et la garantie des droits. Le bon ordre social en est la condition nécessaire, et il ne peut résulter que de l'exécution des lois ; le fonctionnement régulier du gouvernement légal en est le moyen. D'où il faut conclure que la consécration, la source véritable de la souveraineté du peuple est dans cet ensemble de principes innés, désignés par les philosophes spiritualistes sous le nom de droit naturel (2).

---

(1) Esmein, *Eléments de droit constitutionnel.*

(2) Il y a, dit Cicéron, une loi conforme à la nature, comme à tous les hommes, raisonnable et éternelle, qui nous commande la vertu et nous défend l'injustice. Cette loi n'est pas de celles qu'il est permis d'enfreindre ou d'éluder ou qui peuvent être changées entièrement. Ni le peuple, ni les magistrats n'ont le pouvoir de délier des obligations qu'elle impose. Elle n'est

Sans doute, cette conception que nous nous sommes faite de l'essence de la souveraineté est la vraie, et il faudra même la prendre pour un des postulats du droit et de la raison. Cependant, dans la réalité des choses changeantes et variables, dans la contingence des faits historiques, nous savons qu'il n'en est pas toujours ainsi. Dans l'antiquité, comme dans les temps modernes, on a souvent vu la souveraineté s'incarner dans des chefs d'Etat, rois ou empereurs; et tel est notamment l'exemple qu'offre l'empire de Russie où les revendications populaires ont occasionné de graves désordres et où tout semble annoncer une profonde révolution sociale et politique, si le tsar ne prend pas lui-même l'initiative des réformes nécessaires (1905).

S'attribuant la plupart du temps une autorité absolue sur les populations soumises à leur autorité, qu'ils appelaient leurs peuples, ces monarques identifiaient ainsi leurs personnes avec l'Etat. Par la coutume de la *justice retenue*, ils pouvaient se faire l'arbitre des destinées de quiconque : *princeps legibus solutus est*, tel était le principe invoqué. Dans les temps anciens, ils étaient souverains temporels et pontifes, ou bien la source de leur pouvoir, sanctionnée par la religion, comme au Moyen Age, remontait à Dieu. Ainsi, l'Etat absorbait l'individu ; la souveraineté, la liberté. Toutefois, il ne faut voir là qu'une déviation au principe que nous avons admis ou un acheminement vers ce principe, dont l'humanité ne possédait pas encore la notion adéquate. Au milieu de ces péripéties, les efforts des nations ont tendu à organiser une forme d'Etat et un mode de gouvernement qui fussent

point autre à Rome, autre à Athènes, ni différente aujourd'hui de ce qu'elle sera demain ; universelle, inflexible, toujours la même, elle embrasse toutes les nations et tous les siècles. Par elle, Dieu instruit et gouverne souverainement tous les hommes, lui seul en est le père, l'arbitre et le vengeur (*De Legibus*, II).

compatibles avec les droits naturels de l'homme et qui missent la souveraineté effective, la souveraineté en exercice, non pas dans la puissance publique virtuellement et d'une manière constante, non pas dans les mains de celui ou de ceux qui la détenaient, mais dans les lois qui, comme expression de la volonté générale, doivent s'imposer à tous, gouvernants et gouvernés (1). C'est pourquoi M. le professeur Esmein a pu dire avec beaucoup de justesse que la souveraineté populaire est une idée simple qui répond aux sentiments de justice et d'égalité qui sont au fond de l'âme humaine (2).

C'est aussi un principe philosophique, dont la liberté politique moderne poursuit l'application par l'établissement de règles, d'institutions et par l'emploi des méthodes qui en assurent l'efficacité.

Cette espèce de délégation à un seul de la souveraineté du peuple, dont l'histoire romaine, au temps de l'Empire, nous offre l'exemple et que les juristes romains ont consacrée par cet aphorisme : *quod principi placuit, legio habet vigorem*, peut résulter de même du fait d'une usurpation du pouvoir, maintenue par la violence, par la terreur et par des coups d'Etat successifs partout où l'armée, organisée en corps politique, peut prendre fait et cause dans les luttes de partis. On reconnaît là la dictature militaire dans son origine comme dans ses moyens ; simple substitution de la souveraineté de fait à la souve-

---

(1) A en juger par le passage suivant tiré de Quinte-Curce, il paraît que les anciens s'étaient élevés à cette notion supérieure de la souveraineté nationale. « Les seuls Athéniens, dit-il, vengeurs de la liberté générale, autant que de la leur propre, accoutumés d'ailleurs à être *gouvernés non par des rois mais par leurs lois et usages*, défendirent l'entrée de leur pays à ce vil ramas d'hommes. » Il s'agit ici du décret d'Alexandre en faveur des bannis des cités grecques dont il espérait se faire des partisans.

(2) ESMEIN, *Eléments de Droit Constitutionnel*.

raineté de droit, pure violation d'une prérogative naturelle, absolue et incommunicable par son essence. Le suffrage universel, ici direct, là indirect, est l'unique moyen pratique de réaliser la souveraineté du peuple, dans le gouvernement démocratique qui en est le milieu, la condition nécessaire. En dehors de ce moyen et de cette condition, la souveraineté populaire demeure uniquement un postulat, un principe abstrait, une idée philosophique.

Avant que le dogme de la souveraineté nationale fût formulé et proclamé par les peuples modernes, deux théories avaient cours sur l'origine de la monarchie absolue : l'une préconisée en France, la faisait découler de Dieu, comme étant la source de toutes choses ; l'autre, répandue en Allemagne, en Angleterre, la faisait dériver du peuple par délégation perpétuelle et irrévocable. Les monarques se prétendaient les titulaires de la souveraineté ; ils en avaient, selon eux, la propriété inaliénable et imprescriptible. C'étaient là, sans doute, des idées fausses. Toujours est-il que la conception moderne de la souveraineté dérive de la seconde théorie par un développement logique, tout naturel, quoique souvent accompagné de violence.

Dans les temps modernes, en effet, l'ancien ordre de choses commença par se modifier profondément sous l'influence des doctrines nouvelles et par l'effet des mouvements révolutionnaires. En Angleterre, après la révolution de 1648, le dogme de la souveraineté nationale est reconnu de fait et pratiqué plus ou moins dans le gouvernement de l'Etat ; les droits et les pouvoirs du monarque sont définis et limités par des lois constitutionnelles ou spéciales ; les libertés publiques sont consacrées et garanties, enfin la dévolution de la couronne est règlementée.

La noblesse anglaise, dès le xiie siècle, avait lutté en effet avec opiniâtreté pour conquérir ses droits politiques.

La *Grande Charte* de 1215, la *Pétition des droits* de 1628, le *Bill* des droits de 1688 furent les actes décisifs qui assurèrent l'établissement de la liberté politique dans le Royaume-Uni. En France, l'abolition du régime féodal par le décret du 4 août 1789, la déclaration des droits de l'homme et du citoyen, formulée le 26 août, la responsabilité ministérielle, décretée le 18 juillet, tout cela n'était que la constatation de la souveraineté nationale qui fut définitivement reconnue en 1848, par l'établissement du suffrage universel et par l'organisation du gouvernement démocratique. On verra plus loin comment le mouvement révolutionnaire et constitutionnel allait agir irrésistiblement dans la vieille Europe et transformer ses lois, ses institutions et ses mœurs. Presque partout les peuples réclamaient la jouissance de la liberté politique et le privilège de participer au gouvernement de la chose publique.

Une des conséquences inévitables de la pratique du suffrage universel et direct a été d'amener la loi du nombre à être l'essence du gouvernement représentatif, en fondant le règne de la démocratie même dans les États où, comme en Angleterre, on cherchait des combinaisons pour en atténuer les effets inéluctables (1). Dans les démocraties modernes, en vertu de ce fait, ce sont les majorités qui gouvernent ou qui tendent à gouverner, et leur domination est d'autant plus assurée qu'elles sont arrivées à acquérir plus de lumières, plus de bien-être et plus d'aptitudes politiques. Cette tendance des majorités

---

(1)...« Les petites fortunes, les petits capitaux, les travailleurs, les gens en train de monter, les détenteurs à la fois du travail, de l'intelligence, de l'esprit d'épargne, d'économie, de l'aptitude aux affaires courantes, *tous animés du sentiment du devoir, mais aussi éclairés par la connaissance de leurs droits*, tout ce petit monde est la *démocratie*, qui est le pays, qui est la France... » Gambetta, Discours prononcé à Auxerre le 1er juin 1874.

impose aux gouvernants, quels qu'ils soient d'ailleurs, des devoirs rigoureux, de l'accomplissement desquels dépendent le bon ordre social et la bonne administration publique. Nous en parlerons tout particulièrement dans la suite, au chapitre sur les conditions de la pratique rigoureuse du dogme de la souveraineté populaire.

Une domination quelconque, autre que celle des majorités, ne peut se maintenir dans l'Etat que de deux manières : par l'emploi de la force ou par l'adhésion de l'opinion publique. L'emploi de la force, on le sait, n'est pas toujours possible. Si cette domination n'a pas pour elle le consentement presque unanime de la nation, l'aveu du sentiment populaire, elle succombera un jour ou l'autre sous l'effort des intérêts et des opinions coalisés. D'où il faut conclure que l'autorité despotique elle-même, pour se maintenir, ne peut se passer d'une certaine adhésion de la volonté générale, cette génératrice de la souveraineté du peuple. On le conçoit bien, selon l'état social et politique d'une nation, selon son origine et ses traditions historiques, la souveraineté légale peut être attribuée aux pouvoirs publics comme elle peut être détenue arbitrairement en quelques mains ou en une seule. La possibilité de l'une des trois hypothèses suppose toujours l'accord probant ou tacite de la majorité. De toutes les façons, le fait social qui s'impose à notre jugement, c'est qu'en principe la souveraineté réside dans la nation entière et ne saurait résider ailleurs. Cependant, une minorité, forte par ses traditions, ses convictions, son organisation, la solidarité de ses membres et leur courage, comme les patriciens romains ou l'ancienne aristocratie anglaise, peut longtemps maintenir une souveraineté de fait ou illégitime à son seul avantage. Mais cet état de choses ne peut s'éterniser, se perpétuer, que chez une nation dégénérée, sans énergie, insouciante ou inconsciente de ses droits. Cette anomalie n'infirmera pas cette grande vérité que la souveraineté réelle, effective, est l'apanage des peuples fiers et libres, qui ont su la conquérir par leurs efforts et qui la conservent par leur sérieux, leur courage, leur activité progressive.

Le résultat final de cette lente évolution pour les nations modernes fut de confier à des magistrats suprêmes, par l'avènement de la Démocratie représentative, les attributs indirects de la souveraineté, ceux surtout qui pouvaient être prévus et réglés minutieusement par les lois. Dès lors, le rôle de ceux-ci se réduisait à gouverner ou à commander et à exécuter les lois existantes : d'où leur titre moderne, plus exact et plus vrai, de *chef du pouvoir exécutif*, qu'ils soient rois constitutionnels ou présidents de République.

Quant au droit de légiférer, d'exercer les attributs directs et supérieurs de la souveraineté, après avoir été pratiqué directement par les deux grands peuples de l'antiquité et, dans une certaine mesure, par les monarques des temps modernes, il devint l'apanage des représentants de la nation, du pouvoir législatif, investi ainsi du privilège de manifester la volonté du souverain et de faire respecter cette volonté et les intérêts qu'elle crée, par le contrôle qu'il est appelé à exercer sur les actes du pouvoir exécutif et administratif et par l'exercice de ses hautes attributions judiciaires.

En général, quels sont les principes formulés par la Constitution de la République au sujet de la souveraineté populaire ? La prend-elle pour base du système de gouvernement qu'elle a fondé ? La réponse à ces questions ne peut être douteuse si l'on se rappelle les dispositions formelles des articles 33 et 34 du pacte fondamental. Mais ces déclarations constitutionnelles sont plutôt théoriques, car en Haïti le pouvoir n'est pas organisé ni ne fonctionne pas de façon à permettre l'application vraie, sincère, du principe primordial de la souveraineté nationale. La Constitution consacre et garantit également, en son titre III, les droits civils des citoyens ; elle détermine leurs droits politiques et les entoure de garanties en proclamant la séparation des pouvoirs publics (art. 35), la responsabilité ministérielle (art. 118), la liberté électorale (titre IV), la liberté de la presse, le droit de pétition et le droit de réunion (art. 21, 26 et 27). En précisant ainsi la nature de la souveraineté, en la faisant résider dans l'universalité des citoyens, c'est-à-dire dans la nation entière, la Constitution reconnaît et consacre *ipso facto* la souveraineté populaire, et cela, avec toutes ses conséquences juridiques. Il reste à donner à ces déclarations constitutionnelles la consécration de fait et l'exécution rigoureuse qui doivent en assurer les pleins effets.

Au résumé, si dans le gouvernement de l'Etat il n'y a pas de règles générales et absolues, décrétées d'avance et connues de tous les citoyens, suivant lesquelles la délégation de la souveraineté nationale s'exerce ; d'autre part, si les dépositaires de l'autorité peuvent se jouer impunément de ces lois : dans l'un et l'autre cas le gouvernement n'est ni régulier, ni légitime, et la liberté individuelle demeure sans garantie. Une nation qui vivrait sous un tel régime serait certainement en dehors du droit public des peuples libres et sains (1). Maintenant quelle

---

(1) Ce qui fait la vertu protectrice de la loi, c'est sa conception même. Elle peut, en effet, être définie : « Une règle impérative ou prohibitive posée par le souverain, qui statue non dans un intérêt particulier, mais dans l'intérêt général, non à l'égard d'un individu isolé, mais à l'égard de tous, pour l'avenir et à jamais ». EsMEIN, *Eléments de Droit Constitutionnel.*

Les lois ne disposent que pour l'avenir, elles ne rétroagissent pas. En France une loi peut rétroagir lorsqu'il y a en cela un intérêt quelconque pour la communauté. Chez nous, dans aucun cas, la loi ne peut rétroagir, par la raison que le principe

est la nature et quelles sont les limites de la souveraineté nationale ? Quelles sont les conditions juridiques de son application et de son exercice ? Telles sont les questions que nous devons étudier dans les deux chapitres suivants.

de la non-rétroactivité des lois, étant posé par la Constitution, est devenu un principe rigide, absolu, inflexible. En France, il est déposé dans le Code civil. Dès lors, chez cette nation, on peut y déroger par des lois spéciales, s'il y a lieu. Toutefois, la règle d'après laquelle les lois n'ont pas d'effets rétroactifs est considérée par les jurisconsuls français comme une règle générale. C. c., art. 2. C. pén., art. 4. Voir BAUDRY-LACANTINERIE, *Cours de Droit civil*, tome Ier, Introduction.

CHAPITRE II

NATURE ET LIMITES DE LA SOUVERAINETÉ NATIONALE

Par ce que nous avons dit précédemment pour établir
l'origine de la souveraineté nationale, il nous devient facile de nous faire une idée précise de sa nature et de ses
limites nécessaires. Nous avons vu qu'elle réside dans
l'universalité des citoyens, dans la nation entière. Nous
restons convaincu que l'Etat, qui la représente et la personnifie en droit, en a l'attribution ou la qualification.
Mais, nous sentons aussi que la nation, à proprement
parler, ne peut rien produire par elle-même, n'étant pas
une personne réelle, douée d'une volonté et d'une activité
qui lui soient propres. C'est donc dans les individus qui
la composent qu'il faut placer le principe originel de la
souveraineté populaire. La reconnaissance de ce fait ini-
tial, qui est naturel, n'est pas susceptible de nuire à l'intégrité et à l'indépendance de cette souveraineté, qui n'est
pas affectée par les volontés individuelles, étant elle-
même l'expression, la manifestation de la volonté générale.

Beaucoup de données admises en droit ne sont que des
nécessités logiques ou des fictions juridiques ; mais ce
qui est indiscutable, c'est que « le droit public, comme le

droit privé, a son point de départ dans l'individu, moralement libre, raisonnable et responsable (1) ».

Si l'individu est le principe générateur de la souveraineté du peuple, la raison et la logique veulent qu'il n'en soit pas le détenteur réel d'une fraction quelconque. Comment cela pourrait-il être sans inconvénient et raisonnablement avec la pérennité des nations et des Etats ? La mort de quelques détenteurs amènerait une modification effective de la constitution de la souveraineté nationale qui, par cela même, cesserait d'être identique à elle-même. D'autre part, la puissance publique est organisée pour la protection des droits de chacun de nous et la garantie de notre liberté. Cela implique et exige que la souveraineté réside entière dans la nation comme un droit qui lui est propre, aussi bien qu'elle doit en conserver le plein exercice pour pouvoir le déléguer aux pouvoirs publics. La souveraineté nationale est la manière d'être ou la qualité essentielle d'un Etat ou d'une nation, et la perte de cette qualité dans l'un l'entraîne dans l'autre. Mais la nation n'étant pas une personne réelle, ne peut pas agir par elle-même ; sa volonté ne peut être exprimée que par les voix ou les *votes* d'un certain nombre de ses membres formant ce qu'on appelle la nation légale. Ceux-là sont les électeurs politiques (2). C'est donc par l'exercice du droit de suffrage politique que la souveraineté nationale est mise en action. Intangible comme la liberté individuelle, elle est, comme elle, inaliénable et imprescriptible.

Cette volonté générale qui est la résultante des volontés particulières, cette souveraineté populaire qui est la somme des pouvoirs personnels des membres de la collectivité ne peut ni ne doit s'exercer qu'au profit de la

____

(1) Esmein.

(2) En Haïti, le citoyen acquiert cette qualité dès l'âge de 21 ans révolus.

nation et partant dans l'intérêt de chacun de ceux qui la composent. Par voie de conséquence, le gouvernement auquel en est dévolu l'exercice n'a pas une autre fin, un autre but ; et pour en assurer la réalisation, il est naturel et logique que tous les intéressés y prennent part d'une façon médiate ou immédiate. Voilà le critérium sur lequel reposent la légitimité et la nécessité du gouvernement représentatif. Ainsi, la souveraineté nationale d'un côté, le droit qu'a le corps social d'autre part de concourir à l'établissement de la puissance publique, du gouvernement, et d'en contrôler l'action, tout cela reconnaît un même fondement, se justifie par les mêmes postulats.

La reconnaissance et la mise en action de la souveraineté populaire devaient produire cette conséquence inévitable : ce fut d'amener la loi du nombre, le principe des majorités à être une des conditions essentielles du fonctionnement du gouvernement démocratique et représentatif qui, sans cela, serait impraticable par l'impossibilité où serait la volonté générale de se manifester unanimement toujours. C'est donc la majorité qui agit pour le corps de la nation et en son nom par l'exercice du droit de suffrage politique dans ses multiples combinaisons. « La loi de majorité est une de ces idées simples qui se font accepter d'emblée ; elle présente ce caractère que d'avance elle ne favorise personne et met tous les votants sur le même rang (1). »

Toutefois, la liberté individuelle, cette souveraineté personnelle, est active dans chaque citoyen. On ne peut nier son influence et son action propres sur le corps social sans nier l'évidence d'un fait mental conscient et volontaire, qui ne contrarie pas la souveraineté populaire, mais la seconde, la fortifie et la justifie comme en étant un des

---

(1) ESMEIN, *Droit Constitutionnel*, page 177.

éléments constitutifs. Sinon, comment s'expliquer l'influence sociale des individus par le moyen de la presse ou de la parole par exemple ? Mais, dans la pratique, le caractère collectif de cette influence souveraine qui ne peut pas opérer dans l'isolement, la fait identifier avec celle de l'opinion publique, souveraineté plus propre, nous entendons parler de la dernière, à être revendiquée collectivement par les citoyens que par chacun d'eux en particulier. Il en résulte que la souveraineté nationale est la somme des souverainetés individuelles qui s'influencent les unes les autres, mais que, dans la pratique, celle-là reste une faculté sociale une et indivisible comme la nation elle-même qui, formée de couches successives de générations, n'en est pas moins une entité, une unité organique. On admet qu'elle n'est pas habile logiquement et légalement à tourner cette grande puissance contre elle-même, ce qui signifie que sa souveraineté et son autonomie ne tombent pas raisonnablement sous sa libre délibération. Le droit et la raison s'imposent également à l'intelligence et à la souveraineté des Etats comme à l'intelligence et à la liberté des particuliers. Il n'y a pas deux morales pour la conscience humaine, selon qu'il s'agit des devoirs individuels ou des devoirs des peuples. L'équité naturelle est donc la commune loi des nations et des personnes réelles.

Ce point de vue de la souveraineté s'est d'ailleurs déjà traduit en faits. La coutume du suffrage accumulé n'a d'autre but que de reconnaître légalement l'influence particulière de certaines individualités dans le jeu de la volonté générale. Les restrictions au droit électoral sont une attestation du même fait en sens contraire. A côté de la souveraineté du peuple, incontestée quoique non déclarée explicitement, non affirmée par les lois, comme en Angleterre, on peut voir subsister un ordre de choses qui lui soit étranger et même contraire telle qu'une aristocratie héréditaire ayant sa représentation propre dans le gouvernement de l'Etat. Cela atteste qu'il n'est pas toujours possible de ramener les faits sociaux aux principes généraux du droit et qu'il y a, dans la vie des peuples, des situations politiques qui s'imposent et persistent jusqu'à ce que, avec le temps, elles se modifient et se concilient avec les notions reçues et les idées dominantes. Le caractère définitif de l'organisation d'un Etat dépend surtout de son développement historique ; les théories régnantes, même en s'imposant par des réformes générales à sa législation, n'arrivent pas à la modifier d'une manière complète et certaine. Tout cela est l'œuvre du temps.

Maintenant, qu'entendons-nous par ce mot de souveraineté populaire ou nationale ? Juridiquement, elle s'offre à nous sous un double aspect : elle est intérieure et extérieure, selon que nous envisageons un Etat dans ses rapports avec les nationaux et même avec les étrangers qui vivent sur son territoire sans un titre officiel ou avec les autres Etats. On peut la définir : le droit que possède chaque nation de faire et d'entreprendre tout ce qu'elle juge utile à elle-même sans empiéter sur les droits primordiaux de ses membres et sans nuire aux intérêts et aux droits des autres nations. Les Etats souverains sont ceux qui conservent toute leur indépendance à l'égard des autres. Certains d'entre eux, tels que les Etats sujets, lès Etats tributaires, les pays de protectorat, les nations neutres, possèdent une souveraineté plus ou moins complète, selon la nature des traités qui règlent leur situation intérieure et extérieure. Quant aux Etats fédératifs, leur souveraineté intérieure peut être limitée dans une certaine mesure par celles des Etats particuliers qui les composent.

Nous n'insisterons pas davantage sur cette matière qui relève du droit international public, du droit des gens. Notre tâche doit se borner à considérer la souveraineté

intérieure des Etats indépendants et autonomes. Au résumé et en d'autres termes, les nations souveraines sont
celles qui sont libres de se donner telle ou telle constitution, de la maintenir, de la perfectionner ou de la changer
à leur gré. C'est dans cette absolue indépendance d'un
Etat que consiste la souveraineté nationale.

Quel est le sens pratique de la formule de la souveraineté populaire ou nationale? C'est que, nous dit Boutmy,
le peuple ne doit pas être soumis à l'empire d'un seul ou
d'un petit nombre. Cette formule contenait implicite-
ment la loi de la majorité qu'en a dégagée la liberté politique moderne et qui est devenue la condition nécessaire
de la démocratie représentative. Sa supériorité sur les
modes du pouvoir qui lui servent d'antithèse, telles que
la royauté, l'aristocratie, est pratiquement prouvée : c'est
que ici un principe de droit naturel se trouve en opposition avec des faits négatifs qui sont venus, par la force des
choses, se ranger parmi les simples précédents historiques. « Aujourd'hui le nœud du problème politique est
dans l'individu ; l'idée qu'on se fait de l'individu est la
première chose à dégager ; il s'agit de savoir quels sont
ses droits et ses devoirs... Il joue le premier rôle et c'est
à lui qu'il appartient de faire les parts, de déterminer ce
qu'il a entendu se réserver, ce qui, à son défaut, reviendra
au public. Toutes nos démocraties ont présenté jusqu'à
ce jour ce caractère hautement individualiste, et j'en
trouve la preuve dans ce fait que les lois électorales n'ont
pas cessé de gagner en importance. Elles sont devenues
la base de tout système politique ; elles marquent la
mesure dans laquelle ce système cède ou se refuse à la
démocratie. (1) »

Puisqu'une nation ne peut être que la résultante des
individus qui la composent, il demeure évident que, si

(1) EMILE BOUTMY, *Etudes politiques*, page 19 et 20.

elle est organisée démocratiquement, la souveraineté qu'elle possède, c'est-à-dire la faculté de régler ses affaires sans appel et sans contrôle extérieur, réside à la fois dans l'ensemble de ses citoyens et virtuellement dans chacun d'eux en particulier, comme nous l'avons dit précédemment. De là découle le droit de chacun de participer au gouvernement et à l'administration de la chose publique, sous les seules conditions de moralité et de capacité requises, ou celui de contrôler ceux auxquels en est dévolu le soin, indépendamment de toute autre considération.

Mais quelle est la manière d'être de cette souveraineté ? Est-elle absolue, sans limites aux mains de ceux qui l'exercent, soit directement, soit par délégation ? La raison humaine ne la conçoit pas comme étant illimitée. Elle distinguera toujours entre le pouvoir du peuple et les droits des citoyens, de chaque citoyen, entre la souveraineté et la liberté. Mieux que toute force individuelle, mieux que toute autre force sociale, la souveraineté nationale, loin d'être un pouvoir absolu, illimité de l'Etat, doit être réglementée, conditionnée par la Constitution et les lois.

La souveraineté nationale s'arrête donc devant les droits naturels des individus. Elle ne les absorbe pas, ils en sont distincts, et doivent conserver vis-à-vis d'elle leur puissance et leur action. Leur libre exercice est la condition primordiale du développement moral et matériel des citoyens et partant de la nation. La Constitution ne doit pas seulement proclamer le respect de ces droits, elle doit aussi, elle doit surtout en garantir l'exercice. Dans la pratique des choses, il est nécessaire qu'ils soient respectés par les pouvoirs publics. Autrement, le gouvernement ne sera ni régulier, ni moral, ni progressiste (1).

(1) Le droit public moderne admet que la nationalité ne s'impose pas, d'où cette conséquence logique que le citoyen conserve toute sa liberté vis-à-vis de la nation à laquelle il appartient par sa naissance. Il est libre d'y renoncer et d'aller se

Comme pour les particuliers, les actes des agents et des organes ou représentants de l'Etat, en tant qu'ils sont mauvais et illégaux, tombent sous le coup d'une double sanction : la sanction morale et la sanction pénale. Et s'ils s'exercent contre les personnes, la loi garantit à celles-ci le recours en justice pour obtenir la réparation des dommages qui leur sont causés. Dans certains pays, en Belgique et en Angleterre notamment, du reste en France aussi depuis 1870, aucune autorisation préalable n'est nécessaire aux citoyens lésés dans leurs droits ou intérêts pour diriger des poursuites contre les agents administratifs responsables (1). Que des fonctionnaires du gouvernement mésusent de leur pouvoir envers les particuliers, ils sont tenus légalement à des réparations qui se traduisent le plus souvent par des dommages-intérêts. Qu'ils méconnaissent leurs devoirs, s'acquittent mal de leur tâche, ils compromettent les intérêts de la nation et l'exposent peut-être à des mécomptes dont elle doit pouvoir se faire justice conformément aux lois. Quelquefois, les représen-

---

fixer ailleurs pour un motif quelconque. Cependant les jurisconsultes n'admettent pas qu'il puisse abandonner sa nationalité native sans en adopter une autre. L'homme doit avoir une patrie, il doit toujours appartenir à une nation, enfin être membre d'un groupe distinct de la grande famille humaine, dans l'intérêt de sa sociabilité et de ses sentiments de dévouement et d'abnégation.

(1) «... Le décret du 19 septembre 1870 n'a eu d'autre effet que de supprimer la fin de non recevoir résultant du défaut d'autorisation avec toutes ses conséquences légales et de rendre ainsi aux tribunaux judiciaires toute leur liberté d'action dans les limites de leur compétence... » Donc, le *conflit* d'attributions subsiste, le ministre peut revendiquer la responsabilité de l'acte incriminé et en dessaisir ainsi la justice ordinaire comme l'autorité administrative conserve le droit de proposer le déclinatoire et d'élever le conflit d'attribution (Voir à cet égard le *Journal Officiel* du 19 février 1905, Garanties de la liberté individuelle, proposition de M. Clémenceau, sénateur.

tants de l'Etat sont assez infatués de leur autorité pour refuser toute réparation au profit des personnes lésées. Une attitude aussi provocante est de nature à faire éclater des insurrections qui ne sont pas, à vrai dire, un droit que s'est réservé la nation et qu'elle entend exercer quand les lois sont violées, mais une nécessité découlant de la force même des choses.

La Constitution de la République, en son article 193, fait appel au courage et au patriotisme des pouvoirs publics et des simples citoyens pour son maintien et *a for-tiori* pour le maintien des lois de police et d'ordre public. Elle fait, par conséquent, des citoyens, comme des Corps constitués, des défenseurs de la légalité. Ce droit politique qu'elle leur attribue, comment peuvent-ils l'exercer régulièrement? C'est, à n'en pas douter, par des moyens légaux. Les esprits sages et bien pondérés ne subordonneront pas la revendicatioon de leurs droits violés à la manifestation du désordre ; en fait, ce ne sera que faire dépendre la reconnaissance de ces droits des hasards de la force brutale qui ne raisonne pas. Il est vrai, qu'en tout état de cause la défense est de droit naturel, mais dans l'ordre des sociétés policées et civilisées, ce n'est guère qu'un fait isolé et même anormal que le droit positif excuse, mais n'approuve ni n'encourage. L'insurrection est donc un fait anormal qui ne peut trouver son explication que dans les droits individuels se défendant contre les empiètements ou les violences d'un pouvoir arbitraire devenu intolérable par ses excès mêmes (1).

(1) Cet appel à l'action individuelle existait dans la Constitution française de l'an III. Elle existait aussi sous une autre forme dans celle de 1848. La Constitution du canton de Berne, en Suisse, en fournit un pareil exemple quant à la violation du domicile, en son article 75. « Le domicile est inviolable... La résistance est permise contre toute tentative de s'introduire dans un domicile contrairement aux formes. » On sent que c'est

Cependant, toute association d'hommes a besoin de sécurité pour se développer et se perfectionner. Si elle renferme en elle-même des éléments de progrès, son développement historique devra amener nécessairement son amélioration générale ou son évolution. Les cadres sociaux qui s'y sont formés graviteront plus ou moins rapidement vers l'égalité, qui est le grand idéal de l'humanité. Au contraire, avec les insurrections qui déforment sans cesse les cadres sociaux, violentent les droits acquis, il y a grand risque qu'elles n'amènent, en général, aucune réelle et sérieuse compensation aux maux qu'elles engendrent. Dans ce cas, il faudrait toujours proportionner

là une disposition extrême. En principe, le citoyen doit protester énergiquement quand son droit est méconnu, mais la résistance individuelle contre la violence légale et l'arbitraire ou l'abus de pouvoir des agents de la force publique peut être un moyen inefficace pour assurer l'empire de la légalité et le respect de la liberté. Cette résistance est bien de droit naturel, mais il nous semble qu'avec l'organisation de la puissance publique et le fonctionnement du gouvernement, le pouvoir du citoyen peut se borner à une éenrgique protestation — en tant que l'attentat n'est pas dirigé contre son existencé — là où sa résistance peut être facilement vaincue. C'est la Constitution d'un pays libre, ce sont ses lois qui doivent assurer aux citoyens les moyens de garantir légalement leurs droits et leurs personnes en tout état de cause, par une prompte, sûre et facile répression des abus de pouvoir de tous genres. La Constitution haïtienne de 1843 avait posé à cet égard quelques bonnes règles.

« Si le mal est intolérable, si tout espoir de voir l'ordre et la justice se rétablir est perdu, la nation accomplit un acte légitime en renversant son gouvernement. » — DE VILLENEUVE, *Eléments de Droit constitutionnel français*, n. 9.

L'acte par lequel les citoyens, ou la majorité de la nation sort de la légalité devient forcément licite lorsque tous les moyens légaux ont échoué devant l'arbitraire et la violence des gouvernants. Il n'y a pas là un droit, insistons là-dessus ; il y a une nécessité matérielle.

l'effort au but à atteindre, ce qui ne paraît guère possible, chaque élément mis en mouvement étant une force libre, mue surtout par sa volonté ou ses passions et généralement sans idées communes.

Quoi qu'il en soit, la souveraineté du peuple resterait en quelque sorte vacillante, instable, si la loi ne faisait pas de chaque citoyen, de tous les citoyens, des défenseurs obligés de la légalité, de l'ordre social et politique qui en est la conséquence directe. Ils ne le deviendront effectivement que par le droit de dénoncer les abus, les délits et les crimes secrets et de voir le pouvoir compétent en poursuivre la répression conformément aux prescriptions légales. Je m'expliquerai difficilement toute la portée morale et politique du bulletin de vote sans son corollaire nécessaire, le droit d'information et même de poursuite plus ou moins directe reconnu aux citoyens en matière politique. *Custodes eorum* (1). Dans ce cas, le droit de pétition, qui offre le double caractère d'être à la fois un droit civil et politique, puisqu'il peut être exercé même par les étrangers et les incapables, dans ce cas, disons-nous, le droit de pétition doit être pratiqué non seulement par les personnes directement intéressées, mais aussi par tout citoyen de moralité et de notoriété en état de produire un commencement de preuve du fait dénoncé par la vindicte publique et dont il demanderait le redressement. Ces sortes de droits qui intéressent à un haut degré la morale publique, les citoyens doivent pouvoir toujours les exercer conjointement avec les magistrats de sûreté et les juges instructeurs dans tout pays

---

(1) A Rome, il était permis à un citoyen d'en accuser un autre. Cela était établi selon l'esprit de la République, où chaque citoyen doit avoir pour le bien public un zèle sans bornes, où chaque citoyen est censé tenir tous les droits de la patrie dans ses mains. » MONTESQUIEU, *Esprit des lois,* chap. VI.

où les passions dominantes et l'intérêt de parti tendent à entraver et à paralyser l'action publique.

Comme contre-pied de la souveraineté nationale, aux droits des nationaux, il faut ajouter ceux des étrangers, que le droit international privé, pratiqué par les peuples modernes, tend de plus en plus à assimiler aux premiers, conséquence forcée de la liberté de locomotion reconnue et pratiquée par toutes les constitutions, des rapports internationaux, de plus en plus fréquents, des relations commerciales surtout. Ayant les mêmes garanties que les régnicoles, quant au respect de leurs personnes, de leurs droits et de leurs biens, comme eux, par conséquent, les étrangers sont forcément assujettis aux lois pénales, qui sont d'ordre public. De nos jours, des conventions spéciales, signées entre nations, tendent à faciliter davantage les relations internationales par l'adoption de règles communes dans toutes les matières possibles.

Devons-nous passer sous silence cette garantie d'une nature toute particulière que la nation s'est donnée en l'article 6 de sa Constitution et qui, par l'impéritie et les fautes des gouvernants, en est devenue une véritablement beaucoup plus peut-être aujourd'hui qu'au temps où la formulaient nos premiers constituants? Si les étrangers qui viennent s'établir en Haïti ne sont pas habiles à y devenir propriétaires terriens, en revanche ils y sont accueillis avec cordialité et y trouvent une large hospitalité. Jusqu'ici, malgré ses guerres civiles, Haïti est encore un des pays d'Amérique où l'étranger bénéficie de la plus large protection. Il est désirable qu'eux tous contractent par là l'obligation d'être plus dévoués envers leur patrie d'adoption, plus sincèrement attachés à elle, plus bienveillants envers ses habitants, plus respectueux enfin envers ses hautes individualités, trop facilement l'objet de leur antipathie et souvent même victimes de leurs menées intéressées.

D'autre part, une nation n'a-t-elle pas des droits contre elle-même ? Est-elle libre de travailler à sa ruine ? Si cela pouvait être, le bon sens s'inscrirait en faux contre une souveraineté aussi déplacée, aussi exhorbitante, aussi dangereuse. C'est là une nouvelle preuve ajoutée à tant d'autres que la souveraineté nationale procède de la morale, du droit naturel, et que Celui qui a tout ordonné nous fait comprendre qu'elle doit s'exercer dans les limites de la saine raison. Par les lois et les institutions qu'elle s'est données, la société vise à sa conservation et à son développement. Mais, pour cela, il faut avant tout que le pouvoir soit moral, et il ne peut l'être que par la légalité et la régularité de ses actes. En face des résultats du régime d'abus qui, né avec la nation, mais qui aurait dû disparaître déjà, énerve et abaisse les caractères, il faut créer un système d'éducation et d'organisation sociale susceptible de développer et de fortifier la personnalité humaine, de préciser dans chaque intelligence la notion du droit, le sentiment de la responsabilité ; de provoquer enfin l'énergie individuelle, faisant ainsi de chaque citoyen une entité, une force, une volonté, une volonté libre et éclairée.

Les Constitutions modernes ne mettent pas seulement les droits individuels hors de l'atteinte des pouvoirs publics, mais aussi la souveraineté nationale elle-même, en ce qui a trait surtout à l'intégrité du territoire de l'Etat et à son autonomie politique et administrative. En d'autres termes, elles font dériver d'eux tous les autres droits. De ces considérations se dégage un principe qui domine et que nous devons affirmer ici : c'est que, si aucun individu ne peut raisonnablement aliéner sa liberté, aucune nation également n'a le pouvoir d'aliéner sa souveraineté ni en tout ni en partie, d'autant plus que les générations actuelles détiennent la *patrie,* le sol commun, plutôt comme un dépôt sacré, un *fidei commis,* que comme une propriété personnelle. Les générations futures, qui naîtront avec les mêmes droits que les précédentes, auront toujours la faculté de leur demander compte de l'usage qu'ils en auront fait.

De ce qui précède, il résulte que les droits individuels, le respect de ces droits dans leur plein exercice, leur consécration et leur garantie effective par la loi, constituent pour le citoyen une souveraineté individuelle que la souveraineté nationale n'absorbe pas, mais qui en est distincte et séparée. Tel est le fondement de la liberté civile et de la liberté politique, qui ne sont pas autre chose que l'affirmation de la liberté morale dans le domaine des relations sociales et publiques.

CHAPITRE III

CONDITIONS ET CONSÉQUENCES SOCIALES DE L'APPLICATION DU
PRINCIPE DE LA SOUVERAINETÉ POPULAIRE OU NATIONALE

La démocratie n'est qu'un mot, dit Edouard Laboulaye,
si elle n'est pas la souveraineté de l'individu. Ce qui caractérise en effet le gouvernement démocratique, c'est
que le peuple administre ses affaires par des mandataires
qu'il se choisit librement et en connaissance de cause. Il
doit, en outre, avoir conservé ou exercé sur leurs actes ou
sur leur gestion une part prépondérante d'influence et de
contrôle (1). Pour s'en tenir au mieux de ses intérêts, on
conçoit qu'il doit aussi posséder certaines aptitudes sociales, acquises par l'éducation et développées par la pratique des affaires. Parmi ces aptitudes sociales, il faut citer
en première ligne l'instruction qui a pour but d'éclairer
ses choix, de lui inspirer le sentiment de ses droits et de
ses devoirs, de lui donner la notion vraie de ses intérêts,
le ferme-propos de les faire respecter, enfin le courage
de les défendre au besoin contre toute atteinte.

Ces considérations établissent avec la plus complète
évidence que le gouvernement démocratique n'est vrai et

(1) Garanties constitutionnelles : liberté de la presse, droit de
pétition, droit de réunion, etc.

Dorsainvil.   3

n'est même possible que là où la société civile est organisée démocratiquement, c'est-à-dire là où une majorité
d'hommes savent suffisamment lire et écrire et possèdent
assez de moyens d'existence pour exercer leurs droits civiques avec conscience et en toute liberté. Conséquemment, l'Etat étant un pouvoir protecteur et régulateur,
doit éclairer les citoyens sur l'exercice de leurs droits et
sur l'accomplissement de leurs devoirs. De là, la nécessité
absolue pour le gouvernement de les instruire, de les
moraliser, de mettre à leur portée des moyens de travail
et de les assister au besoin. Cette obligation, imposée à
l'Etat par la nature même de la démocratie, confère à
chaque citoyen le droit à l'instruction, à la garantie des
éléments de travail et à l'assistance en cas d'infortune ou
d'infirmité grave et prolongée.

L'Etat ne peut donc sans danger pour lui-même se
montrer indifférent au développement physique des citoyens, à leur bien-être matériel, pas plus qu'à leur évolution intellectuelle et morale. Si l'on songe à l'importance que prennent les questions de travail et de crédit
dans nos sociétés contemporaines, on sera convaincu que,
sur ce terrain de la lutte pour l'existence, l'Etat a un grand
rôle à jouer comme régulateur des forces sociales. Ce ne
sont pas seulement des moyens de travail qu'il leur doit,
il a aussi pour devoir de diriger leur instruction profes-
sionnelle, de leur apprendre à se grouper, à se syndi-
quer, à se solidariser ; il a également pour devoir de les
encourager, de leur accorder toutes les facilités propres à
rendre leur travail sûr et rémunérateur. Or, dans tout
Etat démocratique digne de ce nom, le travail agricole et le
travail industriel doivent avoir leurs organes officiels,
leurs services organisés, afin que l'action publique qui les
seconde soit permanente, régulière et efficace. Cette politique, qui s'inspire avant tout des intérêts généraux de la
nation, est dite *nationale* ou démocratique.

Toute politique nationale est nécessairement progressiste. Aucune politique ne peut être progressiste si elle ne vise à répandre dans le peuple plus de lumières et plus de bien-être, et à fortifier, avec la moralité, le sentiment du civisme et du patriotisme parmi les masses. Aux yeux des noirs et des jaunes, conscients de leurs devoirs, la politique se complique pour tous les haïtiens de la question de race, de l'intérêt de race, puisque, à tort ou à raison, on prétend que nous sommes incapables de fonder chez nous le régime légal, le vrai gouvernement représentatif de la souveraineté nationale.

C'est là le rôle social de l'Etat. Il ne peut en méconnaître la nécessité sans simplifier étonnamment ses attributions. Ce n'est pas seulement par son action directe qu'il peut s'en acquitter, c'est aussi en dotant la nation de quelques bonnes institutions sociales qui développent les qualités d'initiative, de persévérance et de sociabilité des individus, parce que la grandeur et la prospérité de l'Etat dépendent de leur développement moral, intellectuel et matériel. Pour mieux préciser, nous dirons que les plus utiles de ces institutions sociales sont : 1° de bonnes écoles primaires, secondaires et supérieures, dirigées avec intelligence et pourvues de tous leurs accessoires ; 2° des établissements de crédit pour le développement de l'agriculture, de l'industrie et du commerce, sérieusement organisés au profit des régnicoles, dont le bien-être doit faire une des principales préoccupations des pouvoirs publics ; 3° des fermes-écoles et des écoles centrales d'arts et métiers pour que toutes les intelligences et toutes les activités trouvent à s'employer utilement ; 4° des institutions de prévoyance, telles que caisses d'épargne, de retraite pour la vieillesse, établissements de bienfaisance ; 5° enfin des associations syndicales qui facilitent les relations entre les industries nationales en vue de leur développement et de leur rendement. Bien plus, il faut développer l'influence sociale des religions, en les faisant concourir largement à l'amélioration des conditions de notre milieu, non pas seulement dans le domaine de la charité, mais aussi, mais surtout en matière d'éducation et dans le champ du travail. Voilà, à nos yeux, le côté pratique, vraiment utile des religions, qui ne sont bonnes que dans la mesure de leur influence éducative et moralisatrice.

Au point de vue de la légalité, il y a aussi un grand travail à faire pour que l'empire de la législation générale soit bien établi sur le pays qu'elle est appelé aussi à régénérer à plus d'un titre. On s'est peut-être beaucoup trop préoccupé de l'influence des lois sur les mœurs sans songer à la réaction qui se produit et qui est inévitable lorsqu'il n'y a pas d'adaptation, de réelle relation ou de rapport entre les mœurs publiques et la Constitution de l'Etat. Une nation n'est pas formée en peu de temps et de toutes pièces par les lois et les institutions qu'elle s'est données. La législation doit s'adapter à ses mœurs ou mieux à son état social et politique et le perfectionner en se transformant graduellement. C'est sur cette évolution historique, on le sait, que repose la puissance publique du peuple anglais. On évite ainsi de tomber dans de vaines déclarations de principes, dont personne ne se soucie guère et qu'on invoque inutilement sous les étreintes de l'arbitraire et de l'injustice. Le caractère d'un gouvernement est, sans conteste, corrélatif de celui du peuple qu'il dirige. Son perfectionnement n'est guère possible si la nation ne réalise aucun progrès social et politique. Or, le développement effectif des institutions et les améliorations du pouvoir dépendent du perfectionnement graduel qui, en tout pays, doit se faire dans le peuple. Les masses sont donc l'élément sur lequel il faut agir directement et sans cesse pour assurer l'ordre et le progrès dans la démocratie. Et les conditions vraies de cette évolution nationale sont, redisons-le, la propagation de l'instruction publique, la multiplication des éléments de travail et une moralité constante dans l'exécution des lois et dans la gestion des intérêts de la communauté.

Sous quelque aspect qu'on envisage la question de l'avenir de la démocratie haïtienne, c'est toujours et avant tout le problème de l'éducation des masses qui se pose. Ce flot qui monte, qui monte sans cesse, a besoin d'être canalisé et endigué pour que son cours soit régulier et bienfaisant. Les puissantes individualités qui se forment dans le peuple par le simple effet de la sélection naturelle et que les révolutions mettent parfois en évidence, sinon l'effort persévérant, l'effort personnel, ont besoin de recevoir une éducation intégrale, de poursuivre leur destinée sans encombre et en pleine possession d'elles-mêmes. Elles ne constituent pas seulement les principales forces de la nation ; elles en assurent l'avenir, le développement progressif. La société ne doit pas les voir paraître avec une inquiète jalousie, puisqu'elles naissent des efforts même que fait la nature partout pour concentrer dans quelques types presque toutes les qualités de mentalité et d'énergie de l'espèce. Voilà comment il faut comprendre la venue de ces hommes qui, par les grandes facultés dont ils sont doués, sont supérieurs au milieu social où ils sont nés. La nature qui ne fait rien pour rien les destine sans doute à de grandes choses. Dans cette hypothèse, toutes les institutions sociales et politiques du pays doivent être combinées de façon à ne pas entraver l'évolution naturelle des masses populaires.

On comprendra aisément qu'il y a en cela un double intérêt si l'on se rappelle que la pratique politique moderne repose sur le gouvernement des majorités, qu'elle vise à se concilier avec des exigences naturelles indestructibles, en appelant les intéressés à coopérer à l'administration de la chose publique en raison directe de leur puissance numérique. Au reste, cette pratique, comme on le sait, est la seule qui soit capable de prévenir au sein d'une nation les rivalités sanglantes, les récriminations et l'anarchie. En droit comme en fait, le gouvernement des Etats démocratiques appartient aux majorités. Seulement, toutes les précautions, les mesures les plus sages doivent être prises pour que les minorités y soient représentées et leurs droits sauvegardés. C'est le peuple, c'est le grand nombre, ce sont enfin les classes laborieuses qui forment partout la majorité. Partout, dans la vieille Europe et en Amérique, c'est la démocratie qui aspire à gouverner et veut gouverner ; mais son gouvernement ne doit pas signifier le recul, la marche rétrograde. Il faut qu'il soit plutôt la manifestation des idées et des sentiments dans le sens de la justice, de la liberté, de la solidarité et du progrès intégral.

Dans toute société démocratique, c'est le peuple qui est la force d'unification sociale ; c'est par son organisation économique, c'est par son développement social qu'on parviendra à réaliser l'unité morale et politique de la nation. Lui seul peut résorber en lui-même les éléments d'antagonisme susceptibles d'entraver les progrès du pays, en l'appauvrissant et en y entretenant une éternelle anarchie. Comme on ne peut nier que l'évolution naturelle de la société amène le peuple à prendre une part très large et même prépondérante à l'administration et au gouvernement de l'Etat, il devient une nécessité de l'y préparer par tous les moyens que la sociologie met à la disposition des gouvernants.

Dans les pays de race mixte comme, par exemple, les Etats d'Amérique, il arrive qu'il se forme une majorité et une minorité dont la couleur épidermique soit plus ou moins la caractéristique. Si ces pays ne sont pas stables et organisés ; si, dans leur sein, les avantages sociaux ne sont pas également à la portée de tous les citoyens actifs et intelligents ; si, en un mot, la richesse nationale n'est pas bien répartie, il s'y développe d'ordinaire un préjugé, le plus odieux d'entre les préjugés, parce que, fait d'orgueil et de prévention, il est la négation du sentiment de la fraternité dont le Christ fait un des fondements de sa sublime religion.

Des instincts égalitaires et le sentiment de la solidarité humaine ne peuvent donc se développer dans une société de race mixte qu'autant que l'instruction, le bien-être général et la religion rapprochent les classes naguère séparées par les préjugés, les antipathies et de trop grandes inégalités ou distinctions sociales. Et si la classe qui subit les effets des préjugés et des antipathies forme la majorité du pays, le bon ordre social et politique en ce pays impliquera nécessairement la réhabilitation et l'exhaussement de cette classe qui, sans cela, restera une fraction inférieure de la nation, malgré sa supériorité numérique. Ce qui faussera, en droit comme en fait, le principe de la souveraineté populaire ou nationale, fera obstacle à l'égalité politique des citoyens et engendrera finalement des désordres, le gouvernement ne pouvant être tour à tour qu'une oligarchie oppressive ou une démagogie humiliante et farouche.

Chez nous, sans doute, la politique des majorités doit s'entendre plutôt au point de vue des tendances des groupes politiques et de leur nombre respectif qu'à celui des classes. Il ne sera pas possible que les deux éléments ethniques qui composent la nation se groupent jamais en deux camps opposés bien tranchés. En politique, comme dans les questions sociales, il y aura toujours des jaunes qui prendront position, par leur éducation, par leur origine et leurs relations, dans le parti de la majorité comme aussi il y aura toujours des noirs qui se prononceront pour une politique contraire. Mais ce qu'il faut faire entendre aux uns et aux autres, c'est que la prééminence politique et sociale d'un parti quelconque de minorité, trop faible par lui-même pour être la représentation légale de la nation et exprimer sa volonté ne saurait être une condition normale du développement régulier et intégral de cette nation. Toute domination de cette nature qui viendrait à s'établir ne pourrait se maintenir sans provoquer une réaction en sens contraire, parce que la majorité devrait en souffrir dans ses droits, dans ses intérêts comme dans ses aspirations.

Le développement régulier d'une nation est le résultat de l'évolution historique et des réformes sociales et politiques bien étudiées et sagement appliquées. L'évolution historique suppose avant tout la stabilité dans la société et dans l'Etat. Quant aux réformes utiles, elles ne peuvent être conçues et appliquées que par des esprits aussi expérimentés qu'éclairés. L'un et l'autre avantage ne sont réalisables qu'avec le gouvernement légal qui, naturellement, favorisera l'accession au pouvoir des meilleurs tempéraments et des fortes volontés par un simple effet de la loi de progression. C'est donc en vain qu'on chercherait la solution du problème social et politique dans des combinaisons factices et dans une évolution unilatérale ou à rebours, en restaurant la domination violente des passions, des préjugés et de l'ignorance coalisés. Si la démocratie est l'avènement successif des classes sociales à l'égalité civile et politique, nous entendons parler de l'égalité effective, cela suppose qu'aux premiers rangs de la société doivent marcher les plus puissantes individualités comme étant les plus aptes à favoriser l'évolution nationale.

Sans l'application d'une politique prévoyante et rationnelle, d'une politique progressiste et sagement libérale, la nation continuera à procéder par des soubresauts et des mouvements rétrogrades, interrompus par des périodes d'affaiblissement et d'apathie, signe manifeste de stagnation ou de décadence précoce. L'éveil réel et décisif

est dans l'organisation et la croissance de la classe ouvrière, qui est la grande force économique du pays, qui
doit être aussi sa grande force sociale et politique, sous la
direction patriotique et féconde de l'élite intellectuelle,
cette grande force morale et scientifique, réduite la plupart du temps à l'inactivité forcée au grand préjudice des
intérêts supérieurs de la République, de son avenir, de sa
dignité.

Une tendance se fait constater dans le monde, elle est
générale, universelle : c'est que tout ce qui vit incline à se
développer et à se perfectionner jusqu'à ce que l'action du
temps ou les effets de l'existence aient affaibli l'être et
amené sa décomposition. Cette tendance est dans l'homme
au double point de vue moral et matériel : c'est pourquoi on
la retrouve dans les sociétés humaines, dans les constitutions des peuples et dans l'histoire générale de l'humanité.
Ici, elle peut devenir très sensible ; là, ne pas paraître
exister. Cependant, elle existe et doit se montrer aussitôt
que les circonstances qui entravent, qui contrarient sa
manifestation disparaissent. Sous quelque aspect qu'on
l'envisage, le progrès est donc tout ce qu'il y a de plus
naturel dans le monde. Pour les humains, en général,
l'ordre, la liberté, la justice et le travail en sont les premières conditions indispensables.

De ce qui précède, nous concluons que la souveraineté
populaire n'est, en réalité, que le règne des majorités ; ce
qui est une conséquence inévitable de la pratique sérieuse
et sincère du suffrage universel, ce puissant ressort du
gouvernement démocratique, du gouvernement représentatif. Mais pour que la majorité soit partout en état de bien
gouverner, pour que le pouvoir ne dégénère dans ses
mains, ni en démagogie, ni en autocratie, ni en dictature
militaire, il faut qu'elle ait été bien préparée à la direction
ou à la pratique des affaires par la propagation des lumières, par le développement du travail national et par

celui du civisme et du patriotisme. Tout cela revient à dire que, dans toute démocratie, il faut faire sérieusement l'éducation morale, intellectuelle et politique des citoyens si l'on veut y assurer l'existence de l'ordre et le développement du progrès social.

Avant d'aborder l'examen des faits juridiques se rapportant à l'exercice même de la souveraineté nationale, nous compléterons les vues théoriques que nous venons de développer par quelques considérations sur la liberté civile, l'égalité des citoyens devant la loi, l'éducation populaire et le respect des lois, qui ne sont pas seulement de simples garanties de droits, mais des conditions essentielles de l'existence de toute vraie démocratie. Non seulement l'examen de ces différentes questions de droit public nous est imposé par le titre même de l'ouvrage ; mais elles sont les corollaires obligés de la question capitale, celle de la souveraineté populaire, que nous venons d'étudier en elle-même et dans ses conséquences.

CHAPITRE IV

Nous n'avons ni le loisir ni l'occasion de nous étendre
sur la liberté civile ; nous en dirons juste ce qui est nécessaire pour que le lecteur constate la relation qui existe
entre elle et la liberté politique quand nous viendrons à
parler de cette dernière.

La liberté civile est l'expression usuelle qui résume
les droits naturels et civils de l'homme. La société ne fait
que la lui reconnaître et la loi, la lui garantir. Ainsi, la
liberté étant de droit naturel, tout autre droit fondé sur
la raison ne peut être que la consécration du respect de la
liberté individuelle. Voyons d'abord ce que dispose la loi
à l'égard de la liberté corporelle de l'homme, de sa liberté
physique. Elle considère la personne humaine comme inviolable et sacrée, et ce respect de l'individu, elle l'étend
à son domicile, à sa propriété, à sa foi et à ses opinions.
S'il se rend coupable d'une contravention, d'un délit, d'un
crime, la loi édicte les formalités qu'il faut suivre pour
pénétrer dans son domicile, se saisir de sa personne et le
constituer prisonnier. L'acte incriminé doit être préalablement prévu et puni par elle. Elle fait plus, elle fixe le délai
dans lequel il doit être livré aux juges qu'elle lui assigne.

Le juge n'a pas uniquement pour mission de rechercher et d'établir les preuves de sa culpabilité : il est aussi un protecteur que la loi lui a donné ; et, comme tel, il doit faire état de tout ce qui peut concourir à prouver son innocence ou à atténuer la gravité de l'acte dont le prévenu s'est rendu coupable. Ce que la loi présume, c'est son innocence plutôt que sa culpabilité. C'est donc comme un innocent que la justice doit le traiter jusqu'à ce qu'il n'y ait plus moyen de douter de sa culpabilité.

Aujourd'hui, le juge n'est qu'un arbitre entre les parties. Il ne tyrannise pas le prévenu, il ne subtilise plus avec lui pour lui arracher des aveux. A l'instruction, celui-ci peut même ne pas répondre aux questions qu'on lui pose, selon une procédure nouvelle adoptée en France, et il est tout bonnement reconduit en prison. Détenu, il se trouve dans des conditions de salubrité irréprochables. Ah ! comme on est loin du temps où la femme Daure se reconnut coupable d'un parricide qu'elle n'avait pas commis, afin d'échapper à un cachot meurtrier et sauver l'enfant qu'elle portait dans son sein ! L'instruction devient de nos jours moins secrète, l'interrogatoire est dirigé tant dans l'intérêt du plaignant que dans celui du prévenu qui, devant le juge d'instruction, peut se faire assister par un défenseur.

De nos jours, la justice s'empreigne de plus en plus d'une idée étrangère, il est vrai, aux combinaisons du Code, mais éminemment supérieure : l'amélioration du coupable, que la société ne doit plus traiter comme un être nuisible qu'il faut détruire ou terrifier, en le pervertissant davantage, mais plutôt comme une nature viciée qu'il faut s'efforcer d'amender par la peine même. Sans énerver l'action publique au service de la défense sociale, on doit procurer à l'accusé toutes les garanties nécessaires. C'est pourquoi l'instruction contradictoire tend à se substituer à l'instruction inquisitoire ou à se combiner avec celle-ci dans l'intérêt de la vérité, chez les peuples qui ne sont pas uniquement préoccupés de frapper le coupable.

Il a pris naissance en Angleterre une coutume fort utile que nous ne pouvons passer sous silence, c'est l'*habeas corpus*.

« Les *habeas corpus acts* furent promulgués sous Charles II et Georges III. C'était un usage très ancien qu'on ne faisait qu'introduire dans le droit écrit. Avant que ces *acts* fussent promulgués, le respect de la liberté individuelle était déjà passé dans les mœurs du pays anglais. Le droit à l'obtention d'un *writ d'habeas corpus* existait déjà antérieurement dans le *common law*. Mais les actes précités ont introduit quelque chose de nouveau : la suppression de tous moyens dilatoires de procédure quand il s'agit de liberté violée, ou tout au moins de réclamation présentée par une victime ou prétendue victime d'arrestation arbitraire, séquestration violente dans un asile d'aliénés, dans un couvent ou partout ailleurs.

« Celui même qui est incarcéré sous l'inculpation de crime peut obtenir un *writ d'habeas corpus*. Tout aussitôt, le magistrat, le fonctionnaire qui le détient, doit présenter le corps même du détenu, et ne peut, sous aucun prétexte, retarder cette présentation par des notes dilatoires ou des actes de procédure, ni même par des explications ou des dénégations. Le réclamant doit être amené devant le tribunal qui a délivré le *writ d'habeas corpus*. Celui qui le garde doit aller expliquer verbalement la cause de la détention, indiquer le jour où elle a été décrétée, les circonstances au milieu desquelles elle s'est produite. Cette cause est-elle insuffisante, le détenu est mis aussitôt en liberté ! Le magistrat, si elle est suffisante, peut statuer immédiatement sur la liberté sous caution ; l'ordonner ou la refuser, mais en ce cas, disposer que le détenu sera jugé dans le plus bref délai.

« Ce qui n'est pas moins intéressant, c'est que toute privation de la liberté donne lieu à une indemnité et au châtiment du fonctionnaire coupable. Le pouvoir judiciaire, par ce moyen, contrôle étroitement et surveille les actes de l'exécutif et même de la police. Le gouvernement ne pourrait se permettre des mesures non autorisées par la loi sans s'exposer à ce que les cours de justice interviennent par des *habeas corpus acts* (1). »

Les pays de droit français, comme le nôtre, ne trouvent pas dans leurs lois de sérieuses garanties en faveur de la liberté individuelle. Ainsi prévenu de quelque délit et arrêté, un citoyen peut voir sa détention préventive se prolonger longtemps avant qu'il soit libéré par le juge d'instruction s'il est innocent. Comme on vient de le voir, en Angleterre, aux Etats-Unis d'Amérique et dans quelques républiques hispano-américaines, les recours d'*habeas corpus* préviennent ces abus dangereux.

On peut trouver dans la législation étrangère d'autres garanties de la liberté individuelle. En Serbie, par exemple, il existe une institution semblable à l'*habeas corpus*. C'est le droit qu'a tout prévenu mis en état d'arrestation par la juridiction d'instruction d'en appeler à l'autorité judiciaire, afin d'obtenir sa mise en liberté si l'arrestation a été illégale. Si même le prévenu n'a pas usé de son droit d'appel, dans les trois jours qui suivent son arrestation, la juridiction d'instruction est obligée de transmettre d'office le quatrième jour le dossier au tribunal.

Parmi les règles de droit formulées par les immortels constituants français de 1789, j'aime bien à me redire celle-ci : « Tous les individus doivent pouvoir recourir aux lois pour y trouver de prompts secours pour tous les

----

(1) M. Emile DOIREAUX, *Etude sur l'Habeas Corpus*, « Revue de Législation comparée », avril-mai 1902.

torts ou injustices qu'ils auraient soufferts dans leurs biens et dans leurs personnes ou pour les obstacles qu'ils auraient éprouvés dans l'exercice de leur liberté. » C'est là, en effet, une des garanties les plus précieuses qu'une société puisse procurer à ses membres. Un gouvernement se fait le plus grand honneur lorsqu'il parvient à la faire passer dans la législation générale du pays qu'il dirige. C'est sans doute quelque chose d'avoir posé les principes dans toute leur force et dans toutes leurs conséquences ; ce qui importe surtout, c'est d'en poursuivre la complète réalisation. La société civile n'a que faire des déclarations les plus solennelles si la loi la laisse désarmée en présence de l'arbitraire ou du despotisme de ses gouvernants (1).

La loi ne doit pas seulement garantir au citoyen sa liberté physique ; elle lui doit également la garantie de sa liberté de penser et de sa liberté de conscience. Sans la jouissance de ces éléments essentiels de la liberté civile, l'homme est gêné, entravé dans l'emploi des moyens qui doivent lui assurer la pleine possession de lui-même et le complet exercice de ses facultés intellectuelles.

Le droit naturel domine les codes ; les législateurs puisent à sa source leurs inspirations pour réformer et améliorer le droit positif et en adoucir les rigueurs dans la pratique. Ainsi, entre deux textes de lois édictant des peines différentes, le juge doit appliquer le texte le moins dur : la religion, la morale et la philosophie du droit lui en font un devoir. Des militaires et des civils sont impliqués dans une affaire, un complot, par exemple ; c'est la juridiction civile qui doit en être saisie, toujours par la raison que les lois civiles sont moins sévères que les lois militaires, qu'on ne peut pas appliquer aux civils qui entraînent les militaires devant la juridiction qui leur

____

(1) Chez nous, les garanties de la liberté individuelle trouvent leur sanction dans les articles 85 à 91 du Code pénal.

compèle. Toutes les législations des peuples modernes
sont tempérées par cet esprit de bonté, d'humanité qu'il
faut rendre efficace, autant qu'il est possible dans la pratique, dans la répression des délits et des crimes, en vue
de l'amélioratian graduelle de l'espèce humaine. C'est
ainsi que certaines Constitutions, la nôtre entre autres,
abolissent la peine de mort en matière politique, sage disposition qui abroge toutes les prescriptions contraires du
Code pénal, vu le principe admis de la priorité de la Constitution sur les lois ordinaires. Cependant, malgré cela,
la peine de mort en matière politique n'est-elle pas maintenue indirectement et abusivement à la faveur de la loi
sur l'état de siège, qui ne peut, qui ne doit être qu'une
loi de procédure, abrégeant les formalités de la justice
répressive dans un danger grave et imminent?

De ce qui précède, nous concluons avec M. Ywoïn Pé-
ritch, professeur à la faculté de droit de Belgrade, que
« la liberté civile ou individuelle est le droit pour chaque
homme de mettre à exécution toutes ses volontés légitimes
ou la faculté de mettre à profit toutes ses forces physiques
et intellectuelles en vue de son bien-être propre et du
bien-être de la société qui doit nécessairement en découler. » Il en résulte que le respect de la liberté civile
des citoyens est d'intérêt général et d'ordre public, car
elle n'est pas un fait qu'une Constitution constate, cette
liberté civile, c'est un droit imprescriptible très étroitement lié à tout ce qu'il y a d'intime dans la nature
humaine.

CHAPITRE V

Il serait téméraire de soutenir que l'exemple de l'égalité ou de l'uniformité nous est donné par la nature. De vrai, on ne le trouve nulle part dans le monde. Bien plus, le contraste est plutôt le trait dominant des choses de la nature.

Dans la nation, les conditions sociales ne tendent plus ou moins vers l'égalité que par la propagation des lumières, la multiplication des moyens de travail, la sage organisation du crédit privé, enfin par le développement du sentiment moral amenant peu à peu entre les membres de la communauté moins de disparité dans les aptitudes sociales et une répartition plus équitable des richesses.

Dans l'Etat, la loi ne proclame pas l'égalité des citoyens d'une façon absolue. Comme elle ne peut faire aucune acception de personnes sans cesser d'être juste, l'égalité qu'elle proclame est en réalité celle des traitements. Ainsi, deux citoyens, l'un pauvre, illettré, sans relations importantes, et l'autre instruit, riche et possédant des amitiés précieuses, commettant un même délit, doivent être punis des mêmes peines exactement. Voilà une des formes de l'égalité telle que la veut la loi.

Dorsainvil.   4

Cependant, l'égalité n'est pas toujours la justice : en matière d'impôt, par exemple. Pour un économiste compétent et pour tout homme sensé, il n'y a pas de doute qu'une loi qui assujettirait les deux citoyens susparlés à une part égale d'impôt serait souverainement injuste, car, de deux choses l'une, ou cette loi aurait trop avantagé le riche ou elle aurait imposé le pauvre bien au delà de ses facultés. L'impôt égal pour tous n'est donc pas la réalisation de la justice sociale en cette importante et délicate matière.

Pour empêcher qu'une trop grande inégalité ne se fasse dans les conditions des citoyens par le fait même de la puissance prépondérante des capitaux sur le travail, il importe que, dans toute démocratie vraie, les impôts revêtent ce caractère : 1º un impôt sur le capital et la fortune ; 2º un impôt sur le revenu.

L'école démocratique avancée va jusqu'à considérer que les contribuables qui possèdent un même revenu pourraient n'être pas imposés également. Elle en est venue à cette conclusion, que les citoyens ne doivent pas être imposés en proportion de leurs ressources, de leurs facultés contributives, mais en raison inverse des charges ou des difficultés de leur vie ; système dont l'application n'est possible qu'avec l'impôt personnel à échelle progressive sur le revenu général. Cette évolution fait entrevoir la transformation graduelle de l'impôt sur le revenu en un impôt sur le capital.

Par l'assiette des impôts indirects, l'idée de justice et celle d'égalité se trouvent confondues comme si en fait toutes les classes de contribuables possédaient les mêmes avantages ou les mêmes facultés. C'est surtout dans l'assiette de cet impôt qu'éclatent ses défectuosités. Egalement supporté par tous, depuis le plus humble artisan jusqu'au plus riche capitaliste, il est trop écrasant pour la masse et trop avantageux pour la classe aisée.

Il est inique, il est progressif dans le sens de la misère.

Cette autre déclaration de la loi : les citoyens sont également accessibles aux emplois publics, présuppose l'égalité des aptitudes et des qualités. Il en résulte que la vertu et le mérite rendent seuls possible l'égalité des traitements dans l'exercice des fonctions publiques, sans omettre les droits acquis par l'ancienneté et les services rendus. D'ailleurs, il faut aussi mettre en ligne de compte les exceptions créées par la loi ou les incapacités légales.

Quoi qu'il en soit, ces exceptions n'infirment pas le principe de l'égalité des citoyens devant la loi, principe qui est la négation du privilège et de tout ce qui constitue l'inégalité, qu'il faut toujours combattre.

Si notre milieu social n'est pas organisé selon les besoins et les exigences de la civilisation contemporaine, nous ne pourrons qu'être mal à l'aise dans nos rapports avec les peuples qui représentent cette civilisation. Un des besoins qu'elle nous impose, c'est que la société haïtienne favorise dans son sein l'établissement de l'égalité civile des citoyens, en permettant à toutes les intelligences d'arriver à la lumière, à toutes les activités de s'employer utilement ; enfin en favorisant le développement des aptitudes sociales et politiques des individus par une éducation variée, complète et pratique.

Dans bien des fonctions sociales, le peuple haïtien s'est vu supplanter chez lui par l'élément étranger. Pourquoi ? C'est parce qu'il ne forme pas encore une nation au sens strict du mot. Il ne constitue pas un bloc, une unité. Il est sans résistance, sans moyens de défense, sans affinités électives. L'étranger habile exploite la situation, réussit à prendre le dessus, s'enrichit, provoque l'absentéisme des capitaux, en faisant leurs placements au dehors et ruine ainsi la nation. Le travail qu'il faut faire pour détruire ce mal est considérable, mais il faut l'entreprendre immédiatement, puisque c'est l'existence même du corps social qui est en péril. Dans l'antiquité, la garantie de l'existence des cités était surtout dans la force de l'idée de patrie ; tous les autres sentiments y étaient ramenés. L'amour de la patrie inspirait les louables ambitions, les grands dévouements ou dictait les grands sacrifices. La liberté même impartie aux citoyens résultait de cette conception. Chez les modernes, la société, la nation ne semble pouvoir subsister que par l'association exclusive des forces et des intérêts qu'elle représente, et c'est avant tout la force gouvernementale qui doit être pénétrée de cet esprit et y incliner toutes les forces sociales et individuelles.

Depuis notre indépendance, sauf de rares exceptions, ceux qui sont appelés à diriger les destinées du pays exercent le pouvoir avec tant de violence et d'égoïsme qu'on dirait une domination étrangère qui se serait imposée à la nation brutalement. On connaît les conséquences de cette politique réactionnaire et rétrograde : c'est la division de plus en plus profonde des classes, ce sont les représailles que les partis politiques exercent tour à tour les uns contre les autres, c'est l'antagonisme qui se développe au sein de la société, s'affaiblissant et se démoralisant de plus en plus. Ces tendances sont à combattre d'autant plus qu'elles sont ataviques. C'est par l'éducation nationale qu'on en triomphera, en rendant les haïtiens plus sociables les uns envers les autres, non seulement par une culture intellectuelle plus haute et plus large, mais aussi par l'adoption de moyens de socialisation plus pratiques et plus efficaces, tels que l'exercice du droit de réunion sur une large échelle, les associations de production, de consommation, de crédit, la liberté de la presse et de la tribune, l'amélioration progressive du pouvoir par la pratique de la légalité, le règne de la justice, le sentiment de la mesure, et grâce à la haute valeur intellectuelle et morale de ceux qui seront investis de l'autorité. Il faut donc combattre les instincts régressifs de cette société par les tendances progressives qui se manifestent nécessairement en quelque mesure dans son sein et qui sont appelées à la modifier heureusement si elles ne sont pas toujours neutralisées par les influences contraires.

Concluons en disant que les instincts égalitaires ne se développent dans un pays qu'à la faveur de l'apaisement, de l'ordre, de la liberté et du travail, permettant l'amélioration progressive et intégrale des couches sociales, surtout des couches populaires, dont l'évolution est la marque du véritable progrès social à tous les points de vue. Quant à l'égalité politique, un des moyens les plus sûrs et les plus directs de la fonder consiste, sans doute, dans une bonne organisation du suffrage universel, susceptible de donner au principe de la souveraineté du peuple son sens véritable et sa valeur réelle.

CHAPITRE VI

Les démocrates modernes mettent la gratuité de l'instruction primaire au nombre des garanties constitutionnelles ou politiques, comme une conséquence directe de l'application du suffrage universel et comme une nécessité pratique née de ce dicton : nul n'est censé ignorer la loi, sentence qu'on espère surtout réaliser par la propagation de ce qui s'appelle l'éducation civique. Il est intéressant de voir comme on a multiplié, en France, par exemple, les petits ouvrages qui répondent à ce but, depuis les premiers petits traités dus à la sollicitude patriotique de MM. Paul Bert et Mézières. La pensée initiale qui a inspiré cette réforme de l'enseignement primaire, c'est que l'Etat qui, par son organisation et son fonctionnement, crée des devoirs et des droits nouveaux pour l'homme, contractait de ce chef l'obligation de l'éclairer sur l'exercice de ces droits et sur l'accomplissement de ces devoirs. A ce point de vue, c'est donc pour la société une nécessité impérieuse de répandre dans les masses une instruction générale suffisante, propre à développer en même temps leurs facultés intellectuelles, leurs qualités morales et leurs aptitudes économiques.

Mais la gratuité de l'instruction primaire continuera à ne produire en Haïti que de minces résultats tant que l'Etat ne prendra pas à sa charge tous les frais scolaires, jusqu'aux livres, papier, encre et plumes, et tant qu'il n'aura pas résolu d'une façon satisfaisante la délicate et préjudicielle question de l'administration et de la direction de l'instruction publique. Il nous faut, en effet, une organisation pédagogique rationnelle, en rapport avec l'état moral et intellectuel du pays et avec ses besoins économiques ; une méthode uniforme et pratique d'enseignement et des programmes appropriés. Ce ne sera que quand toutes ces nécessités pédagogiques seront satisfaites que nous commencerons à constater les bons effets de la gratuité de l'instruction publique parmi les classes laborieuses.

La loi consacre aussi l'obligation de l'enseignement primaire. Le principe de la gratuité devait naturellement amener cette conséquence. Si la société impose aux familles l'obligation de donner l'instruction primaire aux jeunes gens, c'est absolument dans l'intérêt moral et intellectuel de ceux-ci qu'une culture générale des facultés de l'esprit, si mince soit-elle, prépare mieux à leurs fonctions de membres de la société civile, de citoyens et surtout d'agents de la production. Il ne peut donc en découler qu'un avantage également profitable à l'individu et à l'Etat. Toutefois, il faut souhaiter que cette intervention de l'autorité ne choque point les droits imprescriptibles des familles, qu'elle s'exerce sans violence et qu'elle conserve le caractère d'une contrainte morale et bien moins celui d'une mesure pénale.

A côté de la gratuité, la Constitution consacre la liberté d'enseignement. C'est là une bonne chose que les citoyens doivent apprendre à bien pratiquer, sans vouloir gêner l'action de l'administration, qui a sa mission propre, ni menacer son indépendance. Il est indispensable que le contrôle de l'Etat atteigne les écoles, toutes les écoles, et que la consécration des études en général reste toujours un fait légal et public, un acte administratif en due forme. En dehors de ces deux restrictions nécessaires, la liberté d'enseignement ne doit être entravée par aucun monopole universitaire, ni par aucune immixtion abusive de l'Etat dans le domaine privé de l'enseignement national.

Jusqu'ici, malgré les efforts tentés, on est obligé d'avouer que l'instruction primaire est encore très négligée, qu'elle est la plus négligée de toutes, bien qu'elle soit la plus utile, la seule qui soit indispensable. C'est qu'elle est la plus difficile à organiser et à diriger, en raison des éléments mêmes qu'il faut manier. On sait que le recrutement d'un bon personnel enseignant est devenu pour l'administration scolaire une difficulté presque insurmontable. La raison en est qu'elle n'a encore rien tenté sérieusement pour y obvier, et croit toujours qu'elle peut se passer de créer des écoles normales primaires pour y former de bons maîtres et de bonnes maîtresses d'école.

Pour tout esprit plus ou moins versé dans la pédagogie, l'enseignement primaire comporte naturellement trois parties distinctes ou cours, savoir : 1° le cours préparatoire pour les enfants de 5 à 8 ans, 2° le cours moyen ou élémentaire pour ceux de 8 à 11 ans, 3° enfin le cours supérieur pour les jeunes gens de 11 à 14 ans. Il peut donc embrasser une période moyenne de huit années. Mais un enseignement primaire aussi complet ne peut être organisé que dans les grandes villes, dans les centres populeux, industriels ou commerciaux, tels que Port-au-Prince, le Cap, les Cayes, Jacmel, etc. Dans les villes de moindre importance, on devra s'arrêter au cours élémentaire, et le cours supérieur deviendra facultatif aux élèves qui pourront le suivre. Dans les campagnes, il faudra qu'on se contente du cours préparatoire par la raison que la fréquentation scolaire est moins régulière là que dans les villes, et que, par conséquent, il y faudra un temps plus long pour parcourir les matières des différents cours de l'enseignement primaire. Néanmoins, dans les grands centres agricoles, on rendra facultatives, certaines matières du cours élémentaire et même du cours supérieur pour les rares paysans en position de les aborder. Ces matières sont les éléments de la botanique, de la géologie, de la chimie, de la physique, de la cosmographie. Dans toutes les parties de cet enseignement devra figurer l'agriculture, en raison même des conditions de production du pays et des besoins intellectuels de nos paysans.

L'Etat doit aussi former des hommes de carrière, c'est le but de l'enseignement supérieur, de l'enseignement spécial. Outre les médecins et les avocats, il faut des hommes de gouvernement, des administrateurs et des diplomates. De là la nécessité d'une école pratique des hautes études, divisée en deux ou trois sections pour la préparation des sujets de ce groupe professionnel.

L'étude de l'agriculture, de la botanique, de la chimie, de la physique, de la mécanique, de la géologie, de la cosmographie, enfin du dessin introduit dans l'enseignement primaire, sous forme de leçons de choses, ne doit être dirigée qu'en vue de l'éveil des aptitudes et des goûts, par une culture plus large et plus délicate des facultés intellectuelles. Ce n'est pas, à proprement parler, l'apprentissage d'un art ou d'un métier quelconque qu'on doit viser par là, chose réservée, on le comprendra bien, à l'âge adulte. On n'aura fait qu'élargir le cadre de l'instruction générale, qui seule fortifie l'instrument fécondant de l'art et de la science.

L'instruction primaire a ses accessoires obligés ou ses annexes indispensables : ce sont les cours d'adultes, les bibliothèques scolaires, les conférences et les bibliothèques pédagogiques, qui demandent à être mis à l'étude

et à être utilisés au profit de l'intérêt moral et intellectuel
de la nation.

C'est une vérité incontestable que dans une démocratie organisée tous les enfants ont droit à l'instruction.
A ce point de vue, il ne peut exister aucune inégalité
entre eux que celle résultant des différences individuelles
d'aptitudes et de talents. Conséquemment, l'instruction
ne doit pas être destinée seulement à donner le minimum
de connaissances élémentaires et professionnelles indispensables, mais à assurer à tous les enfants des deux
sexes, selon les vœux formulés par le Congrès d'Angers
en 1906, le libre et plein développement de leurs facultés naturelles, afin de permettre à chacun d'eux,
quelle que soit sa condition de fortune, *de devenir un
instrument aussi parfait que possible de la grandeur
de sa patrie et du progrès de l'humanité*. On comprend
bien, pour cela, que l'instruction générale doit être, non
hiérarchisée, mais plutôt divergente et intégrale, selon les
fins qu'on se propose.

L'instruction prend une importance de plus en plus
grande dans nos sociétés démocratiques si industrieuses,
l'instruction primaire et l'enseignement professionnel surtout. Elle est devenue la condition première, *sine qua
non* du succès dans la lutte sociale. On comprend dès lors
comment sa bonne organisation et sa propagation sont au
premier rang des préoccupations des gouvernants soucieux de se maintenir à la hauteur de leur devoir. Souhai-
tons que ceux d'Haïti finissent enfin par le comprendre et
qu'ils arrachent le peuple qu'ils dirigent à l'ignorance et
à la misère par la bonne organisation et le bon fonctionnement des écoles, et par la création des moyens de travail au profit de tous les bras valides et de toutes les
bonnes volontés.

Il existe une relation si étroite entre la question de
l'éducation populaire et celle du développement et du per-

fectionnement du travail national que je ne me résoudrai
pas à terminer ce chapitre sans développer quelques
considérations sur cette dernière question. Aujourd'hui
la direction du travail national tend à devenir partout une
des tâches importantes de l'Etat. On a fini par reconnaître que les gouvernants, dans l'espèce, avaient mieux
à faire que de créer des éléments de travail et d'organiser le crédit industriel. Il fallait organiser un contrôle
permanent, stimuler l'initiative privée, encourager ou seconder les grands dévouements. Tout cela devait faire
l'objet d'un service permanent, et c'est ainsi que les intérêts qui se rattachent à cette grande question du travail
se trouvent avoir leur organe officiel et leur service public tout comme ceux qui relèvent de l'éducation populaire.

CHAPITRE VII

LE RESPECT ET L'APPLICATION DES LOIS

Dans le gouvernement de l'Etat, le respect de la loi intéresse à la fois l'ordre moral, l'ordre social et l'ordre politique. C'est donc à bon droit que le philosophe allemand Kant a soutenu que c'est la morale qui commande aux gouvernants de respecter, d'exécuter et de faire respecter les lois qui régissent leurs pays. La société est une personne morale. Elle est susceptible d'être lésée dans ses intérêts par les entreprises injustes ou criminelles d'un ou de plusieurs de ses membres. Elle ne peut se prémunir contre les influences intrinsèques qui lui sont nuisibles qu'en se donnant des lois et des organes qui les appliquent ou les exécutent. Si ces organes sont impuissants ou s'ils agissent en sens contraire de leurs attributions, les lois resteront lettre morte et leur influence sera sans efficacité pour le bien. Dans ce cas, l'ordre social, la sécurité de l'Etat, son existence même, tout sera mis en péril. Or, le respect des lois est la première condition nécessaire pour qu'un Etat fonctionne bien. Contrairement, l'arbitraire remplacera la légalité, l'intérêt particulier l'emportera sur l'intérêt général et l'ordre fera place à la confusion et à l'anarchie.

Il ne suffit donc pas qu'une nation possède de bonnes lois et de sages institutions pour qu'elle soit stable et heureuse ; il faut surtout qu'elle sache les respecter et les exécuter. C'est dans leur application qu'elle trouvera la principale garantie de sa sécurité, de sa prospérité et de son avenir. Il importe que les gouvernants se pénètrent bien de cette vérité afin qu'ils se rappellent toujours qu'ils peuvent ou perdre l'Etat ou le rendre stable et heureux, selon qu'ils exécutent ou violent les lois. Même lorsqu'elles sont défectueuses, leur observance est plus salutaire à la nation que la domination personnelle du magistrat le plus sage, le plus intègre. Rien donc dans le gouvernement d'un Etat ne peut rempla-. cer avantageusement l'empire des Lois. Le peuple qui trouverait des prétextes pour ne pas exécuter celles qu'il s'est données se montrerait ou incapable de se gouverner ou trop corrompu pour les respecter et les observer. D'autre part, tout gouvernement soucieux de bien remplir sa mission et désireux d'assurer le bien-être populaire doit s'évertuer à former les citoyens au respect des lois et des institutions. Il faut que chacun soit persuadé que la loi est une nécessité sociale à laquelle aucun peuple civilisé ne peut se soustraire sans s'exposer à disparaître dans le désordre ; qu'elle seule, équitablement appliquée ou exécutée, raffermit le bon ordre, discipline ou annihile les tendances nuisibles à la bonne administration des affaires publiques, et, par les peines qu'elle édicte, inspire une crainte salutaire aux gens dangereux qui savent avant tout qu'ils doivent compter avec elle. L'inexécution des lois laisse un Etat livré sans défense à toutes les influences destructives de l'ordre social et, en facilitant leur jeu, permet pour ainsi dire leur développement. Il s'en suit que c'est dans le respect et dans l'exécution des lois que se trouve la garantie la plus sérieuse de la sécurité, de la prospérité et de l'avenir de la République ; c'est

aussi ce qui doit lui assurer la bienveillance et la considération des Etats avec lesquels elle entretient des relations diplomatiques.

Dans un pays régulier, où le travail est en honneur et
où presque tout le monde fait des projets d'avenir, il y
a comme une puissance virtuelle qui dispose au respect
des lois. Ne peut-on pas l'assimiler à l'influence du sentiment moral ou à celle de l'intérêt bien compris ? — Le
citoyen se sent protégé dans sa liberté et dans ses droits
lorsqu'il sait qu'il ne doit obéissance qu'à la loi. La sécurité dont il jouit ainsi le rend fier de lui-même, fier de
son pays, et cette disposition de son âme le porte, s'il y a
lieu, aux plus grands dévouements, aux plus grands sacrifices. L'homme a le sentiment de sa liberté ; naturellement il n'entend se plier qu'au joug de la raison ; il sait
que la loi seule peut lui imposer ce joug de façon permanente et sans parti-pris. Le respect de soi, la fierté, l'indépendance d'esprit ne s'accommodent point de l'arbitraire.
C'est donc par l'abaissement des caractères que le despotisme arrivera à s'imposer aux citoyens : d'où le côté
étrangement criminel de toute entrave apportée à l'action
salutaire des lois, au libre jeu des institutions. En affaiblissant l'énergie morale des individus, en faussant les
consciences, en altérant la notion des choses, on dégrade
la nation.

En Haïti, le peu de respect qu'on professe la plupart
du temps pour la loi est avant tout l'effet des secousses
révolutionnaires qui plus d'une fois, depuis 1843, ont imposé au pays des gouvernements de fait, des chefs victo-
rieux qui, enivrés par les adulations des esprits faibles et
intéressés, ont foulé aux pieds la Constitution et les lois.
Pour raffermir le sentiment de la légalité dans notre milieu,
il faut guérir le peuple de la manie des mouvements insurrectionnels. Avec un pouvoir dynastique, il peut devenir
nécessaire de faire une révolution, puisqu'aucune dynastie

n'a jamais été renversée autrement que par une révolution. Avec la république démocratique, les choses changent. Le chef élu peut être destitué s'il viole les lois. Or, sous un régime démocratique, il est rare qu'une révolution s'impose, lorsque surtout le chef de l'Etat est nommé pour une période restreinte. La nation a la faculté de modifier ses institutions là où elles prêtent le flanc à l'arbitraire. Si le président, nommé pour un septennat, a le temps de devenir un autocrate, grâce à l'état des mœurs, avant que son mandat expire, elle n'a plus qu'à en diminuer la durée ; si son influence se fait trop sentir dans la gestion des intérêts publics et si cette influence devient par moment dangereuse, il y a lieu de prendre un tempérament qui la resserre dans les limites nécessaires. Toutes les améliorations possibles du pouvoir doivent découler du développement et du perfectionnement de la Constitution nationale, de la propagation des saines influences. Voilà la seule révolution utile dans une république ; elle se traduit par l'évolution des institutions.

C'est un fait avéré que les sociétés politiques les plus paisibles, les plus régulières et les plus progressives, à toutes les époques de l'histoire, sont justement celles qui font le plus de cas de leurs lois, qui savent le mieux les respecter et les appliquer. C'est aussi chez elles qu'on admire davantage l'esprit de suite, les conceptions sérieuses, la constance dans le malheur, enfin l'inébranlable fermeté dans l'exécution des grands desseins.

Dans un autre ordre d'idées, toute nation, tout Etat a un intérêt majeur à se faire respecter au dehors ; il n'y parvient qu'en montrant qu'il se prend au sérieux, et la meilleure façon de le prouver, c'est qu'il respecte les lois et les institutions qui le régissent. On a beaucoup parlé de l'indépendance des Etats les uns vis-à-vis des autres, c'est une fort bonne chose ; mais cette indépendance ne va pas jusqu'à permettre à une nation de donner un démenti à tout ce qui est vénéré par les peuples qui ont grandi et fait leur force. Les hommes politiques sérieux et compétents n'ignorent pas que leurs juges ne sont pas seulement leurs concitoyens, et ils se font un rigoureux devoir de ne pas choquer les règles admises dans le bon gouvernement des Etats, lesquelles découlent du bon sens et de l'expérience des âges. Ils sont, en outre, occupés de fortifier l'instinct de légalité chez les générations qui naissent à la vie publique pour qu'elles soient bien préparées à servir et à défendre à leur tour les intérêts de leur pays. C'est, en effet, sur ce fonds solide et sûr qu'il faudra édifier l'œuvre de la régénération de la société haïtienne. Le respect de la loi, l'amour de la justice feront l'évocation du patriotisme, du dévouement, de l'abnégation, ces nobles vertus civiques devenues si rares dans notre jeune démocratie.

DEUXIÈME PARTIE

—

CHAPITRE PREMIER

DÉBUTS DE L'HUMANITÉ. — FONDATION DES NATIONS ET DES ÉTATS. — CARACTÈRE DE LA SOUVERAINETÉ DANS LES DIVERSES FORMES D'ÉTATS ORGANISÉS. — ORIGINE DES DROITS POLITIQUES.

Les obscurités qui enveloppent l'origine du genre humain ont amené quelques philosophes, notamment J.-J. Rousseau, à supposer, au début de l'humanité, l'existence d'un *état de nature* dans lequel les hommes primitifs vivraient dans un complet isolement les uns des autres et dans un antagonisme perpétuel, ne se rencontrant que pour se combattre et se disputer leur proie. Cet *état de nature* n'est pas attesté par l'histoire proprement dite, dont les traditions, comme nous le savons, sont incertaines et même muettes sur le commencement du genre humain ; et il faudra peut-être le considérer comme une ingénieuse fiction créée par l'auteur du *Contrat social* ou par ses devanciers, car cette double hypothèse de l'*état de nature* et du *Contrat social* est la caractéristique de toute une école de philosophes et de publicistes, dont J.-J. Rousseau est, sans conteste, le plus brillant, le plus profond et le plus illustre représentant (1).

De vrai, l'apparition de l'homme a dû coïncider avec l'existence de la famille, au sens le plus étroit du mot. Partout où il s'est trouvé, on l'a vu vivant dans la famille qui est pour lui, par sa faiblesse native et la lenteur de son développement, un besoin naturel, une nécessité sociale. Partout où se sont fixées plusieurs familles, un certain lien s'est établi entre elles, résultant du simple fait de l'habitation en commun. Voilà l'origine de la société naturelle ou civile, de la cité qui n'a été primitivement que la réunion de quelques familles sans autre lien social que la communauté d'habitation. Cette première agglomération d'humains formait la tribu (2).

(1) « Les hommes ne peuvent subsister sans société et sans assistance mutuelle ; ils ne peuvent ni conserver les relations sociales, ni recevoir l'appui les uns des autres sans la protection d'un gouvernement ; et ils ne peuvent jouir de cette protection sans se soumettre aux restrictions qu'impose un gouvernement juste. De ce simple argument dérivent le devoir d'obéissance de la part des citoyens et le devoir de protection de la part des magistrats, fondés sur la même base que tous les autres devoirs de la morale.

« Les différents changements par lesquels passe un gouvernement, depuis l'indépendance sauvage, qui permet à chaque homme de faire injure à son voisin, jusqu'à la liberté légale, qui protège chacun contre l'injure ; la manière par laquelle *la famille se développe en tribu et les tribus s'agglomèrent en nations,* la justice publique se substituant à la vengeance privée, et l'obéissance habituelle à la soumission temporaire, tout cela forme un vaste et important sujet de recherches qui renferme toutes les améliorations que le genre humain a apportées dans la police, la jurisprudence et la législation. » *Discours sur l'étude du droit de la nature et des gens,* par Sir James MACKENTOSH-VATTEL, tome III, pages 370 et 380.

(2) « ..... Il n'y a pas un état de nature antérieur et opposable à l'état de société. L'homme naturel, c'est tout simplement, l'homme social, et, par conséquent, il serait tout à fait vain de

Mais l'homme, par les facultés supérieures dont il est doué, est un être éminemment modifiable et perfectible. Une tendance innée vers le mieux, vers l'inconnu, se manifeste en lui incessamment et irrésistiblement. Cette tendance, en aiguillonnant son esprit, en élargissant son horizon, augmente d'autant ses besoins. C'est elle qui le porte à rechercher le confort en toute chose, à transformer en de beaux et utiles jardins le coin de terre où il a fixé sa demeure, à embellir son habitation, à améliorer enfin son existence matérielle, en créant des utilités, des richesses. Cette évolution de l'individu amène celle de la société dont les liens augmentent et se fortifient à mesure qu'elle s'éloigne de sa forme primitive, qu'elle devient plus variée, plus compliquée. Déjà les formes élémentaires de l'*Etat* ont apparu. Les membres de la cité, pour s'assurer une protection réciproque, ont dû s'élire un chef, organiser une police, fixer des coutumes destinées à être la règle commune. Quelques personnes consentent naturellement à diminuer les heures qu'elles consacraient à leurs occupations propres pour s'employer au service de la communauté, moyennant une rétribution probablement en nature. Les offices de ce premier noyau de fonctionnaires de l'Etat ont dû être municipaux : tenue de registres comportant les noms des membres de la cité, le chiffre de la contribution payée par chacun d'eux pour défrayer les dépenses publiques, les noms des divers

chercher dans une période supposée, où chacun vivait isolé des autres, sans gouvernement, sans lois positives, les lois vénérables et sacrées d'une humanité non encore déformée par la pression des cadres sociaux. C'est dans la société, comme dans son milieu naturel et nécessaire, qu'il faut considérer l'homme, et l'état de nature n'est que la ligne sans épaisseur, où commence pour se continuer sans fin, un état social que la nature a voulu et préparé, et qui est tout entier son œuvre ». Emile BOUTMY, *Etudes politiques*, page 64.

fonctionnaires et employés avec le montant de leurs émoluments, etc. Voilà comment le développement naturel de la cité a amené l'organisation de l'Etat d'une manière tout aussi naturelle, pourrons-nous dire, que celle de la société civile, de la nation. Il se résume dans la création d'un ensemble d'*organes* ou de *pouvoirs* qui représentent la cité, qui agissent en son nom et pour son compte, sous un chef choisi ou élu, selon les coutumes qui s'y sont établies et selon l'équité naturelle, car le besoin d'avoir une *constitution* et des *lois écrites* ne s'est pas fait sentir encore.

De ce qui précède nous pouvons déduire les conséquences suivantes : la société civile est un fait naturel ; les conditions de l'existence de l'homme, de son développement, ont fait pour lui de la sociabilité un besoin naturel, une condition de son perfectionnement. Là s'arrête l'action directe de la nature, selon les indications fournies par la sociologie et l'anthropologie ; tout le reste, jusqu'à la constitution de l'Etat organisé, est un développement de la société naturelle, dont la nation et l'Etat en sont les modifications nécessaires (1). Toutefois, la cité, en organisant la puissance publique, ne pouvait créer un être réel, n'existant elle-même que par les membres qui la

(1) La Société, fait nécessaire, revêt graduellement la forme de plus en plus compliquée, organisée, puissante, que nous appelons l'Etat. L'Etat paraît être un fait moins élémentaire, moins primordial que la Société elle-même, mais l'histoire nous la montre comme le type vers lequel gravitent toutes les associations d'hommes ; il participe donc dans une très large mesure des caractères qui le distinguent. La différence est que, tandis que la Société nous apparaît comme une abstraction, l'Etat n'entre en scène que sous la forme d'un groupe particulier et réel, produit de l'histoire, et que, tandis que l'intérêt social engendre toute la morale, l'intérêt de l'Etat donne naissance à tous les principes politiques, Emile BOUTMY, *Etudes politiques*, pages 62 et 63.

composent. Elle a organisé une entité morale, une personne publique, la nation, dont l'Etat est le représentant légal, la personnification juridique. L'Etat, lui aussi, n'est pas autre chose qu'une personne civile, agissant par l'organe des personnes réelles, dont la loi ou la souveraineté populaire fait les titulaires des pouvoirs publics, et dont il est cependant distinct par une fiction juridique d'une haute portée morale et politique, comme nous le montrerons par la suite. Sa principale mission est de contraindre chacun des membres de la cité à respecter les droits et la liberté des autres, tout en assurant sa sécurité intérieure et sa sûreté extérieure à l'aide de la force publique, de la police et de l'armée, dont il dispose seul. Il en résulte que les droits de l'Etat dérivent de ceux de la société civile et qu'il ne les possède que par dévolution ou délégation. Ces droits sont corrélatifs aux devoirs qui lui incombent, comme puissance coercitive, de garantir les droits individuels, l'ordre social, en réprimant, selon les lois, toute atteinte contre ces objets. Concluons en disant avec les immortels législateurs français de 1789 que le premier but de toute association politique est la conservation des droits naturels de l'individu. Par ce fait essentiel, les attributions réelles de l'Etat dérivent des relations nécessaires, indispensables, qui doivent exister entre lui et les individus et ces derniers entre-eux, encore que ce ne soit pas dans tous les cas d'intérêts communs. Nous aurons à en établir les principales. Toutefois, le développement de l'Etat et celui de la nation ont nécessité des règles de gouvernement plus stables et plus complètes que les simples coutumes. De là, l'établissement des lois. Une question s'est posée au préalable. Qui devait les édicter? Etait-ce la cité ou son chef? Selon que l'Etat s'était maintenu sur le principe de la souveraineté nationale ou qu'il s'était placé sur la base de la souveraineté de fait, le droit de légiférer avait appartenu à la cité ou à son roi. A ce pro-

pos, il n'est pas sans utilité d'entrer dans quelques considérations historiques propres à caractériser les efforts
qu'ont faits les peuples jusqu'à l'organisation du gouvernement représentatif des modernes.

Dès l'origine des peuples, l'histoire nous montre le gouvernement dans sa forme primitive, mais générale. Un
chef principal, investi du double pouvoir de commander et
de contraindre ; il est tout à la fois roi, législateur et
grand justicier, ne reconnaissant d'autres règles de conduite que l'équité naturelle et les coutumes de son
peuple, les coutumes nationales. Il réunissait dans ses
mains tous les attributs de la souveraineté. Rien n'est
plus intéressant que de suivre à travers les âges les modifications successives du patriarcat jusqu'aux formes actuelles du gouvernement légal. Partout, en Asie, en
Grèce, à Rome, dans l'Inde méridionale, le pouvoir personnel ne s'exerce pas sans donner lieu à de grands abus
suivis d'énergiques revendications des classes. Les premiers efforts que tentèrent les peuples furent d'opposer
une digue à l'absolutisme et à l'arbitraire de leurs rois. Ils
eurent ainsi des législateurs choisis parmi eux, des Constitutions et des lois. En Grèce, après l'abolition de la
royauté, pour affaiblir le pouvoir, on remplaça le roi dé-
trôné par deux magistrats élus annuellement. A Rome,
on institua deux consuls à la place des rois, magistrats
élus annuellement. Cette révolution politique se fit sous
l'influence d'une idée qu'il importe de mettre en pleine
évidence. Le roi ne fut pas considéré par les peuples
comme un maître, mais comme un représentant ; partant
la nation avait le droit de lui dicter les règles selon lesquelles elle voulait être gouvernée. Peu à peu, le dogme
de la souveraineté nationale s'est dégagé et est entré dans
la pratique du gouvernement des deux grands peuples
anciens, les Grecs et les Romains. A Athènes comme à
Rome, l'oligarchie fit place à la démocratie qui parvint à

sa forme extrême chez le premier peuple. C'est de cette façon que les nations, dès l'antiquité, sont amenées à s'occuper de leurs affaires, à prendre une part directe au gouvernement. Dès ce moment, l'*imperium* seul, comme disaient les Romains, fut attribué aux magistrats suprêmes, et ils devaient l'exercer suivant les lois établies. Ils perdirent le droit de légiférer et de rendre la justice, que le peuple exerça par lui-même ou par l'organe de magistrats spéciaux. Le principe de la liberté était entré dans le gouvernement des Etats, et les nations cessaient d'obéir à leurs rois. Ainsi le pouvoir légal avait remplacé le pouvoir personnel et arbitraire qui disparut de la Grèce et de l'Italie, mais qui continua de dominer en Orient. Après de longues années de lutte, la Grèce et Rome ont disparu, les ténèbres du Moyen-Age ont couvert le monde ; mais, heureusement, les efforts de ces deux grands peuples ne sont pas perdus pour l'humanité. Leur héritage d'idées et d'institutions sera recueilli et agrandi par les modernes, dont les Anglais se feront, en politique, les initiateurs et les pionniers.

Les xiiiᵉ et xivᵉ premiers siècles des temps modernes avaient vu s'établir lentement en Europe un ordre de choses nouveau, la féodalité, qui était une conséquence de l'application des coutumes et des lois barbares, et de l'affaiblissement du pouvoir royal. Deux principes y dominaient : le morcellement des terres et l'identité de la souveraineté et de la propriété. Il nous semble qu'aucune civilisation stable et brillante ne pouvait encore se développer dans la vieille Europe, tant que partout l'unité territoriale et l'unité politique ne se furent établies au profit des Etats ou des nations. Cette grande tâche fut entreprise et menée à bien par les monarques, rois ou empereurs. Aussi, dès le xvᵉ siècle, le régime féodal a cessé d'être l'état social et politique de l'Europe, dont les lois et les institutions, ainsi que les coutumes, vont se modifier sous l'influence

des traditions de la Grèce et de Rome, remises largement
en honneur par la découverte de l'imprimerie qui permit
de répandre les ouvrages qui les renfermaient. Les lettrés,
les hommes publics, les savants, formés à ces deux
grandes écoles, se montrèrent assoiffés de liberté et d'indépendance. Des courants d'opposition se formèrent contre
les abus contemporains et d'où sortirent la Réforme, la
Révolution d'Angleterre et la Révolution française, qui
furent non moins sociales que politiques, la dernière surtout. Que résultait-il de ces grands mouvements d'opinion ? La proclamation de la liberté civile et de la liberté
politique. Les sociétés modernes reposent sur ces deux
principes comme sur deux pierres angulaires, réglant
tous les rapports de l'individu et de l'Etat dans l'ordre
social et politique, opposant incessamment la liberté individuelle à la souveraineté nationale, les conciliant dans
la pratique des choses tout en leur fixant et en leur indi-
quant leurs limites naturelles, que ni l'une ni l'autre ne
doivent franchir sans un réel danger pour l'ordre social.

La notion de la souveraineté et l'idée de l'Etat se sont
ainsi développées si parallèlement à travers les âges qu'il
faut un certain effort d'esprit pour ne pas les confondre
en principe et saisir ce qui les différencie. L'Etat étant
une personne morale, une entité juridique, ce n'est
donc que par une fiction légale qu'on est arrivé à le
concevoir en action et investi des attributs de la souveraineté. En réalité, son action ne se manifeste que par
les groupes organiques d'individus choisis dans la nation et par elle pour former les pouvoirs publics. L'Etat
n'est pas le gouvernement, l'ensemble de ces organes
créés par la nation et auxquels elle délègue l'exercice
de la puissance publique, de la souveraineté. A ce point
de vue, l'Etat n'est pas non plus la nation, la collectivité ; c'est un être fictif, idéal, sujet, titulaire ou sup-
port de la souveraineté, lequel personnifie juridique-

,ment la nation, la représente et agit en son nom en tout ce qui touche aux intérêts collectifs des citoyens. La société civile n'est que la résultante des individus qui la composent ; elle forme la nation dans son ensemble. Cependant, considérée en elle-même, son existence est indépendante de la leur. Elle peut et doit se créer des forces qu'elle opposera à chacun d'eux en particulier ou aux agressions de l'extérieur. Là est l'utilité de la puissance publique, la nécessité de l'Etat qui est une création juridique de la nation, de la société civile (1). Cette force publique, supérieure aux forces individuelles et indépendante d'elles, est la souveraineté nationale ou la puissance publique. Son mode d'exercice et le titulaire qui l'exerce donnent à l'Etat et au gouvernement leurs formes, et c'est l'organisation même de la nation qui engendre ces formes diverses d'Etat et de gouvernement. « Le fondement même du droit public consiste en ce qu'il donne à la souveraineté, en dehors et au-dessus des personnes qui l'exercent à tel ou tel moment, un sujet ou titulaire idéal et permanent, qui personnifie la nation entière ; cette personne morale, c'est l'Etat, qui se confond ainsi avec la souveraineté, celle-ci étant sa qualité essentielle (2). »

Lorsque la nation est constituée sur la base de l'inégalité, lorsque le corps social est divisé en classes distinctes et séparées, qu'il s'y est formée une aristocratie terrienne et héréditaire comme l'ancienne aristocratie anglaise, il est évident que la souveraineté en droit et en fait affectera la même forme et *a fortiori* l'Etat. Elle sera l'expression de droits et d'intérêts divers dont on tiendra compte dans les

____

(1) Dans les démocraties modernes, la souveraineté du peuple ne résulte pas de la loi ; ce n'est pas une possession juridique, un fait de droit, comme à Rome ou à Athènes ; c'est un principe de droit, dont l'essence est dans l'individu, quelle que soit l'organisation de la société civile, BOUTMY, *Etudes politiques.*

(2) ESMEIN, *Eléments de Droit Constitutionnel,* Introduction.

institutions politiques du pays. C'est ainsi que la Chambre des Lords du Parlement anglais représente l'aristocratie terrienne et héréditaire de la vieille Angleterre, tandis que la Chambre des communes représente le peuple. Là, la souveraineté, quoique nationale, est forcément divisée dans son origine, dans son essence, comme l'est la nation elle-même dans son organisation sociale. Il faut l'égalité des droits dans un Etat pour produire l'unité de la souveraineté, comme, par exemple, en France où la Chambre haute, le Sénat, a une toute autre signification et un tout autre but que la Chambre des Lords anglais.

Dans les Etats unitaires et égalitaires, la souveraineté n'est ni divisible, ni partageable. Elle réside entière dans la nation une et indivisible, même après la formation des pouvoirs publics. Le souverain, nous le savons, c'est le peuple, c'est la nation. Sa volonté se traduit par la Loi, expression précise et permanente de la souveraineté nationale. Avec l'action souveraine des lois, des lois constitutionnelles surtout, il est malaisé de considérer le gouvernement comme possédant une délégation complète de la souveraineté qui, en passant de la nation aux pouvoirs publics, se modifie, se fractionne et partant s'affaiblit.

Que devient, en effet, la souveraineté une fois déléguée aux pouvoirs publics? Elle devient une souveraineté légale, une souveraineté conventionnelle, définie et limitée, ne conférant d'autres attributions, d'autres prérogatives, d'autres pouvoirs aux Corps constitués que ceux visés par la délégation même. Il en résulte que tout abus, toute usurpation faite par les dépositaires de la puissance publique, est une atteinte portée aux conditions légales du fonctionnement du gouvernement de l'Etat ; ce qui, par une logique irrésistible des choses, sollicite l'intervention du souverain véritable, du peuple, pour la défense de la Constitution et le rétablissement du régime légal, qui est l'égide de la liberté politique, la sauvegarde des droits individuels. Ainsi les mots de pouvoirs souverains, employés dans le langage ordinaire, ne doivent pas s'entendre dans le sens d'une autorité toute-puissante, absolue, discrétionnaire, même lorsqu'il s'agit du Corps législatif ; ils expriment bien plutôt une souveraineté légale, limitée et définie, impliquant par conséquent la responsabilité de ceux qui l'exercent par délégation.

Si l'on interroge les diverses théories qui ont eu cours sur le caractère de la souveraineté effective, on verra que toutes la limitaient d'une manière ou d'une autre. Sous le régime de la royauté de droit divin, où la souveraineté était confondue avec l'autorité, l'obligation religieuse pour le monarque de respecter et de maintenir les lois qu'il avait jurées à son peuple apportait nécessairement des restrictions ou des limitations à ses droits souverains. Ces réserves nécessaires au bon ordre social, les publicistes de la Renaissance les trouvaient dans le droit naturel qui s'impose à tout le monde. Le droit moderne, plus explicite et plus logique, les fait dériver de la liberté de l'homme, seule entité libre, volontaire et responsable qui, en réalité, existe dans l'Etat, produit de son développement et de ses besoins sociaux. Il en résulte que ce qu'on appelle les droits de l'Etat se forme à côté des droits naturels et civils des individus qui lui ont préexisté et qui en sont distincts. Les seules restrictions que peuvent subir régulièrement ces derniers sont celles qui sont imposées par l'intérêt général, et ces restrictions doivent être réglées par des lois, afin que les droits individuels qui en sont l'objet ne soient pas livrés à l'arbitraire des gouvernants.

Si l'on considère attentivement l'Etat moderne dans ses attributions essentielles, on demeurera convaincu que son rôle principal consiste dans une protection permanente et efficace des droits individuels et sociaux, et que là paraît être son utilité, sa raison d'être. Ce qui implique que le respect de la liberté individuelle, de la personne humaine, dans les limites légales, légitime seul son intervention et son action. L'évolution sociale et politique ne peut être que le développement parallèle des facultés de l'individu, des ressources de la société et des organes de l'Etat. Tel doit être le but poursuivi par tout bon gouvernement, qui ne saurait avoir des intérêts autres que ceux de la nation.

Au résumé, la Constitution de l'Etat n'a rien créé qui ne fût déjà dans la manière d'être des individus groupés en société. Les forces ou les pouvoirs qu'elle est venu concentrer et organiser sous le nom de gouvernement ou de puissance publique y étaient déjà à l'état d'isolement ou de division. A mesure que la société civile se perfectionnera, marchera vers une meilleure organisation économique et politique, l'intervention de l'Etat deviendra de moins en moins nécessaire. N'est-ce pas d'ailleurs ce qui se constate par l'extension de l'esprit d'association et le développement de l'initiative individuelle, créant des groupes sociaux qui rétrécissent le champ d'action des gouvernements? On prévoit l'instant où l'Etat moderne, grâce aux progrès de la civilisation, n'aura d'autres attributions que de diriger ou d'administrer les grands services publics tels que la justice, l'armée, la police, la voirie. Si ce sont là les véritables attributions de l'Etat, nous pouvons en inférer que ses droits dérivent de ceux de la société civile et qu'il ne les possède que par représentation légale ou conventionnelle. Ils sont corrélatifs au devoir qui lui incombe de respecter les libertés individuelles et sociales d'une part et, comme force coercitive, de garantir d'autre part l'ordre et la tranquillité, la sûreté des personnes et des propriétés, en un mot de réprimer, de punir toute tentative contraire aux intérêts moraux et matériels de la nation, Toutefois, en toute matière, l'Etat constitutionnel, le gouvernement légal, ne peut agir qu'au nom de la nation et selon qu'elle le prescrit dans ses Codes. Dans l'ordre régulier des choses, aucun antagonisme n'est susceptible de naître entre l'un et l'autre. Aussi l'Etat ne s'identifie-t-il pas avec les personnes qui sont revêtues de l'autorité et qui ont l'entière responsabilité de leurs actes envers la nation.

De même que dans une société bien ordonnée il n'est pas possible que l'homme conserve toute sa liberté naturelle, de même dans l'Etat constitutionnel, le gouvernement n'a pas une complète délégation de l'exercice de la souveraineté. Presque toujours la nation se réserve d'accomplir par elle-même ou par d'autres délégués certains actes solennels, décisifs. Tout cela résulte en somme des droits politiques que la Constitution confère aux citoyens, surtout de l'importance de ces droits, qui ont tous leurs principes dans l'électorat, l'éligibilité, le contrôle, la poursuite et la répression des abus. On conçoit bien que l'organisation et le fonctionnement de l'Etat ne pouvaient créer des obligations aux hommes, telles que l'impôt, le service militaire, sans leur apporter des droits nouveaux. De là deux catégories de droits que possède tout citoyen valide, non frappé d'incapacités légales : les droits civils et les droits politiques (1). Les premiers, comme nous l'avons exposé ci-devant, sont inhérents à la nature de l'homme et aux conditions de son existence. Les seconds, qui peuvent être plus ou moins étendus, plus ou moins restreints, selon la forme de l'Etat ou du gouvernement, sont des droits conventionnels, mais nécessaires. Leur

____

(1) Les droits civils qu'on distingue parfois des droits naturels en sont une extension, un prolongement. Le droit de propriété, par exemple, n'est pas un droit naturel ; cependant on est correct lorsqu'on dit que la propriété est de droit naturel. C'est pourquoi on nous verra souvent confondre les deux premières catégories de droits sous le nom de droits civils.

jouissance et leur exercice assurent le fonctionnement régulier des organes de l'Etat, auxquels ils communiquent la vie, le mouvement et la fécondité. La forme démocratique est d'ordinaire celle qui confère aux citoyens la plus grande somme de droits politiques et qui entend en faire jouir également tous les membres valides de la communauté politique par une application de ce principe naturel, que les hommes naissent tous avec les mêmes droits et les mêmes devoirs.

La distinction des droits civils et des droits politiques entraîne des conséquences juridiques qu'il importe de rappeler. D'abord la loi n'accorde pas la jouissance et l'exercice des droits politiques à tous les citoyens quels que soient leur âge et leur condition. L'Haïtien n'atteint réellement sa majorité politique qu'à 25 ans, et la loi électorale écarte de l'urne certaines catégories de personnes majeures qu'elle frappe d'incapacité politique — sans parler des femmes en général qui ne participent pas à la vie publique. Elle pose donc des restrictions à l'exercice du droit de suffrage tout en soumettant l'exercice et la jouissance de l'électorat et de l'éligibilité à des conditions déterminées telles que, par exemple, la capacité d'âge.

Nous croyons nécessaire de faire suivre ces vues sur la notion vraie de l'Etat de quelques considérations sur la portée et la nature du pacte fondamental, de la Constitution ; ce sera l'objet du chapitre suivant.

CHAPITRE II

La souveraineté nationale revêt tout le caratère et toute la portée d'un fait juridique notoire lorsqu'elle est reconnue et déclarée dans une Constitution écrite, qui est la manifestation primordiale et solennelle de la volonté populaire, de la souveraineté nationale elle-même. Le but proposé par l'adoption d'une Constitution, c'est de fixer ou de déterminer la forme de l'Etat et du gouvernement, les pouvoirs que la nation leur attribue et de garantir les droits individuels. On peut y trouver d'autres dispositions telles que des règles de droit privé, mais celles-là sont les plus essentielles.

Chez les peuples modernes, l'importance qu'ont prise les Constitutions écrites, de plus en plus rigides et systématiques dans leurs formes et dans leurs déclarations, leur a fait attribuer une autorité supérieure à celle des assemblées législatives ordinaires, dont la compétence est restreinte aux lois ordinaires. De là, la distinction, devenue classique, du pouvoir constituant et du pouvoir législatif. Comme pour le pouvoir exécutif et la judicature, la souveraineté des Chambres législatives se trouve par là limitée, mais non absolue. Il est résulté de cette conception qu'une Constitution ne peut être modifiée que par l'autorité désignée par elle et selon la procédure qu'elle établit. En dehors de cette voie de révision, une Constitution n'est susceptible d'être modifiée ou rapportée que par l'action révolutionnaire. Cependant, l'acte fondamental accompli par les assemblées constituantes n'est pas toujours définitif : dans certains États, tels que la Suisse et ceux de l'Union américaine, il faut qu'en dernier lieu il soit ratifié par le vote populaire. C'est le référendum constitutionnel.

De nos jours, toutes les Constitutions tendent à être restrictives ou limitatives dans une certaine mesure, c'est-à-dire à interdire au Corps législatif de légiférer sur tel ou tel objet, dans tel ou tel sens. C'est ainsi que dans les Constitutions démocratiques telles que celles des États-Unis d'Amérique, de la Suisse, de la plupart des Républiques de l'Amérique latine, les droits individuels, la souveraineté nationale elle-même se trouvent placés pour ainsi dire en dehors et au-dessus des attributions de l'État et de l'action des pouvoirs publics, qui doivent les respecter. De telles déclarations ne sont pas simplement platoniques, mais impératives ; et pour qu'elles soient opérantes il est indispensable d'en faire l'objet d'une loi spéciale et que la Constitution elle-même organise le pouvoir suprême qui, comme aux États-Unis, par exemple, doit appliquer et faire respecter ces dispositions restrictives. Aux États-Unis, ce pouvoir supérieur est attribué à la Cour fédérale suprême ; en France, la Constitution de l'an VIII le déférait au Sénat (1).

____

(1) A Athènes, la garde des lois était confiée à sept magistrats.

Nous allons maintenant envisager l'acte constitutionnel au point de vue spécial de sa valeur juridique et logique aussi bien que de son influence propre sur les mœurs et sur les destinées du peuple qu'il régit.

Dans la pratique du gouvernement démocratique, la valeur juridique et logique du statut fondamental n'est pas une question secondaire. Notre histoire politique en a fourni plus d'une preuve. Si la rédaction de la Constitution, l'agencement de ses parties similaires et la coordination de ses dispositions essentielles ne présentent aucune confusion, aucune contradiction, aucun non sens, enfin aucune antinomie par rapport au droit naturel et au droit des gens ; si les pouvoirs publics y sont habilement coordonnés ; si leurs attributions respectives y sont bien définies et bien limitées, l'acte constitutionnel sera d'une heureuse influence dans le jeu régulier des institutions qu'il aura créées et deviendra la première garantie de la sécurité, de l'ordre et de la paix publique.

Si, au contraire, la Constitution est incomplète dans ses dispositions principales ; si elle comporte des textes ambigus, obscurs ou douteux ; si la séparation des pouvoirs ne consacre par leur indépendance dans l'exercice de leurs attributions propres ; si enfin, sous le rapport du contrôle et de l'influence politique, l'un des pouvoirs n'a pas plus formellement l'attribution de la souveraineté, la Constitution sera pour les grands corps de l'Etat une source permanente de malaise, de controverses irritantes et de conflits d'attributions. Il s'ensuit que la première garantie d'ordre public qu'une démocratie doit se donner, c'est l'adoption d'une bonne Constitution, qui permette

L'Assemblée du peuple, pas plus que le Sénat, n'avait le droit de modifier une loi existante. Le soin de provoquer l'abrogation d'un texte de loi appartenait aux Nomothètes, qui devaient proposer un texte nouveau si, après discussion ou délibération, cette loi était trouvée mauvaise ou surannée.

Dorsainvil.   6

une organisation pratique et sensée des pouvoirs publics, règle avec précision leurs attributions respectives et crée des garanties très sérieuses au profit des droits naturels et civils des citoyens.

Quelque complète qu'on suppose une Constitution, elle ne peut avoir tout prévu. Un cas nouveau se produit-il, il faut le résoudre. La solution raisonnable et conforme à l'esprit de la Constitution qui intervient, est une règle nouvelle ajoutée à celles qui sont formulées par le pacte fondamental. De tels précédents, dans les Etats réguliers, ont toute la portée des lois. C'est ainsi que la coutume vient à l'appui des lois écrites et contribue si puissamment au développement des institutions, chez les nations modernes, notamment en Angleterre où il n'y a pas de distinction entre les lois constitutionnelles et les lois ordinaires, résultat qui fait supposer l'existence d'un esprit public sain, éclairé, sérieux. et un attachement sincère aux lois et aux institutions de ce pays (1). Que le gouvernement démocratique soit représentatif ou parlementaire, les pouvoirs délégués qui le constituent sont forcément limités ; et cela, par la raison qu'ils ne peuvent pas

(1) Les Constitutions votées à la hâte; sans discussions approfondies, ou imposées de toutes pièces à nos Assemblées constituantes depuis 1806, sous l'influence des préoccupations du moment, sous l'influence des passions régnantes, sont une protestation contre la loi de succession chez toute nation progressive. Il en résulte que la législation générale ne change pas, ne se modifie pas normalement, selon un développement régulier résultant du progrès social et politique réalisé par la nation. Ainsi s'explique le peu d'adaptation de nos diverses Constitutions à nos mœurs et l'influence quasi nulle qu'elles exercent sur l'esprit public et le caractère national. Les révolutions périodiques que fait le peuple haïtien seront toujours la plus sérieuse entrave au développement régulier de sa Constitution sociale et politique selon la loi de succession, et partant à l'amélioration progressive de ses idées, de ses mœurs et de ses coutumes.

sortir du cercle d'attributions qui leur est tracé à chacun d'eux, ni s'affranchir du contrôle que leur impose la Constitution, notamment le pouvoir exécutif et adminis-tratif, sans violer la loi qui les institue, sans changer les conditions mêmes de la délégation et, par conséquent, sans porter atteinte à leur légitimité. Dans l'une ou l'autre forme, ils doivent être organisés et coordonnés dans l'in-térêt de l'ordre et de l'harmonie, et l'exercice de leurs at-tributions respectives ne doit pouvoir donner lieu entre eux à aucun conflit, à aucun malentendu.

Dans quelques Républiques de l'Amérique latine, la contradiction est flagrante entre les principes reconnus ou proclamés par leurs Constitutions et l'état social et poli-tique des citoyens. La principale cause de cette anomalie, c'est que les principes ne sont pas poussés jusqu'à leurs conséquences, jusqu'à la réalité des choses. En bien des cas, les lois particulières ne tirent pas leur raison d'être des dispositions constitutionnelles. Or, pour qu'une Consti-tution ne soit pas un leurre, il faut que toutes les lois particulières et organiques du pays qu'elle régit s'y rap-portent, s'en inspirent et s'harmonisent avec elle. La dé-claration d'inconstitutionnalité qu'elle peut prononcer contre toute loi ou toute disposition de loi en opposition avec elle n'est pas une garantie suffisante, alors même que les tribunaux seraient investis du droit de ne pas les appliquer. Comme il est rare que les hommes exercent le pouvoir sans passion, sans faiblesse et sans parti-pris, c'est dans la perfection même des lois et des institutions qu'il faut chercher un correctif aux défaillances de l'es-prit humain.

Il peut être donné de constater une anomalie plus cu-rieuse encore : c'est que, dans la pratique des choses, le gouvernement d'un Etat n'a presqu'aucun rapport avec la Constitution qui le régit, soit parce que toutes les institu-tions prévues par elle ne sont pas établies ou que, par habitude, on la laisse inappliquée. N'y a-t-il pas là une source permanente d'instabilité et de désordres ? Une Constitution ne saurait être une œuvre fantastique ou chimérique : elle doit être une réalité vivante et puissante. L'organisation de l'Etat devra découler d'elle tout aussi bien que les institutions sociales et les pratiques gouvernementales devront donner à la nation sa forme et son allure d'Etat constitutionnel. Cette constance dans la légalité fait la force et le bonheur des peuples qui savent la pratiquer.

Dans les temps modernes, l'adoption d'une Constitution, écrite n'a pas été un des besoins immédiats nés du nouvel ordre de choses qui survit au régime féodal. Jusque-là on avait appliqué improprement le mot de Constitution à des pactes qui réglaient les rapports de quelques souverains avec leurs grands vassaux, plutôt qu'ils n'organisaient des pouvoirs publics, fixaient ou déterminaient leurs attributions, proclamaient et garantissaient les droits des nationaux. Tel fut, en effet, le caractère originel du pacte de Paris de 614, désigné sous le nom de Constitution perpétuelle, lequel instituait, à côté de la royauté mérovingienne, une aristocratie terrienne qui ne tarda pas à confondre la propriété et la souveraineté. Un fait digne de remarque, c'est que cette division de la souveraineté, de la puissance publique se fit, du moins pour les feudataires, au profit des droits individuels dont la notion se développa étonnamment sous tous ses aspects et à ses différents degrés.

Plusieurs siècles devaient s'écouler avant que les nations modernes en vinssent à contracter l'habitude de se décréter des Constitutions, encore qu'elles aient été amenées à le faire à la suite de révolutions produisant de profonds changements dans leur état social et politique. Aussi, l'Angleterre n'eut-elle ses premières lois constitutionnelles qu'après la Révolution de 1648 et la France ne se donnat-elle une première Constitution qu'en 1791. Elle était alors en pleine période révolutionnaire.

Les souverains de l'Europe orientale et centrale n'avaient pu obtenir de leurs nationaux de les suivre dans leur coalition contre la République française sans leur avoir fait des promesses de libertés. Quand, après la bataille décisive de Waterloo, la paix fut rétablie, il se produisit dans quelques Etats un mouvement révolutionnaire et constitutionnel qui devint dans la suite irrésistible. Ce furent surtout les petits Etats de l'Allemagne qui en donnèrent le signal. La Saxe-Weimar eut sa Constitution dès 1816 ; la Bavière décréta la sienne en 1818. Le Grand Duché de Bade et le Wurtemberg suivirent de près cet exemple. En Espagne, à la suite d'une révolte des troupes qui devaient aller combattre les indépendants d'Amérique et qui réclamaient le rétablissement de la Constitution décrétée en 1812, cette charte fut remise en vigueur en 1820. La même année, à l'exemple de l'Espagne, le Portugal se donna un gouvernement constitutionnel. En 1821, ce fut le tour de la Grèce qui proclama son indépendance de l'Empire Ottoman, en adoptant une Constitution républicaine qu'elle devait abandonner dans la suite pour s'organiser en royauté. Dès 1831, la Belgique se donna une Constitution nationale en se détachant de la Hollande à laquelle elle était réunie depuis 1815.

Le mouvement révolutionnaire et constitutionnel ne devait pas s'arrêter là. Il allait se propager dans toute l'Europe et s'imposer aux grandes nations sauf à la Russie dont le gouvernement est encore une monarchie absolue. Lorsque, le 16 octobre 1848, Frédéric-Guillaume IV consentit enfin à donner une Constitution à la Prusse, il adopta cette formule : « un peuple libre sous un roi libre. » D'après le sens que M. Lavisse attache à l'ancienne devise de la royauté prussienne, c'est que « Frédéric-Guillaume IV voulait demeurer libre de faire son office de roi de Prusse, de garder et de fortifier l'Etat fondé par ses ancêtres, de l'étendre, d'organiser son armée comme il l'entendait. » La même année, l'Autriche, la Hongrie, la Suisse entrèrent successivement dans le concert des Etats constitutionnels de l'Europe (1).

Il est aisé d'établir que tous ces changements survenus dans le gouvernement des principaux Etats de l'Europe se firent sous l'influence des idées et des institutions françaises et de la propagande révolutionnaire. Il faut aussi reconnaître que la propagation des principes de liberté, développés dans les chaires des universités, dans les conférences publiques et dans les ouvrages de philosophie et

---

(1) Cinq ans auparavant, en 1843, le peuple d'Haïti, fatigué du gouvernement trop personnel du Président Jean-Pierre Boyer, qui poussait le principe d'autorité jusqu'à l'arbitraire, jusqu'au despotisme, le força à quitter le pouvoir et à s'exiler. Il se donna une nouvelle Constitution qui fonda les libertés municipales et provinciales, par l'organisation de Conseils administratifs appelés à gérer les intérêts propres des groupes organiques de la commune et de l'arrondissement. Ces divers Conseils étaient présidés par des maires et des préfets exerçant les attributions exécutives sous le contrôle du gouvernement. Malheureusement, l'opposition de l'armée et l'incapacité des successeurs immédiats de Boyer firent échouer cette première tentative d'organisation du gouvernement civil en Haïti. A la fin du pouvoir long et trop tourmenté issu de la Révolution du 22 décembre 1858, les constituants de 1867 inscrivirent dans la Constitution qu'ils édictèrent le principe du gouvernement civil. Mais les hommes qui conduisaient alors le pays ne surent pas comment s'y prendre pour fonder ce régime. A côté d'une armée organisée en corps politique et revêtu d'attributions civiles et sous un Président qui devait tout à sa qualité de révolutionnaire et de général, ils instituèrent les conseils d'arrondissement qui non seulement n'eurent pas d'attributions propres et bien définies, mais encore qui, pis est, ne purent rien faire et sont restés célèbres par leurs dilapidations. De là sont partis les esprits superficiels qui soutiennent encore que le gouvernement civil n'est pas possible en Haïti.

de droit, n'a pas peu contribué à provoquer ce réveil des nationalités. Les philosophes de l'école de Kant et de Fichte, en affirmant la liberté morale, la personnalité et la responsabilité de l'homme, en fondant leur morale et leur politique sur ces postulats qui seuls, selon leur enseignement, légitiment l'autorité, la puissance publique, ces philosophes, disons-nous, faisaient entrer dans la conscience populaire le dogme de la souveraineté nationale, devenu désormais le fondement du droit politique des nations modernes.

La science du droit constitutionnel fut ainsi renouvelée, modifiée, et cette évolution des idées et des notions, en cette matière, transforma le droit public moderne. La souveraineté devint nationale ; elle passa des monarques aux peuples qui l'exercent depuis par le droit de suffrage rendu universel. Il reste néanmoins un pas encore à faire dans cette voie de réforme : c'est de rendre le suffrage universel direct dans tous les cas d'élection des assemblées représentatives.

Nous croyons nécessaire de dire quelques mots sur la Constitution des Etats-Unis qui fut adopté en 1787 et sur les lois constitutionnelles votées en France en 1875, comme complément indispensable de ce chapitre.

La Constitution de l'Union américaine est le prototype des Constitutions des Républiques de l'Amérique du Centre et du Sud. Comme celles de quelques Etats de l'Europe, et notamment la Confédération suisse, elle est limitative. Elle détermine, au regard de la souveraineté nationale, les attri_butions et les droits de l'Etat. Bien plus, elle dénie aux Chambres législatives le pouvoir de légiférer sur certains objets d'intérêt supérieur, tels que, par exemple, les droits constitutionnels des citoyens. Sous ce rapport la France est en retard, malgré sa célèbre déclaration des droits de l'homme et du citoyen. Les lois constitutionnelles, votées en 1875, qui régissent cette République, ne consacrent ces droits ni ne les garantissent d'aucune façon. Dans un pays où les intérêts sont si variés, si divers et même en opposition constante par l'existence des classes et des partis politiques, le respect des droits individuels, leur garantie effective par la loi constitutionnelle surtout, deviennent le premier fondement de l'ordre public, la sauvegarde de toutes les libertés, de tous les droits. Là où le pouvoir législatif peut tout entreprendre et le pouvoir exécutif tout faire sans aucun obstacle légal, la souveraineté nationale peut devenir une fiction et la liberté individuelle s'évanouir devant l'absolutisme des gouvernants. Heureusement, en France, l'esprit public est très éveillé, les mœurs populaires façonnées à la légalité pour qu'on n'ait plus à redouter ces travers. Cependant diverses propositions de lois y tendent à une revision des lois constitutionnelles afin de donner toute garantie aux droits civils et naturels des citoyens. Les moyens le plus ordinairement préconisés sont d'insérer le texte de la déclaration des droits en tête des lois constitutionnelles et d'étendre la compétence de la Haute-Cour à la connaissance de tout attentat contre la liberté individuelle, de toute violation des droits des citoyens, de tout abus de pouvoir exercé sur leurs personnes. C'est ce qui ressort surtout de deux importants projets déposés l'un sur la tribune de la Chambre par M. Jules Roches, tendant à une revision de la Constitution française, et l'autre sur la tribune du Sénat par M. Clémenceau, visant à l'adoption d'une loi spéciale sur cette matière non moins délicate qu'importante, la sûreté des personnes.

Avant de clore ce chapitre, nous devons rappeler les procédés suivis par les peuples libres ponr reviser et modifier leurs Constitutions. D'ordinaire, la procédure à suivre est consacrée par l'acte constitutionnel même qui en laisse le soin soit à une Assemblée spécialement formée, comme en Haïti, de la réunion de la Chambre et du Sénat sous le nom d'Assemblée nationale, soit à une Convention ou Constituante. Chez nous, la déclaration de revision, faite à la majorité absolue dans l'une et dans l'autre Chambre, ne peut avoir lieu à la fin d'une session. Le motif de cette interdiction est d'ordre politique, étant basé exclusivement sur les précédents historiques.

Dans quelques Etats tels que la Belgique par exemple, une proposition de revision ne peut être faite qu'à la fin d'une législature ; ce qui vaut encore mieux, car les nouveaux députés sont censés avoir reçu un mandat spécial à ce sujet (1). La session prochaine, l'Assemblée nationale se réunit et statue sur le projet de revision qu'elle ne peut adopter qu'à la majorité des deux tiers de ses membres. On voit par là que pour la modification de la Constitution il est exigé une majorité plus forte que pour celle des lois ordinaires. Bien plus, cette revision ne peut se faire que s'il y a un réel besoin pour la nation, s'il y va de son intérêt propre, telle que, par exemple, celle que subit en 1866 la Constitution de 1846, substituant la présidence temporaire de cinq ans à la présidence à vie, qui pesa d'un poids énervant sur le pays tout entier (2).

Au résumé, une bonne Constitution démocratique doit consacrer et garantir efficacement les libertés nécessaires du citoyen, limiter et préciser les attributions des pouvoirs publics, assurer enfin la responsabilité légale des détenteurs de l'autorité et des agents de l'administration par l'organisation même qu'elle donne au gouvernement.

Le but d'une Constitution étant de donner sa forme à l'Etat et au gouvernement, c'est le moment de parler de la formation des pouvoirs publics. Cette matière fera donc l'objet du chapitre suivant.

(1) En Belgique, si la proposition de revision est faite dans le cours d'une législature, elle entraine de plein droit la dissolution des Chambres. Les nouvelles Chambres élues statueront.

(2) *Constitution*, art. 194, 195 et 196.

CHAPITRE III

THÉORIE DES POUVOIRS PUBLICS DANS LE GOUVERNEMENT DÉMO-CRATIQUE. — LEUR MODE DE FORMATION. — LEUR SÉPA-RATION.

Si l'on parvient à se dégager des idées reçues et à élever sa pensée au-dessus de la réalité des choses variables pour se les expliquer en elles-mêmes, par une sorte de vue synthétique ou d'ensemble, on ne manquera pas de comprendre l'autorité, la puissance publique, sous une forme simple et naturelle, qui est l'unité de son essence. En principe, il n'existe qu'un pouvoir suprême, et c'est le Corps législatif qui en est investi. Les deux autres pouvoirs ne sont que des créations, des combinaisons de l'esprit humain pour concilier le droit et la loi, l'autorité et la souveraineté, et celle-là avec les garanties qu'exige la liberté individuelle. Il est dès lors aisé de s'expliquer la tendance, d'ailleurs toute naturelle, du Corps législatif à s'emparer, même par des voies détournées, du contrôle et de la direction des affaires publiques, quand bien même, comme aux Etats-Unis d'Amérique, la Constitution écrite du pays semblerait lui refuser ou lui contester la plénitude de cette faculté. Il n'est donc pas admissible de présenter comme des postulats de la raison et du droit des institutions qui dérivent des progrès de l'expérience humaine dans l'ordre politique.

Dans la démocratie, la souveraineté populaire est la source unique de tous les pouvoirs. Nous savons qu'elle est indivisible, bien que ses attributs soient multiples. Il en résulte qu'en principe, dans l'Etat démocratique surtout, la puissance publique, l'autorité est une et que, même déléguée, elle conserve à peu près le même caractère, comme on le verra dans la suite. Des jurisconsultes ou publicistes du xvi° siècle, Puffendorf et Bodin entre autres, s'exprimaient assez fortement au sujet de la diversité des attributs de la souveraineté, tout en concluant à l'unité du pouvoir public, pour que, d'après eux, l'Etat fût fort. Ils avaient entrevu la vérité, mais leur conclusion était le contre-pied de la théorie admise ultérieurement. Pour Bodin, particulièrement, le pouvoir législatif, pouvoir essentiel, nécessaire, comprenait tous les autres. Le principe de la séparation des pouvoirs ne devait se préciser qu'avec Locke et Montesquieu, bien plus par l'observation des faits que rationnellement.

Cette conception rationnelle de l'autorité ne laisse au pouvoir exécutif et au corps judiciaire qu'un rôle secondaire; et aucun jurisconsulte expérimenté et perspicace ne nierait leur dépendance naturelle et le plus souvent légale vis-à-vis des représentants de la nation, qui sont les détenteurs primordiaux, les titulaires originels de l'exercice de la souveraineté nationale. Ainsi entendus, théoriquement, les deux autres pouvoirs ne sont que des dédoublements, des émanations ou des prolongements du pouvoir réel, effectif et indispensable, le pouvoir législatif, seul créateur et ordonnateur. Il faudrait par contre voir dans le Chef de l'Exécutif non un représentant, non un mandataire, mais un délégué du souverain, alors même qu'il serait élu par un corps autre que l'Assemblée des représentants du peuple.

Néanmoins, dans la pratique, la raison distingue deux phases de la loi : son élaboration et son exécution, et elle conçoit que le même pouvoir ne peut se livrer en même temps aux deux opérations. De là, la nécessité pratique de la coexistence des pouvoirs législatif et exécutif. Quoi qu'il en soit, on ne doit pas faire dériver cette distinction des deux pouvoirs d'une construction théorique qui aurait fini par s'imposer à la pratique des choses. Elle est plutôt née des besoins successifs éprouvés par les nations, recherchant le mieux en matière de gouvernement ; et des philosophes tels que Locke et Montesquieu s'en sont emparés pour en formuler la théorie. Aussi, comme nous le constaterons plus loin, le pouvoir judiciaire trouvera-t-il moins facilement encore la raison d'être de son existence indépendante dans une vue théorique des choses auxquelles il s'applique. De tout cela, nous concluons que la conception toute moderne de la séparation et de la distinction des pouvoirs, qui s'est lentement dégagée et précisée, ne sont que des moyens d'adaptation et de convenance imaginés par l'intelligence humaine pour faciliter la pratique du bon gouvernement, en assouplir et en élargir les ressorts. Cette constitution définitive du pouvoir public devait se faire en Angleterre surtout par l'évolution historique de ses institutions politiques. Bientôt après, les publicistes anglais et étrangers ont cherché à en dégager les principes juridiques qui y étaient contenus. Ici, encore une fois, c'est là pratique qui a fourni ses données à la théorie. Nous allons maintenant esquisser les traits distinctifs du bon gouvernement, selon le droit public moderne.

Normalement ou logiquement, l'homme ne conçoit pas de deux façons une même chose. Son esprit ramène tout à une forme idéale qui est le critérium même dont il se sert pour apprécier, comparer, juger. En vertu de ce principe, nous ne saurions admettre comme étant des types divers de gouvernement régulier des formes abusives et anormales de la puissance publique, tels que l'absolutisme, l'autocratie, l'oligarchie, la dictature militaire ou le césarisme, la démagogie, enfin l'anarchie, qui sont à coup sûr des états de choses défectueux ou mauvais. Bien au contraire, la raison humaine ne conçoit pas la possibilité du bon gouvernement sans l'ordre et la liberté, et en dehors des lois de l'équité, du droit naturel. Il faudrait plutôt considérer ces formes irrégulières de la puissance publique comme étant l'abus ou l'absence de gouvernement. Aussi, le droit public moderne n'admet-il, en dernière analyse, que deux systèmes réguliers de gouvernement : le gouvernement parlementaire et le gouvernement représentatif, quelle que soit d'ailleurs la forme propre de l'Etat. Eux seuls peuvent se concilier avec les institutions démocratiques et en favoriser le développement.

Jusqu'ici, les questions que nous avons étudiées, par leur caractère de généralité ou d'abstraction, se rattachent plus étroitement à la sociologie et à la philosophie qu'au droit public et constitutionnel proprement dit. Celles que nous allons aborder maintenant sont des questions juridiques, des questions de fait. A la lumière des principes posés précédemment, nous les étudierons telles qu'elles se montrent dans la réalité des choses, sans même nous attacher à remonter à l'origine de chaque institution et à suivre son développement successif ou son perfectionnement à travers l'histoire des grands peuples. Nous considérerons donc chacune des institutions politiques de la démocratie moderne dans son état actuel, tout en conjecturant des améliorations qu'elle pourra recevoir dans l'avenir, en vertu de la loi du progrès successif qui est une loi naturelle.

A première vue, la pensée juridique qui se dégage de l'examen des manifestations d'un Etat constitutionnel et démocratique semble bien être la nécessité pratique de l'existence simultanée de deux pouvoirs, chargés l'un de la confection des lois et l'autre de leur exécution. L'esprit humain ne saisit réellement que la coexistence de deux pouvoirs publics dans les Etats constitutionnels modernes, considérés en eux-mêmes : le pouvoir législatif et le pouvoir exécutif. Cette conception de la composition vraie, réelle du gouvernement représentatif est du reste confirmée par la tendance naturelle des choses et, dans une certaine mesure, par leur réalité. Il est aisé, en effet, de se rendre compte que, tandis que le pouvoir exécutif et administratif gère les intérêts d'ordre public et exécute les lois qui les régissent, les tribunaux ne font surtout qu'appliquer les lois qui réglementent le droit privé et le droit criminel, soit en se prononçant sur les litiges, les contestations qui s'élèvent entre particuliers, soit en statuant sur la criminalité de leurs actes. Au fond, il n'y a pas de différence sensible dans la nature des attributions des deux pouvoirs exécutif et judiciaire, l'exécution des lois impliquant leur application et celle-ci conduisant à celle-là. D'ailleurs, le pouvoir exécutif n'exécute pas seulement les lois, il les applique aussi ; autrement, comment s'expliquer le rôle des tribunaux administratifs dans les pays où ils fonctionnent ?

Cependant, dans l'espèce, la théorie n'a pas inspiré et déterminé la pratique : presque toutes les Constitutions modernes élèvent le corps judiciaire au rang d'un troisième pouvoir de l'Etat ; toutes, elles prennent de sérieuses précautions pour assurer l'indépendance de la magistrature. La jurisprudence consacrée à l'égard des juges, c'est que leurs décisions ne peuvent être ni critiquées, ni cassées par le pouvoir législatif. Les magistrats n'encourent aucune responsabilité vis-à-vis des autres pouvoirs, alors même que leurs jugements auraient été cassés par l'autorité compétente, pourvu qu'on n'ait relevé à leur charge ni dol, ni fraude, ni parti-pris ou abus de pouvoir. Contre l'Exécutif tout particulièrement, la loi s'efforce de garantir efficacement l'indépendance des juges. Il ne peut intervenir dans leurs décisions que légalement et dans les formes par l'exercice du droit d'amnistie, de grâce et de commutation de peines. C'est dans cet esprit qu'elle consacre l'inamovibilité des fonctions de judicature.

Voilà ce qu'a établi le pacte fondamental ; mais en principe le pouvoir exécutif et administratif n'a fait que se dédoubler en autorité exécutive et en autorité judiciaire, ayant entre elles des rapports constants, et la première surveillant et contrôlant la seconde par l'institution du ministère public. L'indépendance effective du dernier pouvoir réside moins dans la spécialité de ses attributions que dans la souveraineté de ses décisions et dans l'inamovibilité de ses membres (les juges de paix exceptés quant à l'inamovibilité). Il est donc constant que les attributions exécutives de l'Etat sont réparties entre l'autorité administrative et l'autorité judiciaire, à la différence que les tribunaux ne doivent pas connaître de l'exécution de leurs décisions, tout comme l'Exécutif est obligé de se référer à eux dans tous les cas de contestations qui surgissent entre ce pouvoir et les particuliers dans le règlement des affaires publiques. Dans bien des pays, la fréquence et l'importance des affaires contentieuses de l'administration ont décidé l'organisation d'une justice administrative, fonctionnant à côté de la justice ordinaire, mais indépendante d'elle. Les lois pénales qui sont, il est vrai, de droit public, sont appliquées partout par les tribunaux ordinaires avec ou sans l'assistance du jury. Une réforme se poursuit actuellement en France dans la procédure quant à la justice administrative : c'est que le conflit ne soit pas admissible et que les affaires administratives puissent être portées indifféremment devant les deux ordres de juridiction.

Comme on le voit, le droit constitutionnel proclame et

consacre le principe de la division et de la séparation des pouvoirs publics, en répartissant les attributs de la souveraineté entre les trois corps distincts. L'existence simultanée de ces trois pouvoirs assure plus aisément et plus efficacement la pondération ou l'équilibre des parties constitutives du gouvernement que s'il n'y avait que deux pouvoirs, l'un légiférant, ordonnant et l'autre exécutant et administrant ou gouvernant, selon l'idée exprimée par J.-J. Rousseau dans le *Contrat social*. L'autre avantage qui en découle est une garantie plus sûre au profit des droits individuels. En effet, plus l'autorité est divisée, moins elle est susceptible de dégénérer en absolutisme. Au résumé, ne semble-t-il pas qu'on soit en présence d'un de ces cas où la pratique, en déviant quelque peu de ce que la raison conçoit comme étant essentiel, corrige plus ou moins, à l'aide des données fournies par l'expérience, les mauvaises conséquences éventuelles d'une théorie pourtant logique et vraie en soi ?

La séparation des pouvoirs est devenue par la suite presque un axiome de droit politique et une des conditions essentielles des gouvernements libres et réguliers. Le résultat qui en est obtenu est très appréciable. En se maintenant dans une sorte d'équilibre, les pouvoirs de l'Etat se contiennent les uns les autres dans les limites de leurs attributions légales ; le contrôle et l'action civile ou pénale qu'ils peuvent également exercer les uns contre les autres, aux termes de la Constitution, peuvent devenir la plus sûre des garanties des droits individuels et de l'intérêt général. Ce principe politique, fruit de l'expérience, n'est plus discutable ; il a produit ses bons résultats et a l'approbation de tous les défenseurs de la liberté. Est-ce un postulat absolu du droit et de la raison ? Non, pensons-nous. Il est résulté du progrès de la civilisation ou des besoins nouveaux créés par elle dans le sens de l'obtention d'une protection plus efficace de la personne humaine

dans l'ordre moral et matériel. Nous admettons donc que
la séparation des pouvoirs publics est une nécessité pratique : en permettant de distribuer entre trois corps constitués les attributs de la souveraineté, elle affaiblit la
puissance publique, par la résistance légale que les pouvoirs peuvent opposer les uns aux autres. Mais si la séparation des pouvoirs n'entraîne pas leur indépendance
effective et salutaire, si l'un d'eux peut réduire les autres
au rôle de corps secondaires et subordonnés, le règne de
la légalité sera fort compris et il n'y aura de sûreté dans
la société ni pour les personnes, ni pour les intérêts.

Au résumé, le principe de la séparation des pouvoirs
publics ne doit pas être entendu dans un sens absolu. La
complète séparation des pouvoirs ne semble pas même
possible à organiser et à faire fonctionner en réalité. Ce
principe doit être plutôt entendu dans le sens d'une
indépendance suffisante des corps constitués, dans les
limites de leurs attributions, en vue de leur action harmonique et concordante.

Les divers Etats démocratiques n'ont pas adopté un
mode uniforme pour la formation des pouvoirs publics.
On a imaginé différents degrés d'élection et des collèges
électoraux diversement composés, comme parfois aussi
on a fait nommer un pouvoir par un autre pouvoir ; enfin
les procédés sont assez variables. A première vue, cela
paraît bizarre, car il semblerait que la raison et la logique
d'une part et l'indépendance respective des pouvoirs
d'autre part eussent exigé qu'ils fussent tous créés au
suffrage populaire direct, comme chez nous, pour la formation de la Chambre des députés. Quelles que soient
les raisons politiques qu'on fait valoir pour varier comme
on le fait le mode de création des organes de l'Etat, il
demeure constant que l'application logique et sincère du
suffrage universel répudie des procédés, tels que nomination des juges par le chef de l'Etat, élection du Sénat par

Dorsainvil.   7

la Chambre des députés, enfin élection du pouvoir exécutif par le pouvoir législatif. Toutes ces combinaisons paraissent contraires à l'esprit démocratique ; elles faussent ou amoindrissent la liberté électorale, le droit électoral des citoyens, et empêchent ou entravent le perfectionnement du suffrage universel qui doit se faire dans le sens de l'élection directe des pouvoirs publics par le souverain lui-même (1). On sait que cette évolution n'est possible qu'autant que les comices seront soustraits à l'influence du pouvoir, que leur entrée sera interdite aux militaires en activité de service, que l'ordre et le calme y existeront et que la sincérité du suffrage y sera assurée. En attendant, il ne faut pas trop blâmer la sagesse humaine de ce qu'elle s'arrête à des combinaisons provisoires ou temporaires, pourvu qu'elles sauvegardent l'avenir. Toutefois, nous prévoyons que le suffrage direct sera le mode définitif d'élection des pouvoirs publics, que le collège électoral sera moins grand pour les députés que pour les sénateurs, que celui qui élira les députés élira les conseillers communaux, que celui qui élira les séna-

---

(1) L'application du suffrage indirect peut aboutir à une représentation qui ne soit pas celle du peuple, bien qu'elle soit issue du suffrage universel. Le cas se présente pour l'Etat prussien, par exemple, où à la Chambre des députés, du fait de l'organisation électorale, la prédominance appartient aux représentants des capitalistes ou aux familles riches. Entrons dans quelques détails à cet égard. En Prusse, les électeurs sont divisés en trois catégories, selon la somme d'impôts qu'ils payent. Chaque catégorie doit payer la même somme. La première catégorie est constituée par quelques électeurs très riches, acquittant à eux tous les tiers du total de l'impôt. Il est établi que les électeurs de la troisième catégorie sont cent fois plus nombreux que ceux de la deuxième et ceux-ci dix fois plus nombreux que les électeurs de la première catégorie. Or, chaque catégorie désigne le même nombre d'électeurs au second degré, appelés à choisir les députés. Il se forme ainsi une représentation qui est bien plus celle de la fortune que celle du nombre.

teurs élira les conseillers d'arrondissement et qu'enfin le Président sera l'élu de la nation entière au suffrage direct ou indirect, selon le tempérament du peuple et son degré d'expérience politique. Quant aux magistrats judiciaires, il faudra toujours, peut-être, s'arrêter à une combinaison qui satisfasse, mieux que ne peut le faire le suffrage populaire, aux conditions d'aptitudes professionnelles et de haute moralité qu'exige leur bon recrutement. On sent toutefois que le suffrage universel est une de ces institutions appelées à subir les transformations de l'ordre social. Que les cadres généraux de la société arrivent à n'être plus formés que de groupes professionnels autonomes et indépendants, il est évident que la représentation nationale se constituera sous la même forme ; ce qui permettra de compter sur des garanties plus sérieuses de compétence, sans aboutir absolument à la représentation des intérêts et des classes, puisque ce sera le résultat successif d'une transformation générale de l'état social actuel, amenant un droit nouveau.

Ainsi constitués par l'élection, les pouvoirs publics forment le gouvernement dans leur ensemble, mais le gouvernement *représentatif* (1). Ils ont la délégation

(1) Le gouvernement est le mode suivant lequel la souveraineté s'exerce dans un Etat. On désigne aussi sous ce nom l'ensemble des organes auxquels est confié l'exercice de l'autorité souveraine.

Enfin, dans un troisième sens, on donne le nom de gouvernement à l'un des organes de la souveraineté en particulier, à celui que nous qualifierons plus tard de pouvoir exécutif.

Les diverses formes de gouvernement se ramènent traditionnellement à trois types simples : la *monarchie*, l'*aristocratie* et la *démocratie*.

La *monarchie* est le gouvernement dans lequel l'exercice de la souveraineté est concentré dans les mains d'une seule personne nommée monarque, roi ou empereur. La monarchie peut être élective ou héréditaire. Elle est élective lorsque le monarque est nommé à vie ou pour un temps déterminé. Elle est hérédi-

de l'exercice de la souveraineté qui continue à résider dans le peuple, dans la nation, dans le corps social comme une faculté qui lui est propre. Par suite, ils ne sont souverains ni en droit ni en fait, surtout dans les Etats qui possèdent une Constitution rigide et limitative comme celle des Etats-Unis d'Amérique, si ce n'est dans les limites de la délégation, dans le cercle de leurs attributions et de leurs prérogatives.

En se rendant bien compte de l'esprit de la Constitution haïtienne, on restera convaincu qu'elle délègue l'exercice des attributions supérieures de l'Etat à quatre corps, savoir : le pouvoir législatif, le pouvoir exécutif, le corps judiciaire et la Chambre des Comptes. Il n'est pas sans utilité de préciser le rôle de chacun d'eux, tout en faisant connaître d'une façon sommaire le mode de leur formation. Les conditions légales de l'exercice des attributions de chacun d'eux seront étudiées d'une manière spéciale.

1° Le Corps législatif, représentation directe de la nation, est formé de la Chambre des députés et du Sénat qui, comme tel, ne doivent pas délibérer en commun ni, par conséquent, siéger dans un même local. Il a pour mission d'édicter les lois, de veiller à leur exécution par la permanence de la Chambre haute qui, dans l'intervalle des sessions, est représentée par un comité, dit comité permanent du sénat ; enfin de contrôler minutieusement les actes du pouvoir exécutif. Le Corps législatif est formé au

---

taire quand, à la mort du monarque, la puissance souveraine passe de plein droit, et sans une désignation nouvelle, à un membre de sa famille suivant un ordre de succession arrêté d'avance.

L'aristocratie est le gouvernement dans lequel le pouvoir souverain est exercé seulement par les principaux de la nation.

La démocratie est le gouvernement de la nation par la nation elle-même.

De Villeneuve, *Eléments de droit constitutionnel français*, nᵒˢ 22 et 23.

suffrage direct pour la Chambre, et indirect pour le Sénat, dont les membres sont nommés en définitive par la Chambre des députés sur deux listes fournies, l'une par les collèges électoraux d'arrondissement, l'autre par le pouvoir exécutif (1). Les deux Chambres forment, comme on le sait, le Corps législatif de la nation. Lorsqu'elles délibèrent en commun, elles prennent le nom d'Assemblée nationale, dont les attributions sont déterminées par la Constitution. Le Sénat a certaines attributions qui lui sont spéciales et qui en font un grand conseil de gouvernement. Il en sera question dans la suite de cet ouvrage. La Chambre des députés n'élit pas de comité permanent comme le Sénat. Il en résulte que la permanence du Corps législatif est particulière au Sénat seul, réduit toujours à l'inactivité à chaque prorogation de la Chambre des députés, qui n'a qu'une session annuelle de trois ou quatre mois d'avril à août. Aux Etats-Unis d'Amérique, les deux Chambres instituent des comités permanents, non pas peut-être en vertu de la Constitution fédérale, mais d'après leurs règlements intérieurs. Le Sénat est aussi par son mode d'élection un Corps indéfini.

2° Le Président de la République, à qui est délégué l'exercice du pouvoir exécutif, est l'élu de l'Assemblée nationale depuis la Constitution de 1867. Nous parlerons de ses attributions propres dans un chapitre spécial de l'ouvrage.

(1) Le Sénat, qu'institua pour la première fois en France la Constitution de l'an VIII, eut la prérogative de se compléter et de se recruter à l'avenir. Au début, la majorité de ses membres fut choisie par une commission organisée par le nouveau pacte social.

On sait que son rôle essentiel était d'assurer le respect et la *conservation* de la Constitution. Pour cela, il était investi du droit d'annuler les actes inconstitutionnels de toutes les autres autorités ; mais l'annulation ne peuvent être prononcée d'office, il fallait une dénonciation du tribunat ou du pouvoir exécutif.

3° Le Corps judiciaire, dont les membres sont à la nomination du Président d'Haïti, se compose des tribunaux de paix, des tribunaux civils, des tribunaux de commerce et du tribunal de Cassation de la République, outre la juridiction spéciale des conseils militaires.

4° Quant à la Chambre des Comptes, encore imparfaitement organisée, elle est élue par le Sénat sur deux listes de candidats, présentées l'une par la Chambre des députés et l'autre par le pouvoir exécutif. L'administration générale, comme on le sait, se dédouble en administration centrale et en administrations locales, liées ensemble par la hiérarchie.

Tels sont les corps constitués entre lesquels se partage l'exercice de la délégation de la souveraineté populaire ou des hautes attributions de l'Etat. Les pouvoirs ainsi formés par délégation ne vont pas agir en vertu d'un droit propre qui leur serait conféré par l'autorité constituante. C'est au nom de la nation qu'ils vont agir, et comme ses représentants responsables. Tout concourt à l'établir péremptoirement : l'acte constitutionnel qui détermine, limite les attributions de chacun d'eux ; les lois spéciales qui édictent les règles selon lesquelles ils doivent les exercer ; la responsabilité même morale pour le pouvoir législatif — et les pénalités qu'ils encourent lorsqu'ils violent les lois constitutionnelles et réglementaires. La délégation ne rend donc pas chaque pouvoir souverain à la place du peuple, comme tout semble le faire croire en Haïti ; elle leur confère l'exercice des attributs de la souveraineté, comme mandataires, comme représentants, enfin, pour nous servir d'une expression plus intelligible, comme grands fonctionnaires. Les pouvoirs publics, ainsi entendus, sont les fonctions par lesquelles l'Etat remplit son rôle social de force coercitive et réglementaire.

Dans la plupart des démocraties modernes, le chef du pouvoir exécutif a un grand pouvoir de décision. Telle n'est cependant pas l'essence de ce pouvoir dans la démocratie pure ou la distinction tend à s'établir nettement entre la puissance qui décide et celle qui exécute. En réalité, les actes de l'Exécutif auraient dû être tous des actes administratifs, et là où la loi ne peut édicter des règles fixes, il convient que le pouvoir exécutif soit contenu par la nécessité de la ratification des représentants du peuple et par le jeu de sa responsablité légale. Sans doute, le titulaire du pouvoir exécutif et les juges sont aussi des représentants du peuple, mais dans un autre ordre de choses et d'idées. Ils ne sont pas des représentants du peuple pour exercer un pouvoir représentatif. Bien qu'indépendantes et souveraines dans leurs limites constitutionnelles, les attributions du pouvoir exécutif et du corps judiciaire ne revêtent pas le caractère représentatif, au même titre et au même degré que celles du pouvoir législatif irresponsable dans la plus large mesure possible. Les institutions ont nécessairement leur logique. Si le pouvoir exécutif est organisé pour accomplir les actes exécutifs et administratifs résultant de l'application des lois, il n'est pas admissible qu'il soit revêtu d'un pouvoir arbitraire de décision, à moins de supposer que les représentants de la nation, chargés d'exprimer sa volonté, de décider en son nom, ne peuvent pas le faire dans tous les cas, ce qui est absurde puisque tous les actes qu'accomplissent les organes immédiats de ce pouvoir doivent être prévus d'avance et réglementés par les lois. Le progrès, dans ce sens, doit consister à sortir de la confusion, de la contradiction, qui est une cause de malaise et de stagnation pour bien des Etats, en réduisant le plus possible l'action de l'exécutif à des actes simplement exécutifs et administratifs, comme le veulent la raison et la logique et comme l'implique le sens juridique des termes pouvoir exécutif et administratif.

Notre Constitution, découlant en majeure partie du droit public et constitutionnel français, a presque organisé l'Etat selon les formes extérieures de la démocratie française, qui a conservé quelques-unes des anciennes institutions et des règles qu'on aurait cru plus propres à la monarchie constitutionnelle qu'à la République, mais qui étaient déjà dans les mœurs du peuple français. Les plus en relief de ces institutions qui ont persisté sous la forme républicaine sont : l'irresponsabilité politique du chef du pouvoir exécutif, la responsabilité des ministres devant le parlement, la prééminence de la Chambre des députés quant à la direction politique, au vote des lois de finances, comme contre poids à l'autorité du pouvoir exécutif, enfin le droit de grâce, d'amnistie et de commutation de peines reconnu au Président. Comme il est prouvé par l'expérience faite en France depuis 1871 que le fonctionnement de ces institutions sous un gouvernement républicain ne fausse nullement le jeu de ce régime politique, il faut en inférer qu'elles entrent dans les conditions d'existence régulière d'un Etat libre, ayant pour fondement le principe de la souveraineté nationale et pour objet le respect des droits de l'homme qui s'impose à toutes les législations et à toutes les formes possibles de gouvernement et d'Etat. Si ces règles et ces institutions s'accordent si bien avec les principes de la liberté politique, telle que la comprennent les publicistes modernes, c'est donc qu'elles sont essentielles à tout gouvernement libre et progressif, que ce soit sous la forme monarchique ou républicaine.

Quant à notre gouvernement, tel que l'organise la Constitution, il est un pouvoir civil. Le premier magistrat de la République prête serment, non devant l'armée, mais devant une corporation civile qui est l'Assemblée nationale. Dans l'ordre politique, il occupe la première dignité de l'Etat avec un pouvoir général de direction et de surveillance. C'est par une sorte de fiction que la Constitution lui confère le commandement supérieur des forces de terre et de mer ; en réalité, ce rôle revient au secrétaire d'Etat de la guerre et de la marine. Cependant, dans la pratique, le gouvernement du pays est resté un régime militaire avec tout son cortège d'abus et de maux, et cela, à cause de l'organisation de l'armée en corps politique aux tendances prétoriennes et faute d'institutions civiles, représentatives et autonomes nécessaires dans l'arrondissement.

Malgré la Constitution, malgré l'existence des trois pouvoirs indépendants en droit et souverains dans les limites de leurs attributions respectives, la délégation de l'exercice de la souveraineté paraît être entière dans les mains du titulaire du pouvoir exécutif. La première conséquence qui en est résultée, c'est que la responsabilité ministérielle n'a pas pu se dégager et s'établir, les ministres n'ayant ni pouvoir de décision, ni liberté d'action. Comme tous les actes de l'Exécutif engagent matériellement, en dépit de la Constitution, la responsabilité du premier magistrat de la République, qui décide seul et impose sa volonté aux ministres, toute sa tactique consiste à anéantir le droit de contrôle du Corps législatif, et, pour y parvenir, il fausse toutes les institutions, depuis le suffrage universel, par la pratique des candidatures officielles, jusqu'à l'indépendance des magistrats. Dans ce cas, le gouvernement est forcément personnel et arbitraire ; et, comme il s'appuie sur l'armée pour triompher de toutes les résistances, il n'est qu'une dictature militaire déguisée. Nous reviendrons sur cette grave question, déjà traitée, dans le chapitre sur la force publique en ce qui touche certains freins et contre-poids nécessaires.

La Constitution américaine a donné naissance à un type particulier de gouvernement, tout différent du type anglais et français : c'est le gouvernement représentatif adopté aussi par la République fédérative suisse et par les Etats particuliers que forment l'Empire allemand. On a constaté que, dans ce système, la responsabilité des ministres n'existe presque pas. Cela est si vrai que celle du Président de l'Union seule peut être mise en jeu ; les ministres dépendent de lui absolument ; ils sont, en effet, ses agents. Le Président les nomme et les révoque à sa guise. Ils n'ont pas leur entrée dans les Chambres législatives avec lesquelles ils communiquent au moyen de messages, de mémoires ou de notes. En outre, l'initiative des lois appartient aux membres du Congrès seuls. Il en résulte que, dans le gouvernement fédéral, l'exécutif ne fait pas, en quelque sorte, partie de la législature.

Tout de même, le contrôle et la direction du Congrès se sont fait admettre, mais d'une façon indirecte, par l'influence et l'action des comités permanents de la Chambre et du Sénat. Ce qui n'est pas sans avoir ses inconvénients, au point de vue de la morale publique surtout. L'intrigue et les compromissions louches trouvent dans les comités un milieu plus propice pour se manifester que dans les séances de la Chambre et du Sénat où d'ordinaire tout se fait au grand jour de la discussion, en pleine assemblée publique. On a proposé d'amender cet état de choses par quelques emprunts faits au gouvernement parlementaire. Mais, font observer des publicistes compétents, les institutions américaines forment un tout homogène et il n'est pas possible d'y introduire la responsabilité ministérielle sans les modifier profondément. De là, sans doute, l'échec du mouvement réformiste provoqué naguère dans l'Union par quelques hommes politiques. Il faut donc chercher le complément de la garantie désirée dans le perfectionnement même de ces institutions. « La théorie parlementaire anglaise de la responsabilité ministérielle, a écrit M. Roosweld, est incompatible avec nos institutions et ne peut être mise en vigueur sans détruire la Constitution des Etats-Unis. Admettant qu'une telle chose soit possible, elle serait absolument détestable ; elle est impraticable, et tout mouvement voulant la favoriser est pour cette raison absurde. Les personnes qui ont écrit sur ce sujet ont perdu leur temps ; elles auraient pu utilement l'employer à observer sérieusement ces institutions, à chercher des méthodes pratiques pour accroître et fixer les responsabilités. Tous les hommes raisonnables s'accordent à demander un changement dans ce sens (1). »

Tout cet ensemble de choses que nous venons d'exposer, forme ce qu'on appelle les institutions démocratiques, à la conquête desquelles ont marché et marchent encore les nations modernes, les peuples progressifs. Elles ont fait la grandeur et la gloire de l'Angleterre dont le gouvernement, malgré sa chambre des lords, sa noblesse terrienne et son roi, est surtout une démocratie parlementaire ; elles ont fait la puissance des Etat-Unis d'Amérique, étonnants de progrès matériels, de socialisation, d'initiatives fécondes ; elles ont rajeuni et transformé la France, demeurée toujours l'étonnante nation de l'Occident par la fécondité de son génie. Les Japonais, qui les ont implantés chez eux, leur doivent en partie leur rapide et sérieux développement ; les Russes luttent actuellement pour les conquérir parce qu'elles sont, dans les temps modernes, les seules institutions politiques dignes des peuples libres.

Cédant enfin aux revendications de l'opinion publique, le Tsar se décida en 1905 à octroyer à la Russie un nouveau régime constitutionnel plus en harmonie avec les principes du droit public moderne et les aspirations du peuple russe. Mais l'œuvre des oukazes impériaux ne commença véritablement à fonctionner qu'à la fin de 1907. Ce n'est pas encore, il est vrai, le véritable régime constitutionnel et représentatif avec son application et les conséquences qu'il produit en Europe : car le parlement russe, composé de deux Chambres : le Conseil de l'Empire

____

(1) Th. Roosweld, *L'Idéal américain*, chap. iv, page 55.

et la Douma, n'a pas une grande indépendance dans
l'exercice de son pouvoir législatif, qui, en principe, réside dans le souverain, demeuré constitutionnellement
autocrate et orthodoxe, lequel l'exerce en son absence,
même lorsque le pouvoir exécutif arrive à provoquer
l'ajournement des Chambres pour faire passer une loi à
laquelle elles se montreraient hostiles. En réalité, les
nouvelles institutions politiques adoptées par la Russie
n'ont presque rien changé dans le caractère du pouvoir
autocratique du Tsar. « La structure du nouveau régime
ne s'est pas encore pleinement dégagée des formes tradi-
tionnelles de la monarchie absolue (1). » Les ministres
restent toujours responsables devant le Tsar, et les
Chambres, par un étrange renversement des rôles, sont
responsables devant le pouvoir exécutif ou mieux sont
dans une dépendance absolue de ce pouvoir.

(1) Pierre CHARLES, *Revue des sciences politiques* (janvier 1912).

CHAPITRE IV

Le pouvoir exécutif est caractérisé par un tendance exploitive et oppressive, généralement partout constatée, qui est développée par son rôle aussi bien que par sa composition. Cette tendance ne peut être réprimée que si le Corps législatif est véritablement la représentation nationale par sa composition, son action propre dans le jeu des institutions, son autorité morale, enfin son influence efficace sur la direction des affaires publiques. Prépondérance qu'il acquiert sûrement par l'exercice de son droit de contrôler, de blâmer les ministres, de les faire renvoyer et même de les accuser au besoin. Sans cette garantie politique, le pouvoir public le plus propre à sauvegarder les intérêts de la societé, à travailler à son évolution, restera sans autorité et sans initiative.

On conçoit logiquement que l'influence ou la direction politique qui appartient au Corps législatif ne peut être exercée séparément par les deux Chambres à un égal degré sans s'annihiler ou du moins sans s'amoindrir. Cette importante attribution doit être exercée surtout par l'une d'elles, et il est naturel que ce soit par la Chambre des députés, en raison de son origine et de son nombre.

A ce point de vue, le Sénat reste tout uniment une assemblée législative pondératrice. Il doit laisser le premier rôle à la Chambre dans la direction politique, dans l'examen des questions de finances et d'impôt, de travail, d'enseignement, enfin dans tout ce qui concerne l'organisation de la société, son évolution progressive, ses intérêts majeurs. Au reste, c'est la règle constitutionnelle : les deux chambres n'ont un égal pouvoir que pour légiférer et encore que ce soit dans les conditions et dans les formes voulues par la Constitution qui, en matière de mesures financières, entend que l'initiative soit prise par la Chambre des députés ou qu'elle soit appelée à délibérer la première toutes les fois que les projets viennent de l'Exécutif. Il est admis que les projets ou les propositions de loi votées par la Chambre ne sont pas caduques si cette assemblée vient à être renouvelée intégralement avant que le Sénat ait discuté et voté ces projets. La Chambre, en pareil cas, a épuisé sa fonction ; l'acte qu'elle a accompli est définitif. Cette procédure parlementaire, que la France a adoptée depuis quelques années, est généralement suivie dans le pays. Cependant, elle n'est pas admise en Angleterre.

Les deux Chambres n'ont donc un égal pouvoir que pour le vote des lois ordinaires. En matière de lois budgétaires, la priorité appartient à la Chambre des députés, qui doit aussi avoir le dernier mot. Cette règle de droit, qui s'est imposée aux Etats modernes, a pris naissance en Angleterre où elle a trouvé sa justification dans un fait pour ainsi dire matériel, c'est que les lords n'étant pas nommés par le peuple, ne sont pas ses représentants et n'ont pas le droit rigoureux de l'imposer. Rappelons qu'en cette matière, aujourd'hui, l'initiative des mesures est plutôt prise par la Couronne que par le parlement anglais.

En vertu de cette règle, également formulée par la

Constitution de la République, le Sénat, à l'occasion du vote du budget, ne peut proposer aucune création de dépense ; il ne peut que faire des amendements, et si l'on pousse la règle jusqu'à ses conséquences extrêmes, on verra qu'il ne peut que faire des réductions. Il n'a pas la faculté d'augmenter les fonds d'un chapitre, d'une section ou d'un article du budget, toute augmentation de ce genre équivalant à une création de dépense pour toute la partie qui constitue l'augmentation. Néanmoins, si la dépense est indirecte et accessoire, si elle n'arrive pas en principal, tel que quand il s'agit de créer une fonction, un emploi, on admet que le Sénat peut en prendre l'initiative sans que la règle en question soit violée.

On pourrait à la rigueur se demander quelle est l'utilité d'une seconde Chambre législative dans une démocratie complète où la souveraineté doit être nécessairement une et indivisible. Là, en effet, les populations, alors même qu'elles n'auraient pas une commune origine, ne doivent pas avoir des intérêts différents. Il faut donc que la dualité du Corps législatif dans l'Etat démocratique réponde à d'autres nécessités, puisque les deux Chambres représentent la nation, le peuple, et ont cure des mêmes intérêts. Par cette institution, on vise d'abord à ce qu'il y ait plus de maturité dans les délibérations et moins de chance d'erreurs dans les décisions ; à ce que l'erreur que pourrait commettre l'une des deux assemblées ne soit pas irréparable ; enfin à ce que l'esprit d'entreprise, le goût parfois excessif de réforme de la Chambre des députés, composée d'hommes plus jeunes, plus enthousiastes, moins expérimentés, soit tempéré par l'esprit conservateur du Sénat, formé d'hommes plus âgés, plus rompus aux affaires et partant pouvant être plus sages, moins entreprenants. Comme on le voit, l'institution des deux Chambres a surtout pour but de prévenir les entraînements irréfléchis.

Toutefois, cette institution, qui vise à des résultats pratiques, est plutôt une combinaison, un tempérament, qu'une règle de droit; nous sommes loin de lui accorder une valeur rationnelle, absolue, et de la considérer comme un principe essentiel. Le jour que nous voudrions réagir contre les mauvaises influences du moment, peut-être sentirions-nous la nécessité de réduire notre Corps législatif à une seule Chambre, comme par le passé, pour lui redonner avec l'unité toute sa force et toute son autorité. Bien des petits États composent ainsi leur Corps législatif d'une seule chambre, et il se peut bien que ce soit une nécessité de leur politique. Parmi ceux-là citons les cantons suisses, la Serbie et la Grèce (1).

Les inconvénients du système des deux Chambres se sont faits sentir en France en plus d'une circonstance, notamment lors du vote de la loi du 30 mars 1900 sur la durée du travail dans les établissements à personnel mixte. On s'en souvient; tandis que la Chambre des députés avait par trois votes successifs abaissé à dix heures la journée de travail dans ces établissements, le Sénat de son côté persistait à maintenir la durée de onze heures. La loi ne pouvait donc aboutir qu'à la condition que les deux Assemblées consentiraient à se faire de mutuelles concessions. Heureusement, c'est ce qui advint, et l'on s'arrêta à une solution transactionnelle, sans laquelle le projet aurait pu faire indéfiniment la navette de l'une à l'autre Chambre. Il fut décidé que la journée de travail serait graduellement abaissée de onze heures à dix heures par jour dans un délai de quatre années partagées en deux stades.

« Le pouvoir exécutif et le pouvoir législatif étant

(1) Il n'y a que peu d'années depuis que le peuple serbe, pour incliner de plus en plus son Corps législatif vers les principes démocratiques, l'a ramené comme par le passé à une seule Assemblée en supprimant le Sénat.

distincts et indépendants, au moins dans une certaine mesure, des conflits entre eux sont toujours possibles, parfois inévitables. Le danger est que ces conflits aboutissent à une lutte violente et sans merci et, en définitive, au coup d'Etat ; la solution désirable est qu'il intervienne une transaction pacifique, qui rétablisse l'équilibre des pouvoirs. Cela sera grandement favorisé par la division du pouvoir législatif. Le plus souvent, le conflit éclate seulement entre l'une des deux Chambres et le pouvoir exécutif, et l'autre Chambre servira alors d'obstacle à un duel à mort et pourra jouer utilement le rôle d'arbitre. Si les deux Chambres sont unies dans le conflit, il est presque certain que la raison et la justice seront de leur côté, et alors leur action deviendra invincible pour le plus grand bien du pays. Enfin le pouvoir exécutif pourra de son côté agir comme médiateur dans les conflits qui pourraient éclater entre les deux Chambres (1) ».

Les deux Chambres forment à elles seules la représentation nationale. Tout acte de souveraineté, qui est une libre manifestation de la volonté populaire, fait soit sur l'initiative du peuple soit sur celle de ses mandataires, (2) ne peut être accompli normalement et en temps régulier que par elles, sous forme de résolutions, de décrets, de lois. Il en résulte que le pouvoir exécutif ne peut prendre un arrêté, rendre un décret que sur des cas réglés par les lois préexistantes, et cela uniquement pour en faciliter l'exécution ou bien pour l'exercice d'attributions que lui confère la Constitution et sur lesquelles aucune loi particulière n'aurait été votée par le Corps législatif. Dans aucun cas, le pouvoir exécutif ne peut donc prendre légalement aucune mesure qui ne soit la conséquence

(1) ESMEIN, *Eléments de Droit constitutionnel.*
(2) Par l'exercice du droit de pétition les citoyens peuvent provoquer des mesures législatives même là où il n'existe pas d'*initiative populaire.*

Dorsainvil.   8

d'une loi écrite qui l'a prévue ou qui ne résulte d'une disposition constitutionnelle entrant dans ses attributions directes. Par lui-même, il ne possède pas la faculté de prendre *a priori* des décisions souveraines. Partageant l'initiative des lois avec les membres du Corps législatif, il n'a que le privilège de les provoquer.

Cependant, le pouvoir de légiférer du Corps législatif n'est ni absolu, ni sans limites. Ses actes, en principe et en fait, ne sont valables que s'ils sont légaux et raisonnables, s'ils sont constitutionnels et moraux. Supposez que, dans un cas donné, le pouvoir exécutif viole manifestement ou laisse inexécutée une loi importante, au lieu de la respecter et de l'exécuter, alors que l'intérêt bien entendu du peuple exige la continuation de l'application de cette loi. Que le Corps législatif, soit par faiblesse, soit par corruption, donne à l'Exécutif un bill d'indemnité. Eh bien, un tel acte est nul et de nul effet, et le bon ordre public commande qu'il soit annulé par une autorité supérieure chargée de veiller au respect et à l'exécution des lois. D'où la nécessité d'une *Cour suprême de Justice et de Législation,* placée au-dessus des décisions des autres pouvoirs quant à leur régularité ou leur constitutionnalité, comme la Cour Suprême des Etats-Unis d'Amérique.

D'ailleurs, tous les pouvoirs ne sont-ils pas responsables de leurs actes devant la nation? Cela indique qu'ils peuvent en commettre de mauvais, de répréhensibles. C'est donc tirer du principe posé par la Constitution sa conséquence logique que de demander la création d'un pouvoir supérieur auquel la nation déléguera cette haute attribution répressive; puisqu'elle ne peut, vu la forme de notre droit public, intervenir elle-même que révolutionnairement, ce qui n'est pas à prévoir dans l'ordre normal et régulier des choses; le droit de pétition, on le sait, est un moyen peu opérant.

Les membres du pouvoir législatif possèdent toute

liberté et toute indépendance, dans les limites de la Constitution, pour l'exercice de leurs attributions. Ils sont même inviolables. Cependant des rapports de convenance, de solidarité et d'intérêt existent entre eux et le peuple. Ils sont obligés de tenir compte des revendications de l'opinion publique, de ne pas froisser le sentiment populaire dans ce qu'il a de légitime. Dans tous leurs actes, il importe qu'ils soient guidés par le souci du bien public, de la grandeur nationale. C'est à ce prix qu'ils verront croître avec leur autorité morale la confiance de leurs électeurs et le respect de l'autorité dont ils sont revêtus comme représentants de la nation, appelés à défendre ses intérêts, à contrôler ceux qui en ont la gestion. On peut dire que la première condition du bon exercice du gouvernement représentatif est dans le fonctionnement régulier et efficace du pouvoir législatif.

Les attributions de l'Etat, dans les démocraties modernes, sont comme une tâche collective que la nation — par un contrat — répartie entre les pouvoirs publics qui légalement et logiquement n'ont pas la faculté d'augmenter ou de diminuer leur part afférente sans violer leur mandat. Pour que cette tâche soit bien faite et régulièrement faite, il faut que chaque pouvoir reste strictement dans les limites de ses droits et de ses devoirs ; il faut aussi que le mandant, le peuple, puisse au besoin les y contraindre d'une façon ou d'une autre. A l'arbitraire d'un pouvoir qui ne comprend pas que son premier devoir est de respecter les conditions de sa délégation, il trouvera un contre-poids, un correctif sérieux dans le choix libre et éclairé de ses représentants et dans l'appui courageux et efficace qu'il leur apportera dans l'accomplissement de leur mission.

En Haïti, la liberté électorale n'est qu'un mot ; on n'y connaît pas la chose. Dans un pays d'une organisation si désassortie, les citoyens ne disposent pas du pouvoir par l'exercice de leur droit de suffrage. L'armée, plutôt que le peuple, avec les employés publics, élisent comme députés les candidats que leur désigne l'Exécutif. Ce dangereux abus ne prendra fin qu'avec l'organisation du gouvernement légal qui viendra interdire complètement l'entrée des comices aux militaires sous le drapeau et du même coup les éloigner des délibérations politiques si contraires à leur discipline et au bon ordre public.

Il n'existe pas, pour ainsi dire, de circonscriptions électorales en Haïti, correspondantes au nombre de ses habitants, et, en dépit des injonctions de la presse, l'état de la population de la République, qui n'est pas encore établi, rend malaisée la composition de la Chambre des députés. En l'absence de cette donnée fondamentale, la Constitution attribue trois députés à la Capitale, deux aux communes chefs-lieux de département et à chacune des communes de Jacmel, de Jérémie et de Saint-Marc, et un député aux autres communes. Avec un pareil procédé, on ne peut arriver à former la représentation nationale en raison directe de la population totale du pays. Par suite, les députés à élire ne sont pas répartis entre les districts électoraux ou communes proportionnellement au nombre des habitants. Le procédé suivi est à la fois arbitraire et irrationnel ; il fausse à ce point de vue le principe de la souveraineté nationale. Un état démocratique doit être divisé en circonscriptions électorales possédant chacune un même nombre d'habitants (y compris les femmes et les enfants) et nommant chacune un député. Les députés élus ne sont pas les représentants des districts électoraux où ils sont nommés, mais ceux de la nation ; chacun d'eux et tous ensemble tiennent leurs pouvoirs de la nation, comme conséquence de deux principes nécessaires : l'un, que la souveraineté n'est pas divisible ; l'autre, qu'elle réside toujours dans la nation, qui en délègue seulement l'exercice. Les centres électoraux sont donc censés agir en vertu d'une délégation propre de la nation et au nom de celle-ci. C'est pourquoi la représentation nationale doit être basée sur la population indigène, vu l'impossibilité pour les grandes nations modernes de se réunir en un collège unique pour manifester leur volonté, par l'exercice de leur droit de suffrage politique. Chez nous, les conditions d'éligibilité sont les suivantes : être âgé de 25 ans au moins, jouir de ses droits civils et politiques et, en dernier lieu, posséder un immeuble ou exercer soit une profession, soit une industrie. Cependant tout citoyen n'est pas habile à poser sa candidature dans une commune quelconque. Il faut qu'il ait dans la commune ou son domicile réel ou son domicile politique. Il acquiert le second après un an de séjour.

Le suffrage accumulé, dont la première application a dû avoir été faite en Angleterre, a été préconisé en France par quelques publicistes, notamment Prévost-Paradol. « Le but du suffrage accumulé, dit l'éminent écrivain, est de garantir une représentation proportionnelle aux minorités, sans empêcher, d'une part, la majorité d'être légalement maîtresse des affaires du pays et sans créer, d'autre part, aucun privilège électoral en faveur des lumières ou de la fortune. » D'autres moyens ont été imaginés en Angleterre pour empêcher l'écrasement des minorités, surtout de la minorité éclairée, dans les collèges électoraux, par exemple celui-ci : « Pour éviter d'abord, ajoute le même auteur, qu'une majorité aveugle et surtout intolérante pût fermer l'accès de la Chambre à des hommes dont l'exclusion est une honte et en même temps un dommage pour la nation, on a proposé qu'un petit nombre de sièges dans la représentation nationale fût réservée à des députés que le corps électoral tout entier serait appelé à élire ; de telle sorte que l'illustration du nom et des talents pût réunir sur certains hommes les suffrages de la classe éclairée, répandue sur tout le territoire. » Le perfectionnement du suffrage universel est un des grands problèmes dont les hommes d'Etat poursuivent la solution. L'exercice libre et efficace du droit de suffrage par chaque citoyen, chaque catégorie de citoyens, voilà l'idéal en cette matière. C'est ainsi qu'à la représentation nationale des sièges se trouvent être réservés aux universités d'Oxford, de Cambridge, de Londres, de Dublin dans le Royaume-Uni de Grande-Bretagne et d'Irlande. Quoi qu'il en soit, les amis de la démocratie répudient plus ou moins ces procédés qui ne visent à rien moins qu'à la représentation des intérêts et des classes. Ils pensent qu'on sera plus près de réaliser la justice en cette matière et qu'on assurera mieux la stabilité de l'Etat en accordant un vote, un seul, à chaque citoyen, sauf les exceptions fondées sur le bon sens. Ce qui ne va pas à l'encontre de l'idée de rendre le suffrage universel de plus en plus *organique*.

D'après notre loi électorale de 1872, les députés sont nommés pour trois ans directement par le peuple réuni en assemblées primaires et électorales au 10 janvier. Immédiatement après on doit procéder à l'élection des conseilleurs communaux. A une date ultérieure, des assemblées analogues nomment les électeurs d'arrondissement, chargés de désigner par l'élection les candidats au Sénat conjointement avec le pouvoir exécutif, qui présente de son côté une liste de candidats. La Chambre des députés élit les sénateurs au moyen de cette double liste. Il en résulte que les deux assemblées législatives ont une origine différente, sans oublier que les conditions d'éligibilité diffèrent aussi entre elles, notamment celle d'âge : le candidat au Sénat doit être âgé de trente ans au moins.

La Chambre des députés se renouvelle intégralement tous les trois ans, mais les députés sont indéfiniment rééligibles. Le Sénat se renouvelle par tiers tous les deux

ans, ses membres sont aussi indéfiniment rééligibles.
Comme nous l'avons dit déjà, c'est la Chambre qui fait
l'élection des sénateurs. On conçoit que ce système n'en
est pas l'unique ; on connaît, en effet, d'autres procédés :
le grand corps peut être appelé à se compléter lui-même
sur des listes de candidats dressés par des collèges spéciaux dont les choix seraient légalement limités. Selon
l'esprit qui a présidé à sa formation et d'après les traditions, le Sénat est un corps permanent, mais la prorogation de la Chambre le réduit forcément à l'inactivité. Trois
de nos Constitutions le déclaraient explicitement : celles
de 1846, de 1867 et de 1876. Le principe en est généralement admis par les publicistes et jurisconsultes modernes
qui le considèrent même comme un grand Conseil de gouvernement. Dans l'intervalle des sessions législatives,
notre Sénat est remplacé par un comité, dit comité permanent. La Constitution accorde certaines attributions
extra-législatives au Sénat, qui peut s'ériger en haute cour
de justice. Il en sera question plus loin, au chapitre XI.

Certaines attributions du Corps législatif, qui étaient
exercées particulièrement par le Sénat, sont déléguées à
l'Assemblée nationale depuis la Constitution de 1867.
L'Assemblée nationale, comme on le sait, n'est pas un
corps particulier, bien qu'elle soit distincte du Corps législatif. C'est la fusion momentanée des deux Chambres,
sous la présidence du bureau du Sénat surtout pour l'exercice de certaines attributions, telles que nomination du
Président de la République, révision de la Constitution, etc.
Au commencement de chaque session législative, elle se
réunit sous la présidence du Président du Sénat qui prononce l'ouverture de la session. Quelques jours après elle
se réunit de nouveau pour entendre la lecture du message
du Président d'Haïti accompagnant l'exposé de la situation. Enfin certains traités, certaines conventions, en raison de leur importance, ne peuvent être ratifiées que par

l'Assemblée nationale. Chaque année, les Chambres se réunissent de plein droit le 1er lundi du mois d'avril. Leur session dure trois mois et peut être prorogée d'un mois. En dehors de la session annuelle ordinaire, elles peuvent être convoquées à l'extraordinaire, soit par l'Exécutif, soit par le comité permanent du Sénat.

Jusqu'en 1816, notre Corps législatif ne se composait que d'un Sénat, qui était surtout un grand Conseil de gouvernement, en raison des attributions multiples qui lui furent déférées par la Constitution de 1806. A partir de cette époque, l'institution d'une seconde Chambre législative devint un des rouages principaux de notre mécanisme constitutionnel. Cependant ce ne fut qu'en 1867 que la Chambre des députés commença à concourir avec le Sénat — en Assemblée nationale — à nommer le Président de la République. Néanmoins, la Constitution de 1816 avait tracé les grandes lignes des attributions de la Chambre, à laquelle elle conféra le contrôle des ministres; malheureusement tout cela devait rester lettre morte, le pouvoir organisé n'ayant été qu'une dictature militaire déguisée. L'antinomie était, en effet, flagrante dans une Constitution qui consacrait la présidence à vie et qui proclamait en même temps la souveraineté populaire. Depuis lors, nos Constitutions se sont perfectionnées dans une certaine mesure ; le septennat a remplacé le pouvoir viager ; mais les mœurs publiques n'ont pas subi la même évolution ou mieux ne sont pas modifiées.

Nous venons de voir quel est le rôle, quelles sont les attributions du Corps législatif dans la vie des Etats. Nous allons maintenant parler des moyens pratiques à l'aide desquels il exerce son droit de contrôle sur le pouvoir exécutif et peut mettre en jeu sa responsabilité ou mieux celle des secrétaires d'Etat, personnellement responsables des abus et des fautes politiques commis par l'autorité administrative et exécutrice. Ces moyens sont au nombre de

trois : les questions, les interpellations et les enquêtes parlementaires. La question est un dialogue entre un ministre
et le député ou le sénateur qui la pose ; elle se termine
d'ordinaire sans que l'Assemblée prenne une décision.
Elle peut cependant donner ouverture à une interpellation, comme cela s'est vu plus d'une fois dans nos Assemblées parlementaires. Dans ce cas, les règlements de la
Chambre et du Sénat établissent une procédure qui est
obligatoire. La demande d'interpellation est formulée par
écrit, elle est signée de plusieurs membres, elle est remise au Président qui consulte l'Assemblée où elle est
formulée à savoir si elle doit être prise en considération.
Si elle est adoptée par la Chambre ou le Sénat, on fixe le
jour de la discussion et l'on avise l'Exécutif. Le débat se
termine soit par l'ordre du jour simple, soit par un ordre
du jour motivé, et quelquefois par un vote de blâme en
forme et direct. Chacun de ces cas peut amener la chute
du ministère ou la démission du ministre en cause, s'il
s'agit d'un acte personnel. Le vote de confiance, que peut
aussi donner l'Assemblée dans les interpellations, est un
vote approbatif. Lorsqu'il n'y a pas un ordre du jour formulé et déposé, le Président de l'Assemblée, après le débat, se contente de déclarer que l'incident est clos (1).

(1) « Les interpellations se terminent par l'ordre du jour
simple ou par un ordre du jour motivé. Lorsqu'il n'a été déposé
aucun ordre du jour motivé et lorsque l'ordre du jour simple
n'est pas réclamé, le Président se borne à déclarer que l'incident est clos.

« L'ordre du jour pur et simple peut être réclamé verbalement. Les ordres du jour motivés doivent être rédigés par écrit
et déposés sur le bureau du Président qui en donne lecture ; la
formalité du dépôt entre les mains du Président est indispensable. Un membre n'a pas le droit de développer son ordre du
jour avant de l'avoir communiqué au Président. Les ordres du
jour motivés n'existent qu'à la condition d'avoir été déposés
entre les mains du Président.

Quant aux enquêtes parlementaires, ce sont des investigations ordonnées par la Chambre et plus rarement par le Sénat pour s'éclairer sur des choses de leur compétence : des délits fiscaux par exemple. Le plus souvent ces enquêtes sont dirigées par des commissaires que l'Assemblée nomme dans son sein. Elle peuvent être confiées aussi à une commission mixte, c'est-à-dire composée de membres du parlement et de gens spéciaux. Dans ce dernier cas, l'enquête est prescrite sous forme de loi. On a voulu contester la légalité des enquêtes parlementaires, d'abord par rapport à leur caractère judiciaire, ensuite parce qu'elles portent sur des faits administratifs le plus souvent. Quand ces enquêtes n'auraient d'autre effet que de permettre à la Chambre et au Sénat d'agir en connaissance de cause dans l'exercice de leur droit de contrôle, il faudrait en admettre la légitimité et les maintenir au profit de ces Assemblées souveraines.

Maintenant, quelle est la composition du pouvoir exécutif? quelle est sa compétence? quelles sont les conditions juridiques de l'exercice de ses attributions constitutionnelles? Voilà les questions qui vont faire la matière des trois chapitres suivants.

« S'il arrive qu'un Cabinet veuille se retirer à la suite du vote d'un ordre du jour motivé qui, dans la pensée de la Chambre, n'exprime pas la défiance, une nouvelle interpellation peut être introduite, séance tenante, pour permettre le dépôt et le vote d'un ordre du jour *interprétatif* de celui qui a été antérieurement adopté. Lorsque le rejet de l'ordre du jour pur et simple a entraîné la retraite du Cabinet et qu'il reste sur le bureau un ordre du jour motivé non retiré par ses auteurs, le Président est obligé de le mettre aux voix... »

Eugène PIERRE, *Traité de Droit politique, électoral et parlementaire*, page 810.

CHAPITRE V

On peut observer, dans les Etats modernes, divers
modes d'organisation ou de composition du pouvoir exécutif tout particulièrement. L'exercice en peut être remis
à un magistrat unique, qui en est le titulaire, comme dans
notre organisation politique actuelle. Il peut être attribué
à tout le Corps exécutif — Président et Secrétaires d'Etat
— comme lorsqu'une Constitution dénomme le premier
magistrat par le titre de *chef du Pouvoir exécutif*, ainsi
qu'on l'a vu chez nous en 1888 et comme cela ressortait
du projet de Constitution présenté en 1872 à l'Assemblée
nationale par M. Dufaure au nom de M. Thiers. Enfin, une
troisième forme se constate quand la puissance exécutive
est déléguée à un Conseil comme dans le gouvernement
de la Confédération suisse. Parmi ces formes possibles de
l'organisation propre de l'Exécutif, il y en a deux qui sont
à l'opposite et qui donnent à ce pouvoir un caractère particulier. Dans l'une, c'est son unité qu'on a visée ; dans

l'autre, c'est sa division. L'une tend à le fortifier, l'autre à l'affaiblir.

Par sa nature et surtout par son rôle, le pouvoir exécutif ne doit pas être organisé *rationnellement*, sans qu'on tienne aucun compte des mœurs, des coutumes, du tempérament et des précédents historiques de la nation. Là où, de longtemps, ce pouvoir a exercé une autorité absolue, dominant les Chambres législatives et les tribunaux, confisquant les libertés publiques, il devint nécessaire de l'affaiblir pour rétablir le jeu normal, harmonique des institutions, soit par son organisation collégiale, soit par sa courte durée, soit encore en restreignant autant qu'il est possible ses attributions et ses prérogatives, et en le soumettant à un contrôle législatif régulier et sérieux.

Si, en Haïti, la sincérité du suffrage universel pouvait permettre de voir les Chambres se composer des citoyens les plus sages, les plus expérimentés, les plus éclairés et les plus patriotes, la collégialité du pouvoir exécutif en eût été le mode de composition qui nous conviendrait le mieux, en raison des pratiques arbitraires habituelles de ce pouvoir, qui ont fait définir notre organisation politique par M. de Molinari : « une dictature militaire déguisée sous les apparences d'un régime démocratique constitutionnel et parlementaire. » Dans cette hypothèse, tous les trois ans, l'Assemblée nationale nommerait pour exercer le pouvoir exécutif sept magistrats suprêmes, choisis dans son sein et destinés à former un Conseil délibérant. Le premier magistrat élu par elle serait le président de ce Conseil avec le titre de *Président du Conseil exécutif de la République* d'Haïti ; le second nommé sera le vice-Président du Conseil ; les cinq autres auraient chacun avec le vice-Président la direction et l'administration d'un département ministériel. Ils seraient responsables de leurs actes devant les Chambres et devant la Nation. Le Président lui-même, devant être un des citoyens les plus considérables du pays par sa haute valeur intellectuelle et morale et par sa grande compétence politique, serait nécessairement le représentant du pouvoir législatif auprès de l'exécutif et, en même temps, la garantie de celui-ci auprès de l'autre et aux yeux du peuple. Ce mode de gouvernement fonctionne en Suisse depuis 1848. On sait qu'il y a donné des résultats satisfaisants en procurant liberté, sécurité et bien-être à ce petit Etat qui marche à la tête de la civilisation contemporaine.

En interrogeant les Constitutions des principaux Etats modernes, on constatera que c'est en Suisse que le pouvoir exécutif a le moins de puissance et que le gouvernement en général est plus affaibli que partout ailleurs. Ce petit Etat possède en outre une organisation particulière qui en fait comme une combinaison du gouvernement direct, par l'usage du référendum populaire, et du gouvernement représentatif. Le peuple suisse exerce un effet un droit d'initiative non seulement sur les lois votées par le Corps législatif mais aussi sur sa dissolution. Les institutions de cette démocratie jalouse de ses droits, qui s'est établie dans l'Helvétie, méritent d'être considérées de près par les hommes d'Etat et les publicistes. Il ne se peut pas qu'elles n'aient leur part de bienfaisante influence sur les destinées de cette petite nation si paisible et si prospère.

La collégialité du pouvoir exécutif n'est pas l'unique combinaison née du besoin de réaliser la liberté politique dans le gouvernement de l'Etat. La *république parlementaire*, expression élevée de la démocratie libre et progressive, présente aussi de réelles, de sérieuses garanties, tant au point de vue du bon gouvernement de la chose publique que sous le rapport du respect des libertés individuelles et sociales, Là, comme on l'a dit, le principal rôle du Chef de l'Etat consiste à choisir, à conseiller et à stimuler les ministres, chefs du gouvernement. Il ne les dirige pas, il ne leur impose pas ses volontés, il ne les

force pas en un mot à abonder dans son sens. Il les aban-
donne au contraire à leur liberté et à leur responsabilité
et ne cherche aucunement à restreindre ou à entraver
l'influence et le contrôle du Corps législatif, de la Chambre
surtout qui devient ainsi la tête du gouvernement, son organe le plus puissant, le plus vivifiant.

Que ce soit sous la forme monarchique ou républicaine,
le gouvernement de cabinet se présente avec le même caractère et les mêmes éléments. Établi bien moins sur un
fondement juridique que sur des usages, des traditions,
des conventions ou des règles non écrites, il produit une
action plus intime, plus pénétrante du pouvoir législatif
sur le pouvoir exécutif qu'il tient en haleine et féconde.
Les membres du cabinet sont, presque toujours, les chefs
des majorités parlementaires, désignés par cela même au
choix du chef de l'Etat. Dans leur nouveau rôle, ils ont
besoin, plus que jamais, de conserver à la Chambre et au
Sénat toute leur influence, tout leur crédit, toute leur autorité pour gouverner, car ils gouvernent véritablement.
Mais ils gouvernent avec la majorité de l'Assemblée, et
s'ils venaient à la perdre, ils seraient obligés de démis-
sionner, puisqu'ils seront battus sur tous leurs projets, et
ils ne pourront se maintenir au pouvoir qu'en recourant,
à tous risques, à la mesure extrême et dangereuse de la
dissolution, considérée, en pareil cas, comme un dernier
moyen, justifiable seulement dans le gouvernement parlementaire. On comprend que le pouvoir exécutif a toujours
besoin d'une certaine indépendance pour l'exercice de ses
attributions, laquelle disparaît complètement dans une
telle situation, certainement irritante. Dès lors, on n'a
réellement que deux moyens d'en sortir : ou que les ministres se retirent ou qu'ils renvoient les députés devant
leurs électeurs, qu'ils rendent juges du conflit. Mais ce
droit, ils ne peuvent l'exercer qu'une seule fois, quelque
soit le résultat de l'élection. Dans le gouvernement parle-

mentaire, les actes doivent être au préalable délibérés en Conseil de Cabinet avant d'être proposés au Chef de l'Etat et présentés au parlement. De là la responsabilité collective et politique des ministres; de là aussi la nécessité de l'homogénéité du ministère. Pour satisfaire à cette dernière condition, le chef de l'Etat choisit le premier ministre et celui-ci lui désigne ses futurs collaborateurs qu'il choisit lui-même dans le parti qui a la majorité dans la Chambre et dont il doit être sinon le chef, mais un des membres les plus influents (1). S'il est vrai que le princi-

(1) En France, la présidence du Conseil prit de l'importance surtout à partir du ministère de Casimir-Périer vers 1831. Dans le cours de plusieurs entretiens avec Louis-Philippe Ier au Palais-Royal, il parvint à fixer, d'accord avec le roi et avec ses collègues, les responsabilités, les droits et les devoirs du Cabinet. Ecoutons là-dessus un de ses amis, M. de Montalivet, devenu son collègue au ministère :

« D'après les principes exposés au roi par Casimir-Périer avec une insistance résolue, mais toujours empreinte, quoiqu'on ait dit, des formes de la plus respectueuse déférence, la présidence du Conseil ne devait plus être un simple titre comme au temps de M. Laffitte. Le président du Conseil ne devait être étranger à aucune des affaires destinées à être soumises à la haute décision et à la signature royale ; dès lors, avant d'arriver à une dernière délibération, à un conseil tenu au Palais-Royal, toutes les questions seraient préalablement portées à des réunions purement ministérielles, tenues à l'hôtel de la Présidence et dont le *Moniteur* ferait mention comme des conseils tenus au Palais-Royal : pour les affaires même qui ne seraient pas de nature à motiver la réunion du cabinet, les ministres en conféreraient avec le président du Conseil avant de les soumettre à la signature du roi. Enfin aucun article ne pourrait être inséré au *Moniteur* qu'avec le *visa* du Président du Conseil, sans excepter de cette règle ceux qui seraient adressés directement à la feuille officielle par le cabinet du roi. Ces procédés constitutionnels avaient été absolument négligés sous la présidence insouciante et presque inactive de M. Laffitte. Le roi et les collègues de M. Laffitte avaient été ainsi habitués à un régime commode qui donnait à ces procédés si nécessaires à l'action efficace du pou-

pal rôle du titulaire du Pouvoir exécutif se résume à choisir et à conseiller les ministres : mais pour qu'il puisse les bien choisir, il faut qu'il soit lui-même une grande individualité ; mais pour qu'il puisse les bien conseiller, il faut qu'il soit capable de se faire par lui-même une opinion dans toutes les questions. Il n'est nullement réduit à un rôle de figurant, comme on le dit quelquefois.

Le régime parlementaire est jusqu'ici la seule forme de gouvernement qui ait permis d'organiser complètement et efficacement la responsabilité ministérielle. Avec lui, le pouvoir exécutif peut être unifié, fortifié sans danger pour les libertés publiques. Le parlementarisme n'est pas une forme particulière de gouvernement ; il dérive du système représentatif, qu'il suppose d'ailleurs, par développement ou évolution. Il en fournit une modification progressive, heureuse. — Le gouvernement représentatif pur et simple, comme celui des Etats-Unis d'Amérique, donne aussi un mode de composition et de fonctionnement tout particuliers du pouvoir exécutif. Il n'est pas nécessaire que nous revenions sur une matière que nous avons traitée ailleurs, au chapitre précédent où sont mis en relief les avantages et les inconvénients du système américain. Toutefois, si nous voulons faire ressortir le trait particulier qui caractérise le pouvoir exécutif dans les deux formes du gouvernement représentatif ou parlementaire, nous dirons que dans la première le titulaire de ce pouvoir *délibère* et a besoin du contre-seing des ministres, tandis que dans le gouvernement de cabinet au contraire les ministres *déli-*

voir un air de nouveauté et de défiance dont le roi dut être un instant inquiet ; mais les explications de Casimir-Périer, l'exposé de l'influence que l'oubli de ces règles avait pu avoir sur les difficultés du passé, ne tardèrent pas à convaincre le roi et à lui faire accepter pleinement le programme de son futur président du Conseil. » La politique conservatrice de Casimir-Périer par M. de Montalivet, *Revue des Deux-Mondes*, année 1876.

bérent et ont besoin de la signature du chef de l'Etat pour la sanction de leurs actes. Tout cela ramène donc à une question d'initiative, et c'est capital puisque les rôles se trouvent ainsi renversés. La pratique du gouvernement parlementaire exige des traditions, des aptitudes qu'on ne rencontre pas chez tous les peuples. Aussi n'est-il en usage qu'en Angleterre, son pays d'origine, en France, en Belgique, en Italie, en Espagne, en Suède et en Hollande. Par contre, le gouvernement représentatif n'a jamais pu bien fonctionner en France ; même avec des Constitutions libérales et bien rédigées comme celles de 1791 et de l'an III, les essais en ont été infructueux. Ce fut alors que les hommes d'Etat français se décidèrent à adopter la forme de gouvernement qui s'était développée en Angleterre et qui donnait de bons résultats. L'Acte additionnel et la Charte de 1814 furent ainsi orientés vers le gouvernement de Cabinet.

Pour que le gouvernement parlementaire fonctionne aisément, les partis doivent être bien organisés et disciplinés dans les Chambres ; une majorité, facile à s'en dégager ; sinon la machine gouvernementale tendrait à s'arrêter. Avant l'organisation définitive de la république en France, on eut à traverser une situation énervante par les lenteurs avec lesquelles l'Assemblée nationale prenait ses décisions, influencée qu'elle était par les légitimistes et les républicains. « Si la Chambre, disait M. Thiers, persistait à conserver son mandat, elle sortirait des conditions que la raison impose à toute assemblée délibérante. Dès qu'elle ne peut plus donner une majorité, elle n'a plus le moyen de gouverner, et quand elle ne le peut plus, elle n'a plus le droit de le vouloir (1) ».

En pareil cas, la dissolution de la Chambre, dans le gouvernement de Cabinet, devient presque une nécessité, en

____

(1) Discours prononcé à Bordeaux le 24 mai 1874.

Dorsainvil.   9

dehors des autres cas qui peuvent se présenter. Mais c'est toujours dans l'intérêt de la nation qu'elle doit s'effectuer. — Cependant là n'est pas le plus grand danger que peut offrir le gouvernement parlementaire ; ce danger consiste dans la trop grande intransigeance et dans la trop grande omnipotence des Chambres. Tout pouvoir sans contrôle n'a d'autres limites que le sérieux, la sagesse et la modération de ceux qui l'exercent. Sans ce contre-poids indispensable, le gouvernement de Cabinet court le risque de devenir la pire des institutions, en se combinant avec le jeu de toutes les passions malsaines et de toutes les ambitions égoïstes, au détriment des intérêts supérieurs d'une nation et de sa dignité. Il y aurait là véritablement un réel danger d'abord pour le régime même et ensuite pour le pays.

Maintenant, quel est le but qu'on poursuit par ces divers modes de composition du pouvoir exécutif ? C'est de garantir avant tout les droits de l'homme et du citoyen, c'est d'assurer le respect des libertés publiques. Les démocraties modernes poursuivent avec une inquiète ardeur la solution de ce problème politique, en cherchant à vaincre des obstacles qui ont leur racine dans le cœur même de l'homme. Ici, elles ne sont pas en présence d'un de ces problèmes dont, une fois résolu, elles peuvent déduire aisément les conséquences qu'il comporte. La question se compose d'éléments divers, dont chacun d'eux exige une solution particulière. Voilà pourquoi la difficulté change d'aspect d'année en année sans changer de nature.

C'est dans l'existence ou la non-existence de la liberté politique que consistent les deux formes opposées de la puissance publique : le gouvernement légal et le gouvernement despotique. Selon que les organes de l'Etat se rapprochent ou s'éloignent des principes de la liberté politique, ils prennent les formes intermédiaires qui sont des nuances diverses par lesquelles passe le gouvernement personnel ou arbitraire pour aboutir au gouvernement représentatif ou au régime parlementaire. La liberté politique est la forme essentielle de la démocratie libre, ordonnée et progressive (1).

Parmi les éléments dont se compose la liberté politique, il faut citer en première ligne la liberté électorale, qui est la pierre angulaire du gouvernement représentatif. L'exercice du droit de suffrage politique, c'est la souveraineté nationale en action. C'est en effet par le bulletin de vote que chaque citoyen peut manifester sa volonté et exercer, pour ainsi parler, sa part de souveraineté dans le gouvernement de l'Etat. On comprend dès lors combien il importe qu'il puisse le faire avec conscience, avec intelligence et en toute liberté. C'est une obligation rigoureuse pour la société et les pouvoirs publics de préparer de bonne heure et convenablement les jeunes citoyens à l'accomplissement de ce grand devoir civique, par les enseignements de l'histoire, de la morale et du civisme. En un mot, l'Etat doit diriger leur éducation civique et patriotique, afin qu'ils prennent conscience de leurs droits et de leurs devoirs, et qu'ils s'appliquent à exercer les uns et à remplir les autres avec dévouement, indépendance, conscience et dignité.

Au premier rang des garanties constitutionnelles, il faut mentionner la liberté de la presse considérée à juste titre comme un quatrième pouvoir de l'Etat, en raison de l'importance de son influence et des services qu'elle rend incessamment. L'opinon, lorsqu'elle est formée et respectée, devient une puissance morale, une force sociale très

---

(1) Le despotisme est le plus élémentaire des gouvernements il n'a pas plus besoin de génie que de vertu : la force y suffit... Une œuvre vraiment difficile autant que glorieuse, c'est le gouvernement libre ; car là tout devient difficulté pour ceux qui gouvernent... parce que tout y subit l'épreuve du contrôle et de la critique. VACHEROT, *La Démocratie*, introduction.

favorable au respect du droit individuel et à l'expansion de la liberté. Dans une démocratie vraie, tous les pouvoirs relèvent de l'opinion. Mais cette opinion doit-être saine et indépendante. Il faut que le pays apprenne à tirer un meilleur parti d'une force morale si nécessaire et si salutaire.

D'autre part, il est désirable de voir l'usage du droit de pétition entrer de plus en plus dans les habitudes des peuples libres. Il servirait aussi à prévenir ou à réprimer les abus, les injustices, les sévices et les violences, à contenir le pouvoir en l'avertissant, et à l'obliger à être régulier et modéré dans ses actes. Si le droit de pétition ne peut pas être exercé à ces diverses fins, il n'est qu'une garantie illusoire dans les mains du peuple.

L'existence de la liberté politique ne servirait de rien à la nation si elle ne devait être entourée des garanties les plus sérieuses qui en assurent l'efficacité, l'utilité pratique. La plus importante peut-être de ces garanties, c'est la responsabilité ministérielle jointe au droit de contrôle qui en résulte pour les représentants du peuple. Si les citoyens doivent consentir l'impôt et non le subir forcément, s'ils ne le payent qu'en vue de l'intérêt général, ils doivent conserver la faculté d'en suivre l'emploi, de contrôler ceux qui en ont la manutention et de poursuivre par eux-mêmes ou par leurs mandataires les abus et les malversations. Sans cette importante garantie politique de la responsabilité des ministres, l'ordre ne peut pas exister dans l'administration des deniers de l'Etat. C'est pourquoi ceux qui en ont cure doivent y veiller avec vigilance, agir avec promptitude et sévérité lorsque le cas le requiert. On voit que, pour faciliter l'action du Corps législatif dans l'exercice de son droit de contrôle et de justice, les citoyens possèdent certains droits, dont il est aisé de comprendre l'utilité pratique, tels que, par exemple, le droit de réunion, le droit de pétition et la liberté de la presse, dont nous avons parlé plus haut. La liberté d'enseignement n'est pas moins une garantie importante octroyée par la Constitution et destinée à stimuler les activités dans le vaste et sérieux domaine de l'instruction publique aussi bien que le droit d'association est appelé à stimuler, à vivifier le travail, qui vit également de liberté.

Le principe de la séparation des pouvoirs et l'indépendance de la magistrature sont, à coup sûr, des éléments importants de la liberté politique. Ces garanties essentielles sont formulées de la façon la plus positive dans la Constitution. Il est désirable que le développement de l'esprit et des mœurs publics en fasse comprendre toute la portée morale et toute l'utilité pratique. Si l'on observe attentivement les institutions des peuples démocratiques dans leur évolution, on restera persuadé que le gouvernement parlementaire est l'expression la plus complète et la plus vraie de la liberté politique et du *self government*, selon les principes du droit constitutionnel moderne. Que fait en effet le titulaire du pouvoir exécutif lorsqu'il appelle les chefs des majorités parlementaires et les nomme agents supérieurs de ce pouvoir? Il confie la gestion des grands intérêts de la nation aux représentants officiels les plus autorisés de la souveraineté populaire que les citoyens, par l'exercice de leur droit de suffrage, ont choisis eux-mêmes pour s'occuper de leurs affaires. Voilà comment la pratique de la liberté politique amène les démocraties modernes à transformer peu à peu leur système de gouvernement représentatif, qui est caractérisé par une sorte d'apathie du pouvoir exécutif et par sa tendance exploitive, en gouvernement de cabinet, en gouvernement parlementaire (1).

(1) Le gouvernement de la République n'est pas un gouvernement parlementaire, comme on le croit ; pour cela, deux des principales conditions manquent : la présidence du conseil et le double caractère des ministres d'être des députés ou des séna-

Comme on vient de le voir, la liberté politique moderne est constituée par un ensemble de principes et d'institutions que les peuples progressifs tendent à pratiquer de plus en plus sincèrement. Quel est le criterium qui permette de juger de leur bonté, de leur efficacité ? C'est leur accord avec l'intérêt public qu'ils servent à protéger, à garantir, auquel, en un mot, ils donnent toute sécurité. L'harmonie de leur libre jeu, les heureux effets de leur fonctionnement, permettent désormais de considérer la politique non comme un *art*, mais comme une *science* qui a ses lois propres, ses moyens et sa méthode. Tout le mérite des hommes de gouvernement consiste à ne pas méconnaître ces lois, à se servir utilement et sagement de ces moyens et à appliquer avec tact et intelligence cette méthode, toutes choses sans lesquelles la liberté politique reste un mot vide de sens, une chose vaine.

Qu'à la faveur de ces précieuses garanties, les citoyens prennent de plus en plus conscience d'eux-mêmes et de leurs droits, se montrent plus scrupuleusement les observateurs des prescriptions légales et des devoirs que la société et l'Etat leur imposent ! N'est-ce pas là la meilleure façon pour un peuple démocratique de s'affirmer et de montrer son constant souci de la légalité, de l'ordre et du *devenir social* ?

teurs, et d'appartenir au parti qui a la majorité dans la Chambre basse. Nous y avons fait quelques emprunts, tels que l'irresponsabilité politique du Président, la responsabilité des ministres, leur présence dans les Chambres ; mais au fond notre gouvernement se rapproche beaucoup plus du système représentatif, où l'initiative des décisions appartient au Chef de l'Etat en dépit de son irresponsabilité. Ce qui est insolite, contraire au bon sens. Aux Etats-Unis, le Président dirige et décide tout, mais il est responsable devant le Congrès et devant la nation. Le gouvernement haïtien est ce qu'on appelle la *République présidentielle* par la forme ; au fond, c'est une dictature militaire.

Nous ne fermerons pas ce chapitre sans rappeler que la Constitution de la République consacre l'accessibilité de tous les citoyens aux emplois et aux fonctions publics, sous les seules conditions de moralité et de capacité requises. C'est l'égalité politique qui, à vrai dire, n'est qu'une égalité de fait comme dans le droit civil, la seule dont la société doit poursuivre la complète réalisation, si elle n'entend pas se livrer à des chimères. Conséquemment, ils sont astreints aux mêmes charges, ils sont tous assujettis à l'impôt et au service militaire, ils peuvent tous être appelés comme jurés, sauf les exceptions qui sont suggérées par l'intérêt commun ou l'état des personnes.

Au résumé, une liberté électorale complète et sagement pratiquée, des *institutions représentatives et autonomes dans la commune et dans l'arrondissement*, un contrôle sévère et minutieux des administrations, des impôts proportionnés aux ressources de la nation, une presse éclairée, libre et indépendante, des juges intègres, instruits et fermes, un pouvoir légal s'exerçant dans les limites des lois et de la Constitution, l'accès facile des emplois et fonctions publics à toutes les intelligences et à toutes les bonnes volontés, sans acception de personnes ni de partis, la responsabilité attachée à tous les offices de l'Etat et rendue effective par des lois pénales qui ne soient pas un pur épouvantail : voilà les principaux éléments de la vraie liberté politique, de celle qui peut faire la force, le bonheur et la gloire d'une nation. C'est encore et ce sera toujours par l'affermissement de l'ordre social et politique, par la diffusion des lumières et par le développement des moyens de travail qu'une nation marchera vers la liberté politique, vers « une *démocratie ordonnée, forte, puissante, calme et sûre de sa souveraineté.* »

CHAPITRE VI

La Constitution donne au chef du pouvoir exécutif le titre de Président (au sens latin, celui qui gouverne, administre), et elle ajoute qu'il ne peut recevoir aucune autre qualification, par allusion sans doute au changement introduit dans le gouvernement du pays en 1849, sans que la nation eût été au préalable consultée. Le mot excellence qu'on emploie par déférence quand on s'adresse au Président est un titre honorifique qu'il partage avec d'autres grands dignitaires de l'Etat.

Nous nous proposons de rechercher quelle situation la Constitution lui fait dans le gouvernement, quels pouvoirs elle lui confère et quels moyens d'action elle lui donne pour les exercer.

Nous voyons d'abord qu'il est le titulaire du pouvoir exécutif ; en principe il en est seul investi. La Constitution ne l'implique pas seulement, elle l'exprime en termes clairs et précis dans son article 38. « La puissance exécutive, dit-elle, en effet, est déléguée à un citoyen qui prend le titre de Président de la République... » C'est donc l'unité de ce pouvoir qu'elle vise et qu'elle consacre. « L'unité du pouvoir exécutif, pense Vacherot, est une nécessité tellement reconnue, que les sociétés démocratiques les plus en garde contre l'usurpation d'un chef unique, même élu, tout en confiant par précaution le pouvoir exécutif à un simple conseil des ministres, maintiennent l'unité de ce pouvoir par l'institution d'un président du Conseil qui ait autorité sur ses collègues, et sur lequel pèse plus particulièrement la responsabilité (1). »

Quelles sont les conditions légales de l'éligibilité à la Présidence de la République? Pour être habile à occuper cette haute magistrature, il faut, dit la Constitution, art. 92, être né de père haïtien et n'avoir jamais renoncé à sa nationalité, jouir de ses droits civils et politiques, être âgé de 40 ans accomplis, enfin être propriétaire d'immeuble en Haïti et y avoir son domicile. L'élection du Président par l'Assemblée nationale implique naturellement et à un haut degré les conditions d'aptitude et de capacité, requises en général pour l'exercice de tous les emplois et de toutes les fonctions publics. Le choix de l'Assemblée nationale, dans l'élection du Président de la République, est nécessairement limité. Mais dans un pays où tant de citoyens incompétents et même illettrés ont occupé le Pouvoir, il convient que la limitation soit légale. Ainsi la Constitution de l'Etat déterminera les catégories de citoyens ou de fonctionnaires parmi lesquels l'élection pourra désigner le chef du pouvoir exécutif. Par exemple, les membres du Corps législatif, les juges en Cassation, les ex-ministres, les ex-députés, les ex-sénateurs, les grands industriels (2). Il n'est rééligible qu'après un inter-

(1) VACHEROT, *La Démocratie*, page 301.

(2) Le projet de Constitution déposée au nom de M. Thiers le 19 mai 1873 comportait :

« *Art. 9.* — Le Président de la République est nommé par un Congrès composé: 1° des membres du Sénat, 2° des membres de la Chambre des représentants, 3° d'une délégation de trois membres délégués par chacun des conseils généraux de France.

valle de sept années, laps de temps que dure son mandat. Il est inamovible pour toute la durée de son mandat, à la condition qu'il ne tombe pas sous le coup des dispositions de l'art. 109 de la Constitution (1). Par mesure de précaution, le chef du Pouvoir exécutif aurait dû être nommé au moins quinze jours avant son entrée en fonction. La Constitution aurait ainsi adopté la date du 30 avril pour son élection et aurait conservé celle du 15 mai pour sa prestation de serment et son installation. On pourrait aussi trouver trop long ce terme de sept années dans un pays où l'autorité légale dégénère si facilement en pou-

et d'Algérie dans leur session annuelle du mois d'août. Ce Congrès sera présidé par le Président du Sénat. » Le grand homme d'Etat cherchait sans doute dans cette combinaison une représentation plus complète et un surcroît de garanties.

On lit dans la Constitution de l'an III, les dispositions suivantes (art. 133) : « A partir de l'an IX, les directeurs ne pourront être pris que parmi les citoyens qui auront été membres du Corps législatif ou ministres ; à partir de l'an V, les membres du Corps législatif ne pourront être élus membres du Directoire, ni pendant la durée de leurs fonctions législatives, ni pendant la première année après l'expiration de ces fonctions. »

(1) En cas de mort, de démission ou de déchéance du Président, celui qui le remplace est nommé, non pour le temps qui restait à courir pour compléter la durée de son mandat, mais pour une nouvelle période de sept ans. Aux Etats-Unis d'Amérique, les choses se passent tout autrement : le Président mort ou démissionnaire est remplacé par le Vice-Président pour le laps de temps qui reste à courir. Le Vice-Président, élu de la même façon que le premier magistrat de la République Etoilée. est Président du Sénat. Il en résulte que le Président du Sénat n'est pas choisi par l'Assemblée, mais par la nation, car il est l'élu de la nation au même titre que le Président de l'Union. Sauf le cas où les suffrages des électeurs n'ont donné la majorité à aucun candidat, il est nommé par le Sénat et le Président lui-même par la Chambre. En France, le chef du Pouvoir Exécutif est nommé par l'Assemblée nationale à la majorité absolue des suffrages exprimés...

voir personnel et arbitraire. La durée de cinq ans est un terme raisonnable et suffisant. La Constitution de 1806 fixait à quatre années la durée du mandat présidentiel ; il en fut tout autrement de celle de 1816, revisée et modifiée en 1846 ; cette dernière, en effet, institua la présidence à vie tout en consacrant le principe de la souveraineté nationale. En réalité, elle n'avait fait qu'organiser la dictature du pouvoir exécutif. Avec la Constitution de 1867 on revint au terme de quatre ans, mais elle fut remplacée en 1879 par une Charte qui inaugura le septennat.

En droit, les pouvoirs présidentiels paraissent très-grands, exorbitants même ; mais en fait la Constitution met à leur exercice des conditions qui en restreignent les plus importants, les limitent et les règlementent. Nous en ferons une courte analyse.

Nous constatons en premier lieu qu'il doit pourvoir, selon la loi, à la sécurité intérieure et à la sécurité extérieure de l'Etat. A ce point de vue, le Président d'Haïti est le premier soutien de la Constitution, qu'il a pour devoir de maintenir et de défendre contre toute éventualité. Mais hâtons-nous de rappeler que, cette haute attribution, les traditions démocratiques exigent qu'il l'exerce en temps ordinaire par l'organe du secrétaire d'Etat de la guerre et de la marine, le chef immédiat des forces de terre et de mer. Conséquemment, le Président doit désirer tout ce qui peut concourir à lui faciliter l'accomplissement de cette partie si importante et si délicate de sa tâche : la distribution d'une justice équitable, la parfaite observance des lois, le respect des engagements contractés légalement au nom de la nation, le fonctionnement régulier des services publics, la protection des droits et des intérêts privés, enfin une politique d'honnêteté, d'apaisement, de concorde et de justice. Mais pour qu'il puisse vouloir tout cela et comprendre que le bon renom de son administration en dépend, il faut qu'il soit capable de le concevoir, de se l'expliquer à lui-même, de s'élever au-dessus des querelles des partis et de se bien pénétrer de tout ce qu'il y a pour lui d'avantages à exercer ses hautes fonctions dans les limites de la légalité et au mieux des intérêts de la nation. Or, la question du choix d'un président est une question capitale, et la meilleure façon de la résoudre, c'est d'élever toujours à la première magistrature de l'Etat un citoyen expérimenté, dévoué, modéré et probe, qui a déjà fait ses preuves, soit comme député ou sénateur, soit comme ministre, et qui soit capable, par ses antécédents et par son caractère, de dominer les préoccupations et les ambitions des partis politiques rivaux, en affirmant par chacun de ses actes publics qu'il n'entend gouverner qu'au nom de la nation, et non au profit d'un groupe quelconque de citoyens. « Si l'on gouverne avec les hommes de son parti, c'est dans l'intérêt supérieur de la nation et l'on doit à tous, sans distinction d'origine ou de foi politique, la protection de tous les droits et la garantie de toutes les libertés » (1).

En second lieu, le Président fait promulguer ou publier les lois, décrets et actes quelconques du Corps législatif et de l'Assemblée nationale. Il est aussi chargé de les faire exécuter sans jamais pouvoir se dispenser de le faire. Il nomme et révoque les secrétaires d'Etat, nomme et révoque les fonctionnaires et les employés de l'ordre administratif et de l'armée. Ayant ainsi la faculté de nommer aux offices et d'en révoquer, rien que par des changements de personnes opérés avec à-propos et avec justice, il peut entretenir le zèle, l'activité, le dévouement et la régularité des serviteurs de l'Etat. Le chef du Pouvoir exécutif commissionne aussi les membres de la magis-

---

(1) M. Fallières, Président de la République française, Message au Parlement, en date du 20 février 1906.

trature, mais à titre inamovible, sauf les juges de paix et les officiers de sûreté qui sont révocables. Il nomme les ministres plénipotentiaires, les chargés d'affaires et les consuls ; il négocie à l'extérieur tous les traités et toutes les conventions sous la réserve de la sanction du Corps législatif ou de l'Assemblée nationale, selon la nature ou l'importance de ces traités et conventions. Chargés par la Constitution de l'administration supérieure de la chose publique — ce qu'il fait par les secrétaires d'Etat — et de la haute politique intérieure et extérieure, le Président d'Haïti est plus apte, par la nature même de ses fonctions, à apprécier l'utilité et l'opportunité des grandes transactions avec le dehors, et c'est, sans doute, en raison de cette considération que la Constitution lui en confère l'initiative.

Les attributions exécutives du Président sont en général établies et réglées par la loi. Cependant l'exercice de quelques-unes d'elles lui confère certainement un pouvoir en quelque sorte discrétionnaire, quoique légal : par exemple, le choix des fonctionnaires et employés publics. La Constitution aura beau déclarer que tous les citoyens sont également accessibles aux emplois et fonctions publics, pourvu qu'ils réunissent les conditions de moralité et de capacité voulues : s'il plaisait au Président de ne choisir comme secrétaires d'Etat que des citoyens incapables, sans probité et sans civisme, et s'il les maintenait malgré les réclamations et les protestations de l'opinion publique et des représentants de la nation, il n'y aurait qu'un moyen de vaincre régulièrement son opiniâtreté, c'est sa mise en accusation devant le Sénat par la Chambre, moyen extrême et plein de dangers. La solution désirable dans l'espèce, c'est que la nation doit pouvoir compter sur les lumières, le bon sens et le patriotisme du chef du Pouvoir exécutif dans l'exercice de ses délicates attributions, le voyant lui-même les soumettre toujours à toutes

les conditions qui garantissent l'intérêt général et la dignité
du pays. C'est dans ce même esprit qu'il est obligé de
renvoyer ou d'accepter la démission des secrétaires d'Etat
qui ont reçu des votes de blâme ou de non confiance de la
part du Corps législatif, organe direct de la nation, chargé
d'exprimer ses opinions et de manifester ses sentiments
et sa volonté.

Dans la pratique des choses, le Président d'Haïti n'est
que le chef du Pouvoir exécutif et administratif, dont le
Corps judiciaire paraît n'être qu'une dépendance. La
situation qui lui est faite par la Constitution, les pouvoirs
qu'elle lui confère n'impliquent ni n'expriment la qualité
de *chef de l'Etat*. Cependant, en droit, il est plus que le
chef du Pouvoir exécutif, il en est l'unique titulaire. C'est
à ce titre que tous les projets de loi que les ministres
soumettent au Corps législatif doivent être signés par lui
et contresignés seulement d'un ou plusieurs secrétaires
d'Etat. Juridiquement, il forme à lui tout seul le Pouvoir
exécutif avec le titre de Président de la République
d'Haïti (1). Ses attributions ne sont pas souveraines au
sens strict du mot; seulement l'acte constitutionnel lui
confère assez d'indépendance, dans sa sphère propre,
pour qu'il puisse exercer librement ses éminentes fonctions. Il est le délégué du souverain et, comme tel, il ne
peut régulièrement exercer son mandat que selon les
conditions et dans les limites de cette délégation qui,
dans ses mains, est une *haute magistrature*. Le Président
gouverne et surveille de haut l'administration, mais il
n'administre lui-même aucun service public. C'est pourquoi la Constitution ne lui fait encourir personnellement
aucune responsabilité administrative ni même politique :

(1) C'est la même situation, croyons-nous, que les lois constitutionnelles en 1875 font au Président de la République française avec cette différence que le gouvernement de cabinet a
fait passer le pouvoir de décision du Président aux ministres.

d'où la nécessité de l'existence d'un Cabinet responsable et homogène dans le gouvernement, nommé par le Président sous de certaines conditions, telle que la reconnaissance par lui du droit de désignation tacite au Corps législatif, qui en somme joue le grand rôle, le plus grand rôle dans l'Etat. On arrivera ainsi graduellement à la pratique du gouvernement parlementaire qui ne sera qu'un développement et une application logique de la Constitution de 1889 (1).

Le Président d'Haïti n'est pas responsable des abus qui pourraient être commis dans une branche de service relevant d'un secrétaire d'Etat et que celui-ci n'aurait pas réprimés ; *a fortiori*, il n'est pas non plus responsable des abus que commettrait le secrétaire d'Etat lui-même. Pourtant le ministre qui contresigne un acte quelconque du Président en assume la responsabilité avec lui. Bien plus, l'ordre verbal ou écrit du chef du Pouvoir Exécutif ne couvre pas la responsabilité des secrétaires d'Etat. Ce qui indique qu'ils doivent conseiller le Président et même lui résister au besoin. De son côté, le premier Magistrat de la République ne peut signer seul que le décret de nomination des secrétaires d'Etat qui, à la rigueur, auraient dû le signer avec lui — vu l'absence d'un premier ministre, vice-président du Conseil, pour affirmer leur consentement aux yeux de la nation. De sorte que tout autre

(1) Le Président de la République française, vu l'article 2 de la loi du 31 août 1871 ainsi conçu : « le Conseil des ministres et les ministres sont responsables devant l'Assemblée. » Considérant que *la responsabilité du Conseil des ministres doit avoir pour conséquence l'institution d'un vice-président, chargé de le convoquer et de le présider*, en cas d'absence ou d'empêchement du Président de la République, décrète : « le Président de la République, en cas d'absence ou d'empêchement, délègue à l'un des ministres le droit de convoquer le Conseil et de le présider. Le ministre délégué portera le titre de *vice-Président du Conseil des ministres.* »

acte que le Président d'Haïti signerait seul ne serait pas valable ; il en est de même des projets de lois dont il prendrait l'initiative. Pour être soumis régulièrement à la délibération des Chambres, ces projets de lois doivent être revêtus du contre-seing du ministre de la compétence duquel ils relèvent.

En principe, la Constitution consacre l'irresponsabilité du Président de la République au point de vue administratif et même politique. Cependant il semble découler de la partie finale de l'article 105 une autre conception de la responsabilité du Pouvoir exécutif. Sous cette forme, en effet, le contre-seing indispensable du secrétaire d'Etat au bas d'un acte du Président lui en fait prendre la responsabilité *avec celui-ci*, ajoute la Constitution. Or, l'acte visé peut être bon ou mauvais, légal ou illégal. Il y a donc à distinguer les cas où leur responsabilité entraîne forcément celle du Premier Magistrat de la République. Mais alors il serait vraiment incorrect de dire tout court que le Président est irresponsable, puisqu'il découle d'une disposition constitutionnelle que sa responsabilité peut être mise en jeu avec celle des ministres pour tous les actes fautifs graves, dommageables pour les intérêts de la nation auxquels il aurait participé soit en les conseillant, soit en les tolérant ou en les soutenant. La responsabilité, dont il est ici question, relève du Code pénal, c'est une responsabilité criminelle. Si la responsabilité du Pouvoir exécutif peut être circonscrite dans le domaine administratif et politique, elle n'atteint pas le chef de l'Etat constitutionnellement.

Au résumé, le Président n'exerce ses attributions que par l'intermédiaire des secrétaires d'Etat. Sa volonté, soit pour administrer, soit pour exécuter, n'est complète que par l'acquiescement, l'accession probante du ministre dans la compétence duquel tombe l'acte visé. En considérant les choses de haut, on constate qu'administrativement rien ne peut se faire dans le gouvernement de l'Etat sans le concours et le concert des législateurs, du Président et des secrétaires d'Etat. C'est là la garantie constitutionnelle : nous le voyons, nous le constatons. Mais nous savons que la pratique peut réduire tout cela à bien peu de chose, en livrant les intérêts de l'Etat à la volonté d'un seul devant laquelle abdiquent toutes les autres. Dans les conditions légales de son exercice, le pouvoir que la Constitution délègue au Président est un pouvoir de commandement, de surveillance, de contrôle, de haute direction, de représentation, ayant un caractère essentiellement moral, car à bien prendre le chef du Pouvoir Exécutif ne fait rien par lui-même tout seul et directement. Ses attributions exécutives et administratives, insistons là-dessus, il les exerce par l'intermédiaire des secrétaires d'Etat qui, constitutionnellement, ont seuls la responsabilité positive des actes politiques et administratifs du gouvernement. Cette conception et cette organisation de la puissance qui exécute et administre découlent, comme nous l'avons dit précédemment, de l'ancien droit constitutionnel français où le roi régnait et ne gouvernait pas, selon le mot célèbre de M. Thiers. Le Président, lui, du reste aux Etats-Unis comme en Haïti, gouverne, mais n'administre pas, contrairement à ce qui se passe en France (1).

(1) Le rôle des Présidents de la République française jugé par un ex-Président :

« Les Présidents de la République se sont condamnés eux-mêmes à n'être que des figurants sans autorité et sans responsabilité. Ils ont trouvé commode de rester étrangers à toutes les émotions, à toutes les passions qui troublent le pays ; ils ne prennent aucune part à la direction des affaires de la nation sous ce prétexte bien inventé qu'ils doivent être les arbitres impartiaux des partis. Enfin, ils se reculent volontairement dans l'ombre des rideaux d'une sorte de trône, à l'abri des courants d'air ; ils s'abstiennent avec une ferme dignité ; s'appliquent à ne penser rien, à ne dire rien, à n'être rien, et en

Le Premier Magistrat de la République est comme l'axe, e point fixe du gouvernement (1), il ne doit pas avoir une politique personnelle ; il ne doit ou paraître être d'aucun parti. Ses deux grandes préoccupations doivent être de maintenir la Constitution et les lois et de garantir les libertés individuelles et publiques. Tel nous paraît être son vrai rôle, le caractère élevé de sa magistrature. Dans ces conditions, il ne doit pas descendre dans le détail des choses, dont le soin est laissé aux ministres, chefs des administrations. La Constitution l'indique assez claire-ment en lui enlevant toute responsabilité politique et administrative. Son rôle constitutionnel est de surveiller, de sauvegarder les grands intérêts de l'Etat, de les dé-fendre à l'occasion. Il gouverne donc, mais il gouverne pour et au nom de la nation, de laquelle il relève et à laquelle il doit compte de sa conduite à l'expiration de son mandat (2).

On le conçoit bien, une Constitution qui aurait pro-digué les occasions où le chef de l'Etat pourrait agir seul, sans même être astreint à consulter ses conseillers offi-ciels, n'aurait fait qu'ériger l'arbitraire en système. L'acte constitutionnel haïtien qui est fait sur le modèle

souvenir de ce rien, ils s'étonnent de n'être pas quelque chose. » Paroles de M. Loubet (Voir le *Courrier des Etats-Unis*, n. du 22 janvier 1910).

(1) Bien entendu, selon la Constitution ou les pratiques du pays.

(2) Tout pouvoir responsable, doit avoir au-dessus de lui une autorité qui lui est supérieure. A ce compte, le chef du Pouvoir exécutif et administratif aurait dû être révocable et placé sous la surveillance d'une Cour Suprême qui, pour tout acte illégal ou inconstitutionnel accompli par lui, prononcerait sa dé-chéance à la majorité des deux tiers de ses membres. Cette Cour Suprême peut être formée par des délégués de la Chambre des députés, du Sénat, du Tribunal de Cassation et du Conseil d'Etat à organiser.

des Constitutions de la France et des États-Unis d'Amérique, respire l'expérience politique faite par ces deux nations démocratiques. Mais il n'a pas eu la vertu de faire passer cette expérience dans les mœurs des haïtiens. Ce qu'il faut souhaiter à ce pays, c'est que le pouvoir y soit exercé par une série d'hommes politiques, capables, par leurs habitudes d'esprit et l'élévation de leurs sentiments, de se bien pénétrer de la lettre et de l'esprit de la Constitution, de s'y attacher fortement, afin d'amener dans la nation une transformation progressive des mœurs et de modifier avantageusement de cette sorte des habitudes et des pratiques qui par leur jeu restent forcément en dehors du texte constitutionnel, dont l'action régularise le gouvernement, dont l'exécution légitime les actes du pouvoir exécutif et rassure les citoyens paisibles et expérimentés. Il importe aussi que celui qui aspire à gouverner soit un homme instruit, possédant bien l'histoire générale, l'économie politique et le droit public. On n'aura pas tort d'exiger cette garantie — à côté des qualités morales — dans un pays où l'instruction est gratuite à tous les degrés, depuis la plus petite école rurale jusqu'aux facultés de droit et de médecine.

Dans ces conditions, l'exercice de la suprême magistrature cessera d'être un écueil pour ceux qui y sont élevés par les représentants de la nation, et l'homme d'État n'aura qu'à faire un appel à son discernement, à sa sagesse, à sa modération et à sa sagacité pour ne courir aucun risque dans l'exercice de la puissance publique. Ce que veut la Constitution, c'est que les actes accomplis par le Président, soient des actes délibérés et légaux ; ils doivent être des actes sérieux d'administration et de politique progressiste. Pour cela, « le chef du pouvoir exécutif ne peut se mouvoir que dans les limites de la loi. »

Le pouvoir constituant a placé l'office de Président de la République d'Haïti dans une sphère élevée qui indique la haute opinion qu'il s'en est faite. Si l'initiative du chef du Pouvoir exécutif est étroitement limitée quant au mal qu'il pourrait faire, pour l'accomplissement du bien il a une complète liberté d'action. Aussi, pour contenir dans de justes limites le pouvoir législatif, la Constitution le revêt-elle du droit d'objection ; pour réparer les erreurs judiciaires possibles ou pour faire bénéficier des condamnés de l'intérêt et de la sympathie que pourrait leur valoir leur conduite passée, lui confère-t-elle les droits d'amnistie, de grâce et de commutation de peine. Toutefois, pour prévenir les abus en ces matières, la Constitution aurait dû spécifier que le Président ne pourrait exercer son droit d'amnistie qu'en vertu d'une loi rendue par le Corps législatif pour chaque cas qui se présenterait. On comprendra toute la portée de cette restriction à une très grande prérogative, restriction que la loi prévoit en France, par exemple, et qui est dictée par une politique prévoyante qui n'accorde à la sagesse humaine que le degré de confiance qu'elle mérite.

CHAPITRE VII

(Dans les Républiques modernes)

On s'exposerait à commettre une grave erreur si l'on s'imaginait que les Constitutions démocratiques des Etats-Unis d'Amérique, de la France et de la Suisse ont organisé identiquement le Pouvoir exécutif et ont fait une pareille situation juridique aux secrétaires d'Etat, en leur conférant les mêmes pouvoirs et en leur attribuant le même rôle. Bien au contraire, chacune de ces Constitutions républicaines consacre un mode particulier d'organisation et de fonctionnement de l'Exécutif. C'est ce que nous nous proposons de montrer dans ce chapitre.

Edouard Laboulaye définissait, comme il suit, le régime politique actuel de la France : « Une république où tout repose sur la responsabilité ministérielle. » Peut-être y aurait-il quelque exagération dans cette définition ; mais elle n'est aucunement en désaccord avec la réalité des choses : car, en somme, le gouvernement de la France est bien une *République parlementaire* ; ce qui signifie que les ministres, pour le contrôle de leurs actes, dépendent du Parlement qui, à tout moment, peut mettre

en jeu leur responsabilité. C'est bien là la caractéristique
du droit public qui régit actuellement la nation française.

Néanmoins, selon l'opinion de quelques publicistes ou
économistes, notamment Stourm, la responsabilité ministérielle n'est pas encore organisée en France de façon à
produire son plein et entier effet. De sorte que, le principe déposé dans la Loi constitutionnelle, agissant seul,
serait à peu près inopérant. Il est même malaisé de
mettre en cause la responsabilité pénale des secrétaires
d'Etat qui relèvent, comme tels, non des tribunaux ordinaires, mais de la juridiction exceptionnelle de la Haute-
Cour, institution politique dont la législation encore incomplète et les procédés timides sont susceptibles de
laisser glisser bien des abus à travers leurs mailles peu
serrées. Heureusement, l'opposition parlementaire et le
contrôle à peu près permanent des Chambres législatives
sont les moyens ordinaires et même préventifs qui cor-
rigent en France l'inefficacité de l'institution. Aussi, depuis sa création, la Haute-Cour n'a-t-elle été que rarement
convoquée.

Juridiquement, peut-on dire que les ministres haïtiens
sont placés dans les mêmes conditions que les ministres
français ? Nous ne le croyons pas, vu la différence essentielle au fond des deux organisations politiques, celle de
la France et celle d'Haïti, malgré l'apparente similitude
des institutions ; vu surtout la différence des mœurs politiques et celle des aptitudes entre les deux pays.

En France, les ministres forment un Conseil, délibérant
sous la présidence de l'un d'entre eux qui lui donne
l'impulsion, et règle la marche de ses travaux. Le Président de la République assiste, s'il y a lieu, aux délibérations du Conseil, mais sans se soucier d'y faire prévaloir
son opinion personnelle, qu'il peut même ne pas faire
connaître. Le véritable dépositaire de l'autorité, le véritable directeur de la politique, enfin le chef responsable

du gouvernement est le Président du Conseil des secrétaires d'Etat, et comme il dépend absolument des Chambres, de la Chambre des députés surtout, il se trouve que
le vrai et réel pouvoir qui existe en France est le pouvoir
législatif. Cela est tellement évident, que pour la stabilité
du pouvoir exécutif, dont le Président de la République
est juridiquement le seul et unique titulaire, il a fallu constituer ce pouvoir en dehors de la sphère gouvernementale, de l'action politique et du mouvement des affaires.

La responsabilité, selon la doctrine, est la condition et
la conséquence de l'action. Un Premier Magistrat déclaré
irresponsable par le Pacte fondamental, ne devrait pouvoir rien faire de sa propre initiative. Aussi, le Président
de la République française ne prend-il l'initiative d'aucune mesure ; il donne des avis et ne discute pas. En
Conseil, il s'abstient de voter. — Les publicistes qui sont
partisans d'un pouvoir exécutif fort et indépendant,
comme celui des Etats-Unis par exemple, prétendent que
c'est là une façon de se retirer dans le premier poste de
l'Etat. Nous nous rangeons volontiers à l'avis de ceux qui
pensent, au contraire, que c'est une manière correcte, vu
la forme même des institutions, de dominer les passions
du moment, les luttes des partis, et de se maintenir dans
cette impartialité sereine qui sied si bien à *ce tribun du
peuple des temps modernes*, dont la noble et délicate
mission est de veiller au maintien de la Constitution et
des lois, au respect des libertés publiques et à la sauvegarde des grands intérêts de la nation.

Pour rendre effective l'irresponsabilité du Chef de
l'Etat, irresponsabilité qui est politique et administrative,
la Loi constitutionnelle dispose, et la pratique s'est
établie qu'aucun de ses actes n'est valable s'il n'est contresigné d'un ou plusieurs secrétaires d'Etat, qui par cela
même, en assument la responsabilité (1). La volonté du

(1) La Constitution haïtienne ajoute : *avec lui*. Ce n'est pas

Président de la République française n'est donc complète que par l'adhésion de celles de ses ministres. Supposez que, malgré le texte formel de la loi, le Chef du Pouvoir exécutif s'avise de prendre l'initiative d'une mesure grave, susceptible d'engager la responsabilité des secrétaires d'Etat, sans les avoir consultés au préalable. Si, par impossible, après en avoir eu connaissance, ils ne démissionnent pas, par manière de protestation ou de désapprobation, en droit il faudrait lire leurs noms au bas de l'acte consacrant cette mesure. Pourquoi? Parce que la prescription qui leur est faite par la Loi constitutionnelle de contresigner tous les actes du Président pour qu'ils soient valables n'est pas facultative, mais obligatoire. Par ce qui précède, on voit que les ministres possèdent en France de très grands pouvoirs et que vis-à-vis du Président de la République, il les exercent avec la plus large latitude et la plus complète indépendance. Chefs de l'Administration, ils sont aussi les délégués de l'organe exécutif auprès du pouvoir législatif; ils n'en sont pas les agents.

Vu l'opposition naturelle, susceptible de se produire entre deux pouvoirs revêtus d'attributions diverses et indépendants dans leur sphère d'action, un pareil état de choses ne paraît pouvoir se maintenir qu'autant que le Cabinet peut exercer une réelle et légitime influence sur

tout à fait la règle, car ce serait faire peser cette responsabilité sur la tête du Président en même temps que sur celle des secrétaires d'Etat, ce qui la rendrait illusoire, et, en effet, c'est ce qu'elle fait et c'est la conséquence qui se produit. Le droit constitutionnel français, au contraire, veut que les actes du Président soient des actes personnels, s'ils ne sont pas revêtus du contreseing des ministres et qu'en tant qu'ils sont mauvais ou fautifs, ils constituent des délits ou des crimes de droit commun. Autrement on tombe dans la confusion et dans le désordre, et la responsabilité du Pouvoir exécutif ne trouvera sa sanction que dans les mouvements insurrectionnels.

les Chambres. Elle trouvera sa raison d'être et sa possibilité, cette influence, dans le mécanisme même du gouvernement parlementaire, comme on va le voir. En général, ce sont les chefs ou les membres les plus influents de la majorité du Parlement qui sont appelés à former un Cabinet ou un ministère, lequel reste debout tant qu'il conserve l'appui ou la *confiance* de cette majorité. Dans le cas contraire, les ministres doivent tomber du pouvoir, et tout le temps qu'ils n'auront pas démissionné la machine gouvernementale s'arrêtera. C'est le pays qui s'affaisse sur lui-même. Voilà un des cas où le chef du pouvoir exécutif peut faire sentir son action salutaire en prenant lui-même l'initiative de l'acte politique, qui viendra rétablir les rapports et l'harmonie entre les deux pouvoirs.

Depuis le rétablissement du régime parlementaire en France, le cas, paraît-il, ne s'est présenté qu'une fois de voir le Président se séparer de lui-même de ses ministres : c'est avec le Cabinet dont faisait partie Jules Simon. — Parmi les éléments qui font la force d'un ministère dans le gouvernement parlementaire, il faut compter, du côté des Chambres, l'habitude de se voir ensemble, l'idée qu'on professe les mêmes opinions, qu'on combat sous le même drapeau. Une bienveillance toute naturelle de la majorité accueille le Cabinet tiré de son sein, et l'accord reste parfait tant que de graves incidents ne viennent le troubler et amener un déplacement de la majorité. En Angleterre, la tradition est si forte à cet égard, qu'un ministre qui n'est pas membre de l'une ou de l'autre Chambre du Parlement, de la Chambre des communes surtout, y choisit un sous-secrétaire d'Etat pour y porter la parole en son nom. L'institution des sous-secrétaires d'Etat n'a pas une autre origine.

Le gouvernement parlementaire est d'un mécanisme compliqué et délicat, qui ne peut être mis efficacement en mouvement que par des peuples qui ont subi une lente

évolution. Sans nul doute, la pratique de la liberté politique et le développement des institutions démocratiques
y conduisent sûrement. La première condition de son
fonctionnement normal est l'existence simultanée de deux
grands partis bien organisés, disciplinés, ayant chacun
un programme bien défini et basé sur des précédents
historiques. Cette première et indispensable condition fut
réalisée en Angleterre par la présence simultanée des
deux vieux partis : les wighs et les tories. En France, où
les groupes sociaux sont plus diversifiés et moins solide-
ment constitués, c'est par des combinaisons à peu près
factices qu'on est arrivé à organiser et à maintenir deux
partis de gouvernement.. Cependant, malgré les rudes
épreuves qu'il a subies en ce dernier pays, le Parlementarisme s'y maintient sans s'affaiblir. Ce bon résultat,
croyons-nous, est dû à la force de l'opinion et à des traditions qui sont déjà assez anciennes.

On sait qu'aux Etats-Unis, le Pouvoir exécutif est autrement organisé. Le Président de l'Union américaine, élu
par les délégués de la Nation, est seul responsable devant
elle et le Congrès. Il est investi d'un pouvoir fort et indépendant. S'il ne partage pas avec les Chambres l'initiative des
lois, il est armé d'un droit de veto qui lui permet d'arrêter
les mesures ou les résolutions inopportunes que voudrait
prendre le Congrès. En rapprochant la Constitution française de la Constitution américaine, il semblerait que le
Président des Etats-Unis a moins de pouvoirs que le Président de la République française, la dernière Constitution faisant intervenir le Sénat dans les plus importants
des actes de gouvernement qu'accomplit le chef d'Etat
américain. Ce n'est plus qu'une apparence, car il est rare
que le Sénat refuse son approbation à un acte de l'Exécutif. Les ministres américains, simples agents du Président, ne forment pas un Conseil délibératif ; ils sont indépendants les uns des autres, et ils sont individuellement

responsables de leurs actes devant le chef de l'Etat. La
nation ne les connaît pas en quelque sorte ; ils ne relèvent
pas des Chambres, avec lesquelles ils communiquent à
l'aide de notes, de messages ou de mémoires, les traditions, bien plus que la Loi constitutionnelle, ne leur permettant pas d'entrer dans les Chambres et d'y prendre la
parole. — Il en résulte que la situation juridique, le rôle
et l'importance politique des secrétaires d'Etat ne sont
pas identiques dans les deux pays. D'un côté, en France,
c'est l'irresponsabilité politique du Président que la Constitution consacre avec toutes ses conséquences juridiques ;
de l'autre côté, aux Etats-Unis, c'est celle des ministres
devant le Congrès et la Nation, également avec toutes ses
conséquences. L'élu de la Nation reste seul responsable
devant elle de la direction de la politique générale et de
la gestion des intérêts supérieurs de la collectivité. Les
ministres qu'il choisit, bien qu'avec l'assentiment du
Sénat, sont responsables devant lui seulement.

De tous ces faits, nous pouvons conclure que l'organisation du pouvoir exécutif dans les Républiques modernes dérive d'une double conception. Tantôt il est cons-
titué par un organe fort, indépendant et unique, revêtu
d'une puissance règlementaire qui en fait, au point de
vue gouvernemental, exécutif et administratif, un représentant direct de la Nation ; c'est le système américain,
plus ou moins suivi par les Républiques de l'Amérique latine. Tantôt il est formé par un organe unique, indépendant dans une certaine mesure, mais complété par des
auxiliaires organiques eux aussi ou des délégués de l'un
et de l'autre pouvoir, placés dans la dépendance de la
puissance législative : c'est le système français. Ces différentes organisations, là où elles fonctionnent distinctement,
n'ont pas été créées de toutes pièces ; elles résultent des
précédents historiques, des mœurs, des coutumes, des
circonstances qui ont influencé la formation des Etats,

enfin du tempérament des peuples qui les ont adoptées. C'est ce que la philosophie et l'histoire du Droit tendent à établir avec une parfaite évidence.

On peut signaler, non pas peut-être une troisième conception de l'organisation du pouvoir exécutif dans la démocratie représentative, qu'il ne faut pas confondre avec le gouvernement représentatif, mais un ordre de choses dans lequel les principes démocratiques sont poussés jusqu'à leurs dernières conséquences. C'est, en effet, l'exemple fourni par le gouvernement de la Confédération suisse, comme on va le constater.

Tandis qu'aux Etats-Unis et en France, le Pouvoir exécutif est confié à un titulaire unique, en Suisse il est attribué à un collège que préside un de ses membres. En ce dernier pays, il est difficile de retrouver dans le Président de la République les attributs d'un véritable chef d'Etat, bien qu'il représente la Nation à l'intérieur comme à l'extérieur. Il est dans l'acception la plus rigoureuse du mot, le titulaire d'un pouvoir exécutif agent et dépendant du pouvoir législatif. Nommé pour un an, comme les autres membres du Conseil fédéral qu'il préside avec le titre de Président de la Confédération helvétique il a la gestion d'un département ministériel : le département de la Politique (correspondant à notre département de l'Intérieur); il est justiciable du Grand Conseil de la même manière que nos secrétaires d'Etat le sont des Chambres législatives (1).

Maintenant, si l'on se rappelle que le Conseil fédéral est dans la dépendance complète du Conseil national ou Grand Conseil, qui le contrôle et l'interroge au sujet des moindres actes de gouvernement et d'administration, on s'étonnera fort que des institutions en apparence aussi instables par leur courte durée et la confusion dans laquelle on semble

---

(1) Le mandat du Conseil fédéral dure trois ans.

les maintenir aient procuré l'ordre, la tranquillité et la prospérité aux Suisses. Si elles se concilient, ces institutions, dans un ordre harmonique, c'est parce que ce petit peuple est un des plus sages du monde et des plus aptes au *self-government*, c'est parce que son tempérament s'est fait aux solutions rationnelles et transactionnelles, c'est parce qu'il a horreur de la violence et des procédés sommaires et qu'il a fini, à la faveur du développement de ses institutions démocratiques, par former une collectivité organique, tel qu'un être vivant en pleine floraison de ses éléments anatomiques et de ses fonctions physiologiques (1).

Maintenant nous allons traiter d'une façon directe la question de la responsabilité ministérielle qui est la pierre angulaire du gouvernement représentatif.

(1) Rapprocher J. Barthelemy, *Le Pouvoir exécutif dans les Républiques modernes.*

CHAPITRE VIII

Les Constitutions modernes n'organisent pas toutes de la même manière la responsabilité du pouvoir exécutif et administratif. Quelques-unes, telle que la Constitution française actuellement en vigueur, la font résider dans le cabinet ; d'autres, telle que la Constitution américaine, la font peser sur la tête du Chef de l'Etat ; d'autres enfin, tel que le pacte français de 1848, la font encourir par le Président et ses ministres à la fois. Quoi qu'il en soit, si la responsabilité n'est pas étroitement liée à l'exercice du pouvoir, c'est en vain qu'on chercherait à garantir les droits des citoyens et les intérêts de la nation. A la faveur des opinions des grands maîtres de la science du droit et des données fournies par l'expérience, nous allons rechercher comment doit être organisée la responsabilité du pouvoir exécutif et administratif pour qu'elle ne soit pas un leurre, une fiction ou une ironie.

D'abord qu'elle est la nature de cette responsabilité ? En premier lieu elle doit être politique et par ainsi atteindre les actes qui ne sont ni délits ni crimes, mais qui par leur caractère fautif sont préjudiciables ou nuisibles à la nation ; elle doit aussi être pénale et civile et par là frapper tous les actes qualifiés crimes ou délits.

On comprendra aisément toute la portée de la responsabilité politique et pénale du pouvoir exécutif : étant le pouvoir qui exécute les lois, il peut être tenté de les violer ou de les éluder ; étant celui qui administre les intérêts de la nation, il peut être tenté également d'en abuser. C'est donc sa responsabilité légale bien établie et facilement mise en jeu qui peut garantir le peuple contre ces abus en les prévenant ou en les réprimant immédiatement.

« Les Anglais, dit le professeur Esmein, ont résolu le problème de la responsabilité du pouvoir exécutif en transportant celle-ci du roi aux ministres. Par là même, ils ont été amenés à transporter le pouvoir de décision du roi aux ministres, car il ne peut y avoir responsabilité que là où il y a liberté de décision. Ils ont rendu les ministres responsables devant les tribunaux et devant les Chambres du Parlement. Devant les tribunaux, ils sont devenus responsables de leurs actes illégaux et devant les Chambres, non seulement de ceux-là, mais aussi de leurs actes simplement fautifs et préjudiciables à la nation. » C'est là, à notre sens, la meilleure organisation possible de la responsabilité du pouvoir exécutif, quelle que soit d'ailleurs la forme du gouvernement de l'Etat. La règle admise, c'est que la responsabilité politique du Chef de l'Etat fait disparaître celle des ministres et *vice versa*. En outre, l'expérience a prouvé qu'il est difficile de mettre en jeu la responsabilité de celui-là sans exposer la nation aux dangers d'une révolution ou d'une guerre civile. C'est donc là une mesure extrême à écarter autant qu'il est possible.

Nous ne sommes pas moins contraire à cette autre extrémité : le droit de dissolution de la Chambre des députés reconnu au pouvoir exécutif avec l'assentiment du Sénat et qu'on nous présente comme inhérent au gouvernement de cabinet, droit qui ne se soutient pas suffi-

samment, nous semblerait-il, par les raisons à l'aide desquelles on veut le légitimer ou le justifier. Cette
combinaison nous paraît irrationnelle et forcée, à raison
même de la rareté et de la gravité de l'acte qu'elle vise.
La Chambre des députés est une Assemblée élue par le
peuple, ses membres sont inamovibles pour tout le temps
que dure leur mandat. Or, la dissolution n'est pas autre
chose que la révocation en masse et peut-être violente des
députés. Il me semble qu'il y a là un système de politique qui s'est modifié déjà et qui tend à disparaître : la
combinaison d'institutions appartenant tout à la fois au
gouvernement républicain et à la monarchie constitutionnelle où le Chef du pouvoir exécutif est partie à la législature.

Quant aux députés et aux sénateurs, pris en particulier, ils sont politiquement irresponsables, partant
irrévocables. Même après l'expiration de leur mandat, ils
ne peuvent être poursuivis ni pour leurs actes, ni pour
leurs discours.

Les pouvoirs publics ne s'harmonisent pas et ne se
stimulent pas les uns les autres lorsqu'il y a abus dans
l'Exécutif, soit parce que les ministres sont sans autorité
morale ou sans capacité politique, soit parce qu'ils se
livrent à des coteries, à des intrigues d'argent. On
connaît ces écueils du gouvernement populaire. Il est
possible de les éviter par le bon choix des titulaires des
deux pouvoirs et par le développement de plus en plus
complet de l'éducation civique du peuple appelé à faire
les choix, à désigner par l'élection, par le suffrage direct
ou indirect, les membres du gouvernement.

Mais la responsabilité ministérielle elle-même ne
devient effective, opérante, que si l'action des Chambres
législatives est libre et efficace. Si les ministres peuvent
s'y dérober, soit en éludant les interpellations sérieuses,
soit en se réclamant du chef du pouvoir exécutif, la pré-

rogative des représentants de la nation sera vaine, et les abus les plus graves se glisseront dans l'administration et dans le gouvernement de l'Etat. L'efficacité de l'institution, en république parlementaire surtout, exige que la responsabilité complète et générale du pouvoir exécutif soit bien organisée, que de sérieuses garanties en assurent les bons effets. Là où le pouvoir de décision est exercé manifestement par le chef de l'Etat, il faut qu'il soit responsable, *la responsabilité étant la conséquence et la condition de l'action.*

La responsabilité des secrétaires d'Etat n'est, au reste, qu'un développement du droit commun. C'est pourquoi on les rend justiciables à la fois, pour leurs actes illégaux, tant des tribunaux ordinaires que de la Haute Cour. La règle générale, énoncée par toute Constitution libre, c'est que la responsabilité est attachée à l'exercice de toute fonction publique et que l'application des lois pénales est du ressort des tribunaux ordinaires. D'où, en France, la tendance actuelle d'abolir ce qu'on appelle le *conflit* et d'arriver à ce résultat : les tribunaux ordinaires et la justice administrative pourront être saisis indifféremment des délits commis par les agents de l'administration dans l'exercice de leurs fonctions, — à l'exception toutefois du Président, des ministres, sénateurs, députés et juges qui, en vertu d'une règle fondamentale des Constitutions modernes, continueront à être justiciables de la Haute Cour de justice, seule habile à les déférer à la justice ordinaire, s'il y a lieu (1).

En général, la jurisprudence admet comme de droit

(1) Mais, à l'égard des secrétaires d'Etat, la Chambre des députés à la faculté de les accuser devant la Haute-Cour aussi bien que devant les tribunaux ordinaires. Rien dans la Constitution ne s'y oppose. Tel n'est pas le cas pour le Président qui, en droit, forme à lui seul le Pouvoir exécutif.

Dorsainvil. 11

commun les délits et les crimes commis par les fonctionnaires dans l'exercice de leurs fonctions, tels que délits
fiscaux, concussions, abus de pouvoir, etc. Alors même
que les délinquants seront des ministres, ils pourront être
poursuivis indifféremment devant la Haute Cour comme
devant la juridiction ordinaire. Il n'y a d'exception que
pour les députés et les sénateurs qui, en aucun cas, ne
peuvent être accusés devant les tribunaux ordinaires sans
une autorisation préalable de l'Assemblée dont ils font
partie. Cette précaution de la loi a toute sa portée, elle
résulte de l'inviolabilité qui couvre les membres du Corps
législatif, inviolabilité qui échappe, pour être effective, à
l'action des deux autres pouvoirs. Ainsi, pour les actes
délictueux des ministres, selon que le permettent les circonstances, l'accusation, dès qu'elle est formulée par le
pouvoir compétent, peut être portée devant la Haute
Cour comme devant les autres tribunaux, tandis que pour
les députés et les sénateurs, il faudra toujours l'autorisation préalable du Corps législatif (1).

L'important n'est pas d'établir par des lois la responsabilité ministérielle, c'est de la rendre effective. Là,
en effet, gît la difficulté de la chose. On peut imaginer
un mode de gouvernement où toute ou presque toute la
responsabilité du pouvoir exécutif incombe au Chef de
l'Etat. Cela exige un ensemble d'institutions qui permet
d'arriver à ce résultat. Le gouvernement des Etats-Unis
nous fournit un exemple pareil. Les ministres dépendent
absolument du Président qui les nomme et révoque ; ils
ne peuvent pas être renvoyés par les Chambres où ils
n'ont pas d'ailleurs leur entrée. Il en résulte que, politiquement parlant, le Président des Etats-Unis est seul
responsable des abus que peut commettre le pouvoir exé-

(1) D'après la Constitution haïtienne, la règle s'étend aux ministres actuellement ou récemment en fonction.

cutif. Comme il est nommé pour un temps très court
(quatre ans), là est, peut-être, la véritable sanction
légale : s'il a bien fait, il sera réélu ; s'il a mal agi, il ren-
trera dans la vie privée pour expier ses fautes, car il est
responsable bien plus devant la nation que devant le
Congrès, dont il n'a pas été l'élu. Lorsque, dans un Etat,
le chef du pouvoir exécutif est perpétuel et héréditaire, ou
qu'il est nommé pour une longue période et peut par la
corruption ou l'intimidation assurer sa réélection, si la
Constitution n'y met obstacle, il convient que la responsabilité du pouvoir exécutif soit organisée autrement : ce qui
conditionne un système de gouvernement dont nous avons
déjà esquissé les principaux traits et dont celui du
Royaume-Uni de Grande-Bretagne et d'Irlande nous
fournit le type le plus achevé que je connaisse. Le grand
avantage que présente ce système, c'est que les abus
pouvant être prévenus, il est rare qu'on ait à les réprimer ; il est encore plus rare qu'on soit obligé d'aller
jusqu'à mettre en jeu la responsabilité même du Chef de
l'Etat.

La mise en accusation d'un secrétaire d'Etat en fonction
est évidemment une mesure extrême dont on doit prévenir la nécessité dans tout Etat bien ordonné. Le moyen
le plus direct et le plus efficace, c'est que les ministres
dépendent des Chambres et peuvent être renvoyés par
elles au moyen d'un simple vote de défiance. De cette
façon, on va au-devant des abus qu'ils pourraient accu-
muler à la longue, et qui seraient de nature à motiver
leur mise en accusation et leur jugement. Redisons-le, la
faculté qu'ont les Chambres de décider le renvoi où la
sortie des membres du Cabinet est bien certainement un
moyen préventif contre les abus que commettent les
mauvais ministres, et toutes choses supposées régulières,
il n'y a pas lieu de prévoir le cas où le Chef de l'Etat ré-
sisterait à la volonté des représentants de la nation, sous

le spécieux prétexte qu'il nomme seul légalement et révoque les ministres. Ce ne serait que réclamer le droit de protéger un fonctionnaire incapable, arbitraire ou improbe, ce qui est absurde.

La Constitution haïtienne présente une forme de gouvernement intermédiaire entre les Constitutions française et américaine. Dans celle-là, les ministres, bien que responsables politiquement et ayant leur libre entrée dans les Chambres, ne sont, en réalité, que des agents du Pouvoir exécutif, dont ils dépendent et avec lequel ils font corps en quelque sorte. Cette situation a été la cause de bien des conflits entre les deux pouvoirs, notamment en 1898. Le droit du Président de les nommer et de les révoquer seul est explicite et matériel. Cependant, la Constitution dans l'ensemble de ses dispositions relatives au Pouvoir exécutif y met certainement quelques restrictions. Il est logique et clair que le droit de contrôle du Corps législatif implique la faculté de blâmer s'il y a lieu les actes de ceux qu'il est appelé à contrôler, et que, le cas échéant, son blâme doit entraîner la démission ou le renvoi des ministres. C'est là un moyen sage et pratique de prévenir de plus graves abus de leur part et pouvant entraîner leur mise en accusation. Mais là où le défaut de la Constitution haïtienne apparaît dans toute sa nudité, c'est quand les ministres — étrangers au Parlement — aspirent à le diriger, le dirigent, en effet, soit en corrompant la majorité, soit en la paralysant, et arrivent ainsi à annihiler l'initiative parlementaire dans toutes les grandes questions d'intérêt public. Les vices de ce système défectueux ne peuvent être corrigés que par l'adoption pure et simple, avec son ampleur, sa souplesse et sa moralité, du gouvernement de cabinet, qui est naturel à une République démocratique, qui en est même la caractéristique, l'expression adéquate.

On ne doit pas oublier toutefois que les meilleures

institutions n'opèrent que par la volonté, la fermeté, l'énergie morale du peuple qu'elles régissent. En général, les haïtiens semblent n'avoir guère conservé la fierté de leur origine. Cela tient à ce qu'ils ont subi longtemps l'influence dégradante des gouvernements despotiques et arbitraires. Leurs qualités viriles se sont évanouies jusqu'à l'inconscience presque de leurs droits et de leurs devoirs. Là est le côté vraiment déplorable de la vie de ce petit peuple, dont il faut refaire l'éducation et former le caractère. Que peut une nation sans la volonté de vouloir? Il y a beau temps que les haïtiens ne l'ont pas cette volonté efficiente. Aussi, les entreprises de l'arbitraire trouvent-elles en Haïti un terrain libre pour se produire. Notre milieu social, tel qu'il est, est donc peu favorable à l'établissement d'un gouvernement libre, et c'est en ne le perdant point de vue qu'on arrivera à y rendre possible le règne de la loi. Formons nos jeunes concitoyens à l'école du civisme et du patriotisme ; donnons-nous des institutions libres ; entourons-nous de toutes les garanties qui sauvegardent nos droits et notre liberté, en mettant à la portée du plus humble citoyen les moyens légaux d'un prompt et sûr recours à la justice en cas d'atteinte faite à sa personne ou à ses intérêts contre tout fonctionnaire demeuré effectivement responsable de ses torts et bien obligé de les réparer, lorsque la raison et l'équité le commandent (1).

(1) En deux circonstances décisives, nous avons constaté que l'apathie, que l'inertie était devenue le fond du tempérament du peuple haïtien : c'est dans le cours des sauvages événements du 28 mai 1891 et du 15 mars 1908. Le général Hyppolite et les énergumènes qui se faisaient les suppôts de sa politique de haine et de division, purent en trois jours seulement assassiner plus de six cents citoyens, pour la plupart étrangers au mouve-ment, à la suite d'une émeute qui avait éclaté à la capitale. Le peuple ne s'émut pas ; les Chambres se turent. Seul, un séna-

teur exilé dénonça ce crime politique odieux au monde civilisé et voua aux gémonies ceux qui en assumèrent la responsabilité. Pendant les tueries du 15 mars, accomplies au milieu des circonstances que l'on sait, le peuple ne tint pas une autre conduite : il resta froid, indifférent, et la protestation vint d'une des grandes nations amies. Ce sont les hommes politiques, qui s'intitulent faussement le parti libéral, dans un pays de suffrage universel, de souveraineté populaire, qui sont responsables de ces grands crimes ; c'est à eux que les générations futures devront en demander compte, puisque c'est sous leur domination qu'ils ont été perpétrés. Voilà à quoi s'expose toute majorité d'hommes assez faible, assez inconsciente de ses droits pour accepter le joug d'un groupe d'individus trop peu nombreux pour représenter les susceptibilités du pays et, par cela même, hostile au peuple qu'il méprise tout en vivant à ses dépens. Si la nation ne peut pas sortir de cette confusion et corriger cette anomalie, elle est appelée à disparaître, puisque la politique qu'on suit à son égard, aussi violente que rétrograde, est mortelle. Par son origine aussi bien que par sa constitution sociale et politique, la nation haïtienne est démocratique, unitaire et égalitaire. La Révolution de Saint-Domingue, en détruisant l'ancien régime colonial, a fait disparaître en même temps sur ce sol toute distinction sociale, toute inégalité.

CHAPITRE IX

Les opinions de Montesquieu, comme on le sait, ont beaucoup servi à fixer les principes du droit public moderne. L'éminent publiciste n'était pas favorable à la permanence des cours en justice, dont il redoutait les trop grandes rigueurs par esprit de corps ou autrement. « La puissance de juger, exprime-t-il, ne doit pas être donnée à un sénat permanent, mais exercée par des personnes tirées du corps du peuple dans certains temps de l'année, de la manière prescrite par la loi, pour former un tribunal qui ne dure qu'autant que la nécessité le requiert. De cette façon, la puissance de juger si terrible parmi les hommes, n'étant pas attachée à un certain état, ni à une certaine profession, devient pour ainsi dire inutile et nulle, et l'on craint la magistrature et non point les magistrats. » Montesquieu préconisait ainsi l'institution du Jury, destiné à un si grand rôle dans les sociétés modernes, en raison même de son utilité pratique.

M. le professeur Esmein, à qui nous devons cette citation tirée de l'*Esprit des Lois*, n'a-t-il pas dit en effet du Jury : « Ce qui fait l'excellence des jurés, c'est qu'ils sont les juges les plus indépendants qu'on puisse imaginer. Juges d'un jour ou d'une heure, remplissant une charge et ne briguant point un honneur, ils n'ont rien à craindre et rien à espérer, ni du pouvoir exécutif, ni du peuple. Simples citoyens qui, dès demain, dès aujourd'hui, vont rentrer dans le rang, ils sentiront vivement la force du droit individuel et mieux encore le serment qu'ils prêtent et qui leur a donné leur nom ; ce sentiment fera d'eux les fidèles interprètes de la justice (1). »

Il est nécessaire d'adjoindre les jurés aux juges ordinaires dans les procès politiques. La raison en a été donnée avec une grande autorité par M. de Serres, et elle est encore la même quant aux délits de presse surtout : « L'indépendance et l'impartialité sont sans doute le premier besoin des magistrats ; le ministère, le gouvernement ne remet pas en question l'indépendance des juges actuels ; mais ce n'est pas tout que le gouvernement soit convaincu de cette indépendance, il faut que le public ait la même opinion. Personne ne fera croire au public qu'un juge correctionnel, qu'un conseiller même n'ont rien à espérer du gouvernement, et par suite rien à craindre. Il y croit d'autant moins que les juges étant un des pouvoirs de la société et ayant dans les délits de la presse à punir pour l'ordinaire des attaques contre le pouvoir, ils sont juges dans leur propre cause (2) ».

Cependant, l'opinion de Montesquieu, en ce qui concerne l'existence rationnelle des trois pouvoirs a de tout temps rencontré des contradicteurs. J.-J. Rousseau, Mably ne l'admettaient pas ; de nos jours elle est attaquée par des publicistes ou des jurisconsultes en renom tels que MM. Ducrocq et Duguit. Dans les grands

(1) *Eléments de droit constitutionnel,* page 331.

(2) Discours du Garde des Sceaux en date du 26 août 1819. Texte de la nouvelle loi française sur l'avancement des juges.

débats que souleva cette question à la Constituante de 1789, Garat, Mirabeau, Mounier, combattirent tour à tour cette conception. Elle fut surtout vigoureusement critiquée par Gazalès : « Dans toute société politique, disait-il, il n'y a que deux pouvoirs, celui qui fait la loi et celui qui la fait exécuter. Le pouvoir judiciaire, quoi qu'en aient dit quelques publicistes, n'est qu'une simple fonction puisqu'il consiste dans l'application pure et simple de la loi. » Répliquant à Barnave, il fut plus catégorique encore et il repoussa sur cette matière l'autorité de Montesquieu. « J'ai établi... qu'il ne peut exister dans aucune société que deux pouvoirs politiques réellement distincts, le pouvoir exécutif et le pouvoir législatif et que toute espèce de force politique n'en est qu'une émanation. M. Barnave a cité l'autorité de Montesquieu. Peut-être est-il extraordinaire que M. Barnave la cite, et que je ne m'y rende pas. Je me rends à la vérité et à la raison : l'une et l'autre me disent qu'il n'est pas un seul homme raisonnable et de bonne foi qui puisse reconnaître plus de deux pouvoirs. J'en appelle à M. Barnave lui-même : quand le souverain a distribué tous les pouvoirs, quand il a fixé la loi et tous les moyens de l'exécuter, que reste-t-il à faire? Quel serait l'emploi d'un troisième pouvoir ?... »

Par contre, la théorie de Montesquieu s'est imposée à la pratique des nations et elle a trouvé des défenseurs parmi les publicistes contemporains les plus éminents, M. le professeur Esmein, par exemple, comme du reste elle a rencontré comme antagonistes des esprits non moins cultivés, tel que M. Duguit.

Cependant, comme on l'a constaté plus d'une fois déjà, l'examen attentif du caractère souverain de quelques-unes des attributions des magistrats judiciaires, en droit pénal surtout, conduit à cette conclusion, que l'ordre judiciaire constitue un pouvoir à l'égal du Corps exécutif avec lequel il a plus d'une analogie, quel que soit d'ailleurs le mode qui a présidé à sa formation. Là où apparaît clairement la nécessité d'un pouvoir judiciaire séparé et indépendant des autres, c'est lorsque, dans tel cas donné, des doutes s'élèvent au sujet de l'application et de l'exécution de la loi. Le corps de magistrats qui peut dire : il y a lieu ou il n'y a pas lieu d'appliquer et d'exécuter la loi dans un cas donné possède nécessairement des attributions souveraines. Il n'a pas seulement la mission pure et simple d'appliquer les lois, ce qui ne serait vraisemblablement qu'un incident de l'exécution : il apprécie et décide souverainement, étant données telles circonstances, si la loi doit être appliquée ou non. De ce fait, il devient un organe spécial de la souveraineté ou de la volonté nationale. A ce compte, la magistrature qui forme un corps intermédiaire entre les deux pouvoirs est bien un troisième pouvoir, bien qu'elle soit contrôlée et surveillée par l'Exécutif, grâce à l'institution du ministère public. La nécessité de cette indépendance du corps judiciaire s'impose davantage dans les Etats où la justice constitutionnelle ou politique n'est pas prévue et organisée, et où, par conséquent, la connaissance des abus, des délits et des crimes commis par les membres du Pouvoir exécutif dans l'exercice de leurs fonctions, est déférée aux tribunaux ordinaires.

Toutefois, l'indépendance et la souveraineté du Pouvoir judiciaire ne doivent pas être organisés au préjudice des droits individuels. Là aussi la nation doit de réelles et sérieuses garanties à la personne humaine, et la prise à partie, en réalité, n'en est pas une. L'individu qui a été victime d'un abus de pouvoir ou d'un déni de justice de la part des magistrats n'a aucune chance d'en obtenir le redressement s'il est obligé de s'adresser au même pouvoir. Le recours aurait dû lui être ouvert devant une autorité d'une échelle plus élevée ou par des voies plus certaines et plus raisonnables. En France, vers 1883, des abus de ce genre semble avoir nécessité une épuration de la magistrature, et l'inamovibilité des juges fut suspendue. Notre Constitution de 1888, qui eut une existence éphémère, avait de même suspendu l'inamovibilité des magistrats en vue de réformer les tribunaux. Cette mesure peut avoir ses inconvénients. A notre sens, la meilleure garantie qu'on puisse se donner contre l'inaptitude ou la mauvaise foi des juges, c'est de soumettre leur nomination et leur inamovibilité à de certaines conditions. Ainsi, le juge nommé peut rester révocable jusqu'à la cinquième année à compter de sa nomination ; il devra, en outre, posséder les connaissances professionnelles qu'exige le bon exercice de ses hautes fonctions (1).

Enfin, notre Constitution remet la nomination des juges au chef du Pouvoir exécutif. La nomination des magistrats par le Président n'est pas l'unique mode de formation des tribunaux. On peut recourir à l'élection, comme en bien des Etats ; on peut aussi user de la cooptation.

(1) La Constitution de 1879 avait de même suspendu l'inamovibilité des juges. Voici l'opinion de son principal auteur à ce sujet.

« Quand, en 1879, l'Assemblée nationale consacrait, dans les dispositions transitoires de la Constitution que la faculté m'était laissée, pendant un an, de révoquer les juges des divers tribunaux de la République, afin d'élever la magistrature assise à la hauteur de sa mission, elle me donnait un éclatant témoignage de sa haute confiance.

« L'inamovibilité du juge est une garantie de son indépendance, et quoique armé légalement du privilège de la suspension, quand j'en reconnaissais l'opportunité, je n'ai pu et n'ai voulu user du droit qui m'était conféré qu'avec une certaine réserve, et lorsqu'il m'était prouvé que l'hésitation serait une faiblesse dont je resterais responsable aux yeux de la nation. » Salomon, Président d'Haïti. — Adresse à la Nation en date du 15 mai 1887.

On sait que la mission du Pouvoir judiciaire, d'une manière générale, est de trancher les différends entre particuliers ou les difficultés qui naissent au sujet de l'application des lois et d'infliger des peines à ceux qui portent atteinte à l'ordre social par des contraventions, des délits et des crimes.

Les seules conditions exigées en Haïti pour l'admission à la magistrature sont les suivantes : il faut qu'on soit haïtien, qu'on jouisse de ses droits civils et politiques et qu'on soit âgé au moins de 30 ans pour le tribunal de Cassation, de 25 pour les autres tribunaux.

Chez nous, comme en France, par exemple, le législateur constituant a consacré deux degrés de juridiction, la Cour de cassation n'en formant pas un troisième. On interjecte appel contre une sentence judiciaire devant un tribunal supérieur. L'arrêt qui en résulte n'est point susceptible d'appel ; on ne peut que le déférer à la Cour de cassation. « La régle du double degré de juridiction repose sur un double motif. En faisant examiner une même affaire par deux tribunaux différents, on a plus de chance d'obtenir une bonne justice, alors surtout que la seconde décision est rendue par des juges plus nombreux, plus âgés et plus expérimentés que les premiers, plus éloignés des justiciables et par suite moins accessibles aux influences locales (1). » Pareille organisation rend nécessaire les tribunaux d'appel prévus par la Constitution.

Les tribunaux sont placés sous la haute surveillance du ministre de la justice, qui n'a aucune attribution, aucun pouvoir judiciaire ; il administre l'exercice de la justice, en fait surveiller la marche et en fait réprimer les abus (2).

____

(1) De Villeneuve, n. 564.

(2) « Les empiètements du pouvoir judiciaire sur le pouvoir législatif sont prévus par l'art. 5 du Code civil, qui interdit aux

Tout pouvoir doit être moral, et il ne peut l'être que par la légalité et la régularité de ses actes. Ne sont-ce pas là les traits essentiels d'une magistrature éclairée et intègre ?

Pour compléter l'étude de la série des corps revêtus de l'autorité judiciaire, il nous reste à parler de la Chambre des Comptes et de la Haute-Cour. Ce sera la matière du chapitre suivant. Tout d'abord, nous parlerons de quelques institutions propres à certains peuples, tels que le Conseil d'Etat en France, le mandat politico-judiciaire des tribunaux américains, le Tribunal fédéral suisse, enfin les sous-secrétaires d'Etat en Angleterre et en France.

juges de prononcer par voix de disposition générale et réglementaire. » EUGÈNE PIERRE, *Traité de droit politique*, page 55.

Art. 8 du C. c. haïtien.

C. pén. Art. 95. Seront coupables de forfaiture et punis de la dégradation civique : les juges, les officiers du ministère public, les officiers de police et les autorités administratives qui se seront immiscés dans l'exercice du pouvoir législatif ; soit par des règlements contenant des dispositions législatives, soit en arrêtant ou en suspendant l'exécution d'une ou de plusieurs lois, soit en délibérant sur le point de savoir si les lois seront publiées ou exécutées.

A l'égard des juges, la Constitution établit les dispositions judiciaires suivantes :

Art. 148. — « En cas de forfaiture, tout juge ou officier du ministère public est mis en état d'accusation par l'une des sections du tribunal de Cassation. S'il s'agit du tribunal entier, la mise en accusation est prononcée par le tribunal de Cassation, sections réunies.

« S'il s'agit du tribunal de Cassation, de l'une de ses sections ou de l'un de ses membres, la mise en accusation est prononcée par la Chambre des communes, et le jugement par le Sénat. »

La Constitution a donc formellement établi cette juridiction spéciale, dite *juridiction constitutionnelle*, pour les membres des Pouvoirs publics.

CHAPITRE X

DE QUELQUES INSTITUTIONS PROPRES A CERTAINS PEUPLES : LE MANDAT POLITICO-JUDICIAIRE DES TRIBUNAUX DES ÉTATS-UNIS D'AMÉRIQUE ; LE TRIBUNAL FÉDÉRAL SUISSE ; LE CONSEIL D'ÉTAT EN FRANCE. —— LES SOUS-SECRÉTAIRES D'ÉTAT EN ANGLE-TERRE ET EN FRANCE.

Dans le parlementarisme pur, tel que le gouvernement du Royaume-Uni de Grande-Bretagne et d'Irlande nous en fournit un exemple, le Corps législatif, le Parlement, est revêtu d'une souveraineté très étendue, et sa puissance est réelle sur le pouvoir exécutif et administratif. Dans le gouvernement représentatif, il peut n'en être pas ainsi, comme la Constitution des Etats-Unis nous en fournit une preuve évidente, notamment par la compétence prépondérante politico-judiciaire que possèdent les tribunaux, et surtout la Cour suprême fédérale. Aux Etats-Unis, le pouvoir judiciaire n'est pas seulement l'arbitre des contestations qui s'élèvent entre particuliers ou entre des particuliers et l'Etat. Il est revêtu du mandat politique de contenir, par la voie des arrêts, le Corps législatif dans les limites de ses attributions constitutionnelles ou mieux de sa compétence légale. Il peut donc délibérer sur la constitutionnalité ou l'inconstitutionnalité des lois.

Leur mandat constitutionnel, les tribunaux de l'Union ne l'exercent pas seulement vis-à-vis du pouvoir législatif ; ils peuvent aussi se prononcer, par la voie des arrêts toujours, dans tous les cas de violation de la Constitution par l'Exécutif. L'application de cette règle comporte bien des incertitudes, bien des indécisions, comme l'attestent les juristes qui ont traité la question, et les tribunaux se croient parfois obligés de déclarer leur incompétence pour ne pas entraver l'action politique du Pouvoir exécutif ou celle du Pouvoir législatif. Mais enfin la garantie est là, elle est respectée, et elle produit ses bons effets, comme une institution protectrice des intérêts et de l'ordre public.

Les lois françaises ne protègent pas assez largement les particuliers contre les actes arbitraires du Pouvoir exécutif. On peut affirmer que la protection à cet égard laisse, même théoriquement, beaucoup à désirer. Telle qu'elle est, elle se manifeste sous deux formes : d'abord le privilège qu'ont les tribunaux judiciaires de refuser d'appliquer tout arrêté ministériel, tout règlement d'administration qui seraient en contradiction avec les lois et, *a fortiori*, avec la Constitution ; ensuite la faculté laissée aux particuliers de se pourvoir devant le Conseil d'Etat contre tout acte arbitraire du pouvoir exécutif dont ils seraient les victimes. Quelques garanties de plus, la protection serait complète.

On reconnaît que toutes les Constitutions proclamées en France depuis plus d'un siècle, celles de 1791, de 1793, de l'an III, de l'an VIII, de 1814, de 1830, de 1848, de 1852, ont plus ou moins affirmé les principes de la Déclaration des droits ; mais on avoue qu'aucune d'elles, pas plus que les lois constitutionnelles de 1875, n'a jamais indiqué les moyens nécessaires permettant à chaque citoyen de garantir ses droits naturels légalement. En réalité, que demande-t-on ? Des institutions

qui assurent le respect et le libre exercice des droits
individuels. C'est là particulièrement l'opinion de
M. Jules Roche, qui conseille d'inscrire la Déclaration des
droits de l'homme et du citoyen au frontispice de la
Constitution de 1875, d'étendre la compétence de la
Haute Cour de justice ou mieux de créer une Cour suprême et d'abolir ce qu'on appelle le conflit d'attributions entre les tribunaux administratifs et les tribunaux
ordinaires. A ce point de vue, la Constitution de la Confédération suisse est plus démocratique que la Constitution
française. La Suisse, en effet, possède dans toute sa rigueur une institution pareille à celle qu'on veut organiser en France, c'est le Tribunal fédéral qui statue sur
les réclamations des citoyens contre les abus du Pouvoir
et ceux de la loi elle-même, qu'ils conservent d'ailleurs la
faculté de faire abroger, de faire rapporter par le moyen
du référendum, s'ils la jugent dangereuse. Il suffit que
la demande de l'appel au peuple soit couverte de 30.000 si-
gnatures de citoyens pour que le Conseil fédéral soit dans
l'obligation d'ouvrir le plébiciste.

Au résumé, une bonne Constitution doit consacrer et
garantir les libertés nécessaires du citoyen, limiter et
préciser les attributions des pouvoirs publics et consacrer leur responsabilité légale. La loi ne doit pas seulement se borner à condamner la violence et les abus ;
elle doit aussi y mettre obstacle, en garantissant pratiquement les droits et la liberté des citoyens : conséquemment, elle doit mettre à leur portée les moyens de
s'assurer une prompte et sûre réparation des dommages
que peut leur causer un pouvoir malavisé et arbitraire.

La coordination et la pondération des pouvoirs publics
ne sauraient, en effet, procurer toutes les garanties de droits
désirables. Il faut recourir à d'autres moyens, il faut
créer des organes spéciaux de défense de ces droits.

Dans le gouvernement représentatif à forme parlementaire indécise, comme celui d'Haïti, par exemple, on sent néanmoins que la législature est plus essentiellement l'organe de la délégation de la souveraineté populaire, car elle est le pouvoir qui contrôle sans être contrôlée elle-même. L'application rigoureuse du principe de la séparation des pouvoirs laisserait les différents corps de l'Etat trop complètement indépendants dans leurs sphères d'attributions ; ce qui ne doit pas s'entendre, comme chez nous, dans le sens incorrect de l'irresponsabilité qui, dans un Etat représentatif, ne peut être conférée, même théoriquement, à aucun fonctionnaire, grand ou petit, les intérêts étant collectifs et gérés par attribution ou délégation. — Les dispositions constitutionnelles relatives au contrôle des actes administratifs et politiques des pouvoirs publics et à leur responsabilité légale doivent avoir leur sanction dans les lois pénales qu'appliquent les tribunaux ordinaires et selon une procédure régulière, précise et correcte. Autrement, ces prescriptions ne seront que des déclarations théoriques sans action sur les mœurs publiques. Un gouvernement doit donc faire de chacune des garanties que la Constitution accorde aux droits individuels et à l'intérêt public l'objet d'une loi spéciale. Il nous semble qu'il y a trop de simples déclarations de principes dans le pacte fondamental, déclarations de principes que les gouvernants interprètent à leur guise et violent volontiers. C'est là un danger, une cause de malaise que les seules revendications de l'opinion sont impuissantes à conjurer pour des motifs que personne n'ignore. Ce serait un grand progrès réalisé si l'on arrivait à unifier, à simplifier, à compléter et à corriger la législation du pays, en la mettant au niveau de nos besoins actuels et en parfaite concordance avec la Constitution.

Nous n'avons pas de Conseil d'Etat dans notre organisation politique et administrative, institution utile dont bien des esprits sages ont conseillé l'introduction dans le pays. Quant aux emprunts que nous avons faits à la règle américaine, ci-dessus exposée, ce n'est plus qu'une fiction d'attribution politique reconnue à nos tribunaux. Il n'est pas facile de trouver dans les recueils de leurs décisions plus d'un cas d'application de l'art. 147 de la Constitution. Cependant nous possédons quelques dispositions de lois en complet désaccord avec le pacte fondamental, notamment l'art. 4 de la loi sur l'état de siège politique.

Le Conseil d'Etat n'est pas une institution indispensable de la démocratie : pour preuve, il n'existe ni aux États-Unis, ni en Suisse. Mais pour Haïti il sera une institution utile qu'on fera bien d'adopter en lui donnant l'organisation et les attributions qu'il possède en France. Il serait bon en effet que les projets importants du gouvernement fussent élaborés avec maturité par un Conseil composé d'hommes compétents qui serait en outre consulté sur toutes les grandes mesures à prendre. Mais partout où fonctionne l'institution, c'est la preuve de l'existence d'une juridiction administrative, et le Conseil d'Etat en est comme la Cour de cassation. Cette juridiction spéciale est distincte de celle qui est attribuée au Corps législatif et qui est la juridiction constitutionnelle, appelée à connaître des délits politiques ou fiscaux commis par les secrétaires d'Etat dans l'exercice de leurs fonctions tant qu'ils ne sont pas couverts par la prescription légale. Pour certains actes de l'Exécutif, telle que la déclaration d'état de siège, le Conseil d'Etat doit être préalablement entendu.

« Le Conseil d'Etat, le plus élevé des tribunaux administratifs, est aussi un conseil de gouvernement. Tel qu'il fonctionne depuis lors avec plus ou moins d'attributions, son origine remonte à la Constitution de l'an VIII, dont l'article 52 est ainsi conçu : « Sous la direction des Consuls, un Conseil d'Etat est chargé de rédiger les projets de loi et les règlements d'administration publique et de résoudre les difficultés qui s'élèvent en matière administrative. » Sous l'empire de la Constitution de 1848, « au lieu d'être seulement un conseil de gouvernement, comme il l'avait été jusqu'alors, le Conseil d'Etat fut désormais le conseil de l'Assemblée nationale en même temps que celui du gouvernement, et il fut, en outre, chargé par l'Assemblée de contrôler le gouvernement (1) ». En France, actuellement, les attributions du Conseil d'Etat sont législatives, administratives et contentieuses.

« Sous le second Empire, en vertu de la Constitution de 1852, le Conseil d'Etat, associé à la préparation du budget, en recevait le projet des mains du ministre des finances, avant son envoi au Corps législatif, afin de l'étudier et de le contrôler dans le sens propre du mot. Chacune de ses sections, correspondant, comme on le sait, aux divers ministères, apportait à ce contrôle le tribut de sa compétence. Le Conseil d'Etat pouvait reviser, amender, modifier à son gré le projet primitif ; mais nécessairement, dans la pratique, il n'usait de ce droit qu'avec beaucoup de réserve. La rédaction de l'exposé des motifs lui était attribué, et un certain nombre de ses membres, désignés par l'empereur, soutenaient devant les Chambres la discussion des articles de la loi de finances.

« Cette organisation parut ensuite incompatible avec l'avènement du régime parlementaire, et la loi du 24 août 1872 lorsqu'elle rétablit le Conseil d'Etat, après la guerre, ne crut pas devoir restaurer ses anciennes attributions budgétaires ; à peine lui conserve-t-elle quelques attributions législatives (2). »

Le Conseil d'Etat n'a pas pour lui l'approbation unanime des publicistes si ses attributions tendent à se limi-

---

(1) DE VILLENEUVE, *Eléments de droit constitutionnel français*, n° 544.

(2) STOURM, *Le Budget*, page 75.

ter à la connaissance du contentieux administratif et s'il
n'est pas, en réalité, l'organe supérieur de la justice répressive dans les abus que peuvent commettre les agents
de l'administration. Dans la Revue des Deux-Mondes du
15 août 1887, M. Cucheval-Clarigny, membre de l'Institut, s'exprimait ainsi : « Les conseils de préfecture ne
servent qu'à couvrir les actes arbitraires des préfets et
qu'à assurer une sorte d'infaillibilité aux architectes dé-
partementaux et aux autres petits tyranneaux administratifs. Il est temps qu'ils disparaissent et qu'on mette la
France au régime dont les autres nations se trouvent
bien. La suppression de la justice administrative entraîne
naturellement la disparition du Conseil d'Etat, qui n'a
plus aujourd'hui d'autre rôle que celui de Cour d'appel
par rapport aux conseils de préfecture. Sous la monarchie
de juillet et surtout sous l'empire, le Conseil d'Etat déte-
nait une part importante du pouvoir législatif ; il concou-
rait à la préparation des lois et ensuite à leur exécution.
Sous la forme de règlements d'administration publique,
d'ordonnances royales ou de décrets, il déduisait les conséquences pratiques des règles générales posées par le
parlement, et il édictait des prescriptions obligatoires.
Aujourd'hui il ne prend plus part à la confection des lois :
les ministres soumettent directement à la signature du
Président de la République des décrets sur lesquels il n'a
pas même été consulté ; il n'est plus qu'un hospice pour
les invalides de la politique : sa juridiction n'est qu'un
voile pour l'arbitraire ministériel et un instrument de
règne. » Que prouvent ces lignes si ce n'est que les
hommes abusent quelquefois des meilleures choses. Le
Conseil d'Etat est une bonne institution qui a rendu de
grands services à la France et qui peut rendre de grands
services partout où il conserve ses véritables attributions.
Dans quelques pays d'Europe, en Serbie notamment, certains projets de l'Exécutif ne sont pas valables, c'est-à-

dire ne doivent pas être pris en considération par les Chambres législatives, s'ils n'ont pas été préalablement étudiés par le Conseil d'Etat. La naturalisation exceptionnelle est dans ce cas aussi bien que certains traités internationaux.

Nous voulons bien croire que la juridiction administrative a sa raison d'être. Dans bien des cas, une juste appréciation des choses suppose des connaissances spéciales ou techniques qu'un juge ordinaire n'est pas susceptible de posséder et qu'il ne peut pas acquérir du jour au lendemain. Lorsqu'un de ces cas est déféré à la justice ordinaire, le magistrat consciencieux a recours à un expert qui, même sur la foi du serment, peut ne pas dire toute la vérité. La juridiction spéciale, dans ce cas, devient une garantie pour les intéressés.

Nous fermerons ce chapitre par quelques mots sur les sous-secrétaires d'Etat.

L'institution des sous-secrétaires d'Etat ne paraît devoir sa raison d'être qu'au besoin de décharger un ministre de quelques éléments d'un service qui s'est multiplié. Cependant, en Angleterre où cette institution a pris naissance, elle a eu une toute autre origine. Des publicistes anglais, notamment Walpode, nous apprennent, en effet, que, chez eux, le sous-secrétaire d'Etat n'est qu'un aide, un auxiliaire donné à un ministre secrétaire d'Etat, qui n'a pas entrée et séance dans l'une des deux Chambres du Parlement, notamment la Chambre basse, pour la bonne marche des services que ce ministre administre, par la confiance qu'inspire le sous-secrétaire d'Etat, choisi toujours dans le parti qui domine. Nommé par le ministre à la personne duquel il est attaché, le sous-secrétaire d'Etat reçoit de lui ses attributions propres, parle en son nom devant les Chambres, suit la fortune de sa politique et tombe avec lui. — En France, les sous-secrétaires d'Etat sont nommés par décret du Président de la République qui fixe

leurs attributions. Ils occupent par là une situation plus
indépendante vis-à-vis des ministres auxquels ils sont
attachés ; car, ils ne parlent pas seulement devant les
Chambres au nom des ministres titulaires, ils peuvent
aussi prendre la parole en leur nom propre, ce qui rend
possible qu'ils tombent seuls devant un vote défavorable
qui n'atteint pas le Cabinet. Esmein trouve l'institution,
sous cette forme, quelque peu incorrecte au point de vue
des principes constitutionnels, et il voudrait voir enfermer
les sous-secrétaires d'Etat dans des attributions purement
administratives et même sans délégation d'aucun pouvoir
de décision ; ce qui ferait d'eux de simples chefs de service. Au reste, l'éminent professeur n'est pas seul à formuler des critiques contre l'institution des sous-secrétaires
d'Etat dans son état actuel, critiques qui, toutes, paraissent plus ou moins plausibles.

CHAPITRE XI

Les simples déclarations constitutionnelles ne suffisent pas pour garantir la liberté et les droits des citoyens ; il faut créer des institutions qui les protègent et les défendent efficacement ; il faut abriter ces institutions contre les empiètements possibles du pouvoir exécutif et administratif, tel est l'esprit qui a présidé à la création et à l'organisation de la Chambre des Comptes aussi bien que de la Haute-Cour de justice, cette dernière formant la juridiction politique ou constitutionnelle.

La Chambre des Comptes, par la nature même de ses attributions, doit être investie d'un droit de contrôle et d'un droit de justice. En Haïti, le pouvoir constituant, malheureusement, ne lui a pas donné ce double caractère ; qui pis est, il ne l'a pas suffisamment organisée sur la base de l'autonomie, comme l'eût voulu l'exercice de ses délicates et imposantes attributions. Partout ailleurs où l'institution fonctionne, elle revêt ce double caractère de corps contrôleur et de cour de justice, qui doit assurer l'efficacité de son contrôle.

Par contre, notre Chambre des Comptes n'a pas un pouvoir propre de décision. Les rapports qu'elle rédige

chaque année sur les comptes généraux ne peuvent servir
qu'à éclairer les pouvoirs publics. Aussi la responsabilité
des comptables des deniers de l'Etat ne peut-elle être
mise en jeu que par les ordonnateurs ou les administrateurs desquels ils relèvent. La Chambre des Comptes aurait
dû, au besoin, pouvoir prendre contre eux des décisions
qui ont force et autorité par elles-mêmes. Pour cela, il
faut qu'elle ait aussi un pouvoir de juridiction.

Comment et dans quelle mesure peut-on conférer l'autonomie à la Chambre des Comptes? C'est assurément par
l'inamovibilité de ses membres et par l'indépendance de
ses actes vis-à-vis du Pouvoir exécutif. Le Pouvoir constituant n'a pas fait de la durée des fonctions des membres
de la Chambre des Comptes l'objet d'une disposition constitutionnelle. Les Chambres législatives ont donc à cet égard
toute latitude pour agir, d'autant plus que la Constitution
leur a laissé le soin d'organiser la Chambre des Comptes
par une loi spéciale, loi qui peut être revisée, perfectionnée
selon les expériences fournies par une longue pratique de
cette institution, dont l'utilité est incontestable.

Quant aux décisions que la Chambre des Comptes sera
susceptible de prendre comme tribunal en matière de
comptes, elles pourront porter d'abord sur les abus et les
irrégularités découverts dans la gestion des administrations particulières ou secondaires, dans la tenue des
comptes et dans la manutention des deniers publics, soit
dans l'administration centrale, soit dans les administrations locales sans excepter les conseils communaux et
d'arrondissement. Elles porteront aussi sur les contestations qui pourront s'élever entre des particuliers et les
comptables des deniers publics en matière de comptes.
Pour ce qui a trait à la gestion des secrétaires d'Etat ou à
l'exécution de leurs budgets, la Chambre des Comptes, quoique investie d'une part de l'exercice de la souveraineté,
ne peut que relever les abus, les irrégularités, quand ils

en commettent, et les signaler à la Chambre des députés qui est apte à formuler contre eux, s'il y a lieu, un décret d'accusation et même à ordonner préalablement une enquête parlementaire.

Dans l'espèce, une bonne loi basée sur la Constitution s'impose également. Les délits et les crimes qui résultent d'une violation de la Constitution ne peuvent en réalité être commis que par les secrétaires d'Etat et le Président. La connaissance de ces crimes et délits tombe dans la compétence spéciale du Sénat, formant alors la juridiction connue sous le nom de Haute-Cour. Voilà pourquoi ces sortes d'actes incriminés échappent, dans la plupart des cas, à la compétence des juges ordinaires, qui n'en peuvent, le cas échéant, être saisi que par la Haute-Cour de justice elle-même, toutes les fois qu'il y a lieu de diriger une action pénale et une action civile. Si les juridictions sont d'ordre public, on ne peut les confondre dans la pratique des choses sans y jeter la plus complète confusion et sans froisser des droits acquis.

Ainsi, dans tous les cas de délits ou de crimes relevés à la charge d'un ministre actuellement ou récemment en fonction, la formalité de l'accusation par la Chambre et de la mise en jugement par le Sénat, soit devant la Haute-Cour, soit devant les tribunaux ordinaires, est obligatoire puisqu'elle est indiquée par la Constitution (1). Mais alors

____

(1) Une dénonciation signifiée par huissier au Président de la Chambre des députés et visant des actes imputables à un ministre ou à un ancien ministre ne saisirait nullement la Chambre ; ses membres seuls peuvent prendre l'initiative d'une demande de mise en accusation ; toutefois, si le gouvernement avait connaissance de faits imputables à un ancien ministre et paraissant de nature à constituer des crimes ou des délits commis dans l'exercice des fonctions, il pourrait en informer la Chambre des députés.

Eugène Pierre, *Traité de Droit politique*, page 733.

tout ce qui aurait dû être fait par la Chambre du Conseil incombe à la Chambre des députés, et il appartient au Sénat de juger ou de désigner la juridiction appelée à en connaître.

Cependant si le Pouvoir exécutif arrivait à découvrir des abus, de graves abus, dans la gestion d'un secrétaire d'Etat qui a cessé d'être en fonction, il pourrait les signaler à l'attention de la Chambre des députés et même, à la rigueur, les dénoncer au pouvoir judiciaire, *les poursuites devant les tribunaux ordinaires pouvant toujours être dirigées par les parties lésées* (Const. art. 119, 3ᵉ alinéa).

La juridiction de la Haute-Cour, comme on le sait, découle de l'application d'un principe du droit féodal : *nul ne peut être jugé que par ses pairs*. Elle forme de nos jours la juridiction constitutionnelle, dont sont passibles, là où elle est instituée, le Chef de l'Etat, les ministres, les membres du Parlement, ceux du tribunal de Cassation et parfois des fonctionnaires civils et militaires coupables des crimes de trahison et d'attentat à la liberté individuelle. C'est une juridiction indépendante des autres et ayant sa procédure spéciale, ses moyens et sa sanction. D'après notre droit constitutionnel, la Haute-Cour ne peut prononcer d'autres peines que la destitution et l'interdiction politique pour un temps plus ou moins long. En tout état de cause, un secrétaire d'Etat prévenu de malversation ou d'abus de pouvoir ne peut être jugé que par le Sénat, seul habile à le renvoyer devant la juridiction de droit commun, s'il y a lieu. La Constitution ne donne pas des conseils qu'on est libre de suivre ou de ne pas suivre comme ceux qui nous viennent d'un ami. Elle pose des règles, elle proclame des principes qui s'imposent absolument aux pouvoirs publics. C'est pour ne l'avoir pas compris ainsi que les haïtiens piétinent sur place depuis plus d'un siècle, refaisant d'année en année les mêmes expériences sans en tirer aucun enseignement utile. Les juridictions particulières sont des garanties reconnues nécessaires, que consacre la Constitution. La plupart du temps, ces garanties touchent à une question de compétence spéciale, dont on ne peut priver les justiciables sans leur faire subir une justice arbitraire.

Il convient donc que l'institution de la Haute-Cour soit réglementée. Il faut que sa composition soit connue, sa compétence nettement déterminée, le mode de procéder devant elle établi, puisque cette juridiction, reconnue indispensable, est une garantie attribuée par la Constitution à ceux qui en sont justiciables. Il y aurait quelque chose de mieux à faire.

En général, le Pouvoir Exécutif présente des tendances fâcheuses qui naissent de son fonctionnement même. Ni la loi, ni la Constitution ne suffisent pour les annihiler. Il ne peut être arrêté dans ses empiètements, contenu dans les limites de ses attributions et de ses droits que par un pouvoir qui lui est supérieur. De là, la nécessité dans tout gouvernement représentatif de la souveraineté nationale de l'existence d'une Cour suprême, chargée de statuer sur les abus de pouvoir de l'Exécutif, les attentats à la liberté individuelle, enfin sur tous les actes du Pouvoir exécutif et du Corps judiciaire portant atteinte aux lois, à la Constitution, à l'intérêt général et aux droits des citoyens. Les membres de cette Cour suprême ne peuvent être tirés que du Sénat, de la Chambre des députés et du tribunal de Cassation avec adjonction de gens spéciaux, tous des avocats et des plus célèbres du pays. Sa création doit être prévue par la Constitution et son fonctionnement réglé par une loi spéciale. Le Président d'Haïti, les ministres, les sénateurs et députés, les juges, les hauts fonctionnaires civils seraient ses justiciables. Cette institution aura un caractère plus pratique et mieux défini que celle de la Haute-Cour de justice qui n'a jamais fonctionné et qui n'est nullement un obstacle à l'arbitraire des ministres et des juges. Dans le gouvernement représentatif, il faut une autorité suprême qui maintient la Constitution et les lois contre les gouvernants.

Maintenant quelle est la compétence de la Haute-Cour ? Elle connaît des délits et des crimes commis par le Président, les ministres, les députés et sénateurs, les juges du tribunal de Cassation. Il serait bon d'étendre sa compétence aux délits et crimes militaires ou politiques commis par les hauts fonctionnaires de l'armée. Elle pourra toujours statuer sur le fait de savoir s'il y a lieu de déférer l'affaire aux tribunaux ordinaires. La Constitution accorde à la Haute-Cour une faculté d'appréciation qu'on peut croire suffisante ; mais elle limite très étroitement son pouvoir quant à l'application des peines. C'est la destitution et l'interdiction qu'elle prévoit, et l'interdiction ne doit pas excéder cinq années. Elle renvoie aux tribunaux ordinaires pour l'application d'autres peines, *s'il y a lieu.* Au résumé, les ministres encourent : 1º une responsabilité morale devant l'opinion ; 2º une responsabilité politique devant le Corps législatif et 3º une responsabilité pénale et civile devant la Haute-Cour de justice et les tribunaux de droit commun. Il s'agit de rendre effective cette triple responsabilité.

CHAPITRE XII

LA FORCE PUBLIQUE

(D'après la Constitution d'Haïti.)

Pour sauvegarder les droits individuels aussi bien que ceux résultant de l'organisation sociale, un moyen de contrainte, une force coercitive, était indispensable. Cè moyen de contrainte, cette force coercitive, c'est la police et l'armée, l'une et l'autre responsables de la sûreté générale, de la sécurité publique, de l'ordre et de la tranquillité. L'armée, plus particulièrement, « gardienne dévouée de nos institutions et de nos lois, vit de dévouement et d'honneur. Rien ne la troublera dans l'accomplissement du plus sacré des devoirs : la préparation à la défense du territoire ou du drapeau. Loin d'être une menace pour personne, sa force que nul ne songe à laisser amoindrir, est au contraire un des gages les plus certains du maintien de la paix (1) ».

« Le régiment doit être une prolongation de l'école. Nous voudrions que les générations, après y avoir puisé des habitudes d'hygiène et des principes d'éducation ci-

(1) M. Fallières, Message au Sénat.

vique, en sortissent meilleures et plus aptes à la vie sociale, car il est temps de faire pénétrer l'esprit démocratique dans notre organisation militaire. Nous nous proposons sans délai la suppression des Conseils de guerre.
La connaissance des crimes et délits de droit commun,
rendue aux tribunaux de droit commun, l'exercice de
l'action disciplinaire sera entourée de toutes les garanties
indispensables pour concilier avec les droits de l'homme
les nécessités de la défense nationale (1) ».

Par son rôle et sa mission, l'armée doit être une école
de patriotisme et de dévouement. Pour qu'elle ne perde
pas son esprit et sa discipline, il convient avant tout
qu'elle soit soustraite aux influences des partis et qu'elle
reste étrangère à leurs compétitions et à leurs luttes.
C'est à ce prix qu'elle sera une force au service du droit
et de la loi, et qu'elle deviendra le bouclier de la nation,
l'honneur du drapeau.

Notre armée n'est pas sans avoir eu de bonnes traditions : elle avait vaillamment contribué à rendre possible
la proclamation de l'indépendance nationale ; elle ne
s'était laissée décourager et désarmer ni par les noyades,
ni par les exécutions en masse. Elle a eu ses jours de
forte organisation, de discipline irréprochable et de tenue
correcte. Il ne s'agit plus que de faire revivre ou de perpétuer dans ses rangs ces bonnes traditions.

Au point de vue social, on ne paraît pas avoir assez
égard aux réels services que l'armée a rendus au pays,
aux bons résultats qu'elle a amenés surtout dans le passé.
A une époque où, comme sous Soulonque, se rencon-
traient sous le drapeau, dans le même régiment, dans la
même compagnie, des citoyens de toutes les classes de la
nation, le rapprochement, le contact de tant d'éléments

(1) M. Clémenceau, vice-président du Conseil, déclaration au
Parlement (5 novembre 1906).

divers avaient développé dans la société haïtienne des sentiments de sympathie et de solidarité, en même temps qu'ils favorisaient le progrès moral et social des éléments inférieurs, sortis du peuple des villes et des campagnes. Il en était résulté un mal cependant, faute de lumières répandues dans les masses. Ces éléments qui se sont accrus, développés, ont pu parvenir aux grands commandements militaires à mesure que la bourgeoisie montrait de l'aversion pour le service militaire, et ils ont propagé dans le pays ce goût de la violence, de l'arbitraire qui a fini par gagner toutes les classes. On n'exagère rien en soutenant qu'aujourd'hui le pouvoir s'exerce avec moins de modération que sous Dessalines et Christophe, qui furent cependant des violents. Il n'y a pas de condamnation plus directe ni plus sérieuse du système de gouvernement pratiqué dans le pays, le gouvernement militaire, d'autant plus que son organisation n'est pas prévue par la Constitution, n'en dérive pas, le pouvoir établi par elle étant plutôt un pouvoir civil.

Cet état de choses n'a pas laissé que de produire d'autres effets nuisibles. La sélection de l'élément noir ignorant, introduit en très grand nombre dans l'armée, n'a pas été aussi rapide que son avancement, grâce aux discordes civiles. Parvenus aux hauts emplois militaires, les généraux noirs illettrés ont vite cru découvrir un obstacle, des antagonistes à leurs ambitions politiques dans les bourgeois éclairés et distingués de cette classe d'hommes. On a vu souvent des partis de minorité exploiter, par des alliances, cet antagonisme contre ces derniers. Là, peut-être est la cause principale de l'efficacement brutal de tant de noirs de valeur, de Soulonque à nos jours- Il faut remédier à un aussi grand mal, en appelant à composer nos régiments, les jeunes gens des villes, villages et bourgs, tout en exigeant d'eux le certificat d'études primaires, en attendant que l'instruction soit mieux propagée dans le peuple. Pour cela, redisons-le, la durée du service ne doit pas excéder trois années consécutives, car il y a, outre les nécessités de la vie privée, d'autres besoins de la vie publique, qu'il faut aussi satisfaire. Ce sont là autant de garanties que la nation se doit à elle-même et qu'elle a pour devoir de se donner sans délai si elle veut conjurer le malaise qui l'accable (1).

Une force gouvernementale qui n'est pas légale, qui n'est ni contenue, ni disciplinée, tend naturellement à dégénérer en abus. Il ne faut donc pas accuser le tempérament haïtien des excès et des violences que commettent, la plupart du temps, les autorités militaires. Ils sont inhérents au système même.

Nos commandants d'arrondissement et nos commandants de commune qui dans un ordre de choses normal auraient dû être des autorités civiles, n'ont pas même leur cadre dans l'armée régulière ; ils n'en font pas partie en réalité. Il n'y a pas jusqu'à l'étendue de leurs commandements respectifs qui ne soit fictive, puisqu'il n'y a aucun service administratif qui circonscrit et limite ces commandements militaires. Si les esprits ne sont pas choqués de ces choses étranges, c'est qu'ils les ont eues constamment sous les yeux. Cela tient à ce que nous avons des compagnies, des bataillons, en un mot des régiments, mais point de corps d'armée, point de grandes circonscriptions militaires. Il faut une organisation et une administration de l'armée, comme il faut une organisation et une administration de l'instruction publique par exemple.

(1) L'armée ne doit pas délibérer. Une armée qui s'insurge avec son chef et le porte au pouvoir suprême est une armée qui délibère. Les abus, les exactions, les violences qu'on déplore presque à toutes les époques de l'histoire de ce peuple, en sont les conséquences naturelles. On ne parviendra à en conjurer le retour qu'en faisant cesser la cause qui les a engendrés.

Il n'existe pas de liens réels entre les différentes parties d'une armée, qui ne forment pas des corps, mais qui restent à l'état de régiments isolés, séparés les uns des autres, sans chefs supérieurs incorporés avec eux, vivant de leur vie, les animant d'un même esprit et les faisant mouvoir au besoin sous un même souffle. Ce n'est pas là une organisation, c'est plutôt l'absence de toute organisation.

D'autre part, dans la province, le pouvoir central ne peut provoquer aucune action des organes de l'Exécutif qui y font défaut. Il est donc obligé, dans tous les cas, de s'adresser aux commandants d'arrondissement et de commune qui sont des militaires et qui, dans les espèces, ne sont assistés d'aucun conseil ayant voix délibérative. En réalité, que sont-ils, ces commandants d'arrondissement et de commune? des espèces de chefs supérieurs de l'armée, agents et représentants du Pouvoir exécutif. Cette organisation défectueuse de l'armée et de l'autorité exécutive, nous la tenons de l'ancien régime colonial et nous l'avons conservée intacte durant plus d'un siècle sans avoir l'air de nous en douter. Evidemment, au point de vue de l'action créatrice, des initiatives utiles, l'esprit haïtien est lent, paresseux. Il lui faut des aiguillons, des stimulants. Avec l'alliance forcée, l'amalgame de l'armée et de l'administration civile, le Pouvoir exécutif devient inéluctablement malfaisant. Il a toute puissance pour faire le mal sans rencontrer d'autre obstacle que le droit désarmé, impuissant à lui résister et à l'arrêter. Il faut sans doute faire la part moins belle aux mauvais penchants du cœur humain et composer la force publique de façon à en faire l'auxiliaire de la loi, la protectrice des droits et la sauvegarde de tous les intérêts privés et publics.

Les détenteurs de la force publique sont bien coupables lorsqu'ils commettent des violences sur les individus, sans que ces derniers les aient provoqués par leur résis-

Dorsainvil.   13

tance. Pour ses actes répréhensibles, tout citoyen relève de la loi : c'est la justice qui doit le frapper. Quand les agents de la police administrative s'abandonnent à des violences et à des sévices, on a pour devoir de réagir contre leurs excès si l'on est persuadé, comme on doit l'être, que rien ne doit être épargné lorsqu'il s'agit de protéger la vie et la dignité humaines. Et on ne pourra le faire d'une façon efficace et durable qu'en se donnant des lois et des institutions convenables et en les respectant religieusement.

Si nous avons demandé ailleurs que, pour la bonne discipline et le bon renom de notre armée, les militaires sous le drapeau n'exercent pas le droit de suffrage politique, ne puissent être ni électeurs, ni éligibles dans les assemblées primaires et électorales, nous demanderons ici qu'on respecte toutes les garanties que la loi et la Constitution leur accordent. Qu'il n'y ait pas pour eux un droit spécial ; qu'ils soient, au contraire, soumis, pour tous les actes délictueux qu'ils peuvent commettre hors les rangs, aux mêmes peines que les civils, justiciables des mêmes tribunaux. Ils ne doivent être traduits devant les conseils de guerre que pour des crimes et des délits essentiellement militaires commis par eux sous le drapeau. Comme aux civils, la Constitution leur assure le bénéfice de l'abolition de la peine de mort en matière politique. Ce n'est que par des interprétations fausses ou intéressées de la loi qu'ils peuvent se voir déférés avec des bourgeois aux tribunaux militaires pour des crimes ou des délits politiques. La loi sur l'état de siège sur laquelle on se base pour agir ainsi, simple loi de procédure, destinée à faciliter et à hâter l'accomplissement des mesures préventives ou des formalités préliminaires édictées par le Code d'instruction criminelle, a épuisé ses effets lorsque le prévenu est sous la main-mise de la justice, et cela en vertu d'une disposition fondamentale de la

Constitution : « Nul ne peut être distrait des juges que la Constitution ou la loi lui assigne (1). » Cette disposition se trouve complétée ou renforcée par les art. 25, 2º alinéa, 32, 142, tout aussi péremptoires dans leurs prescriptions.

D'ailleurs le législateur, s'inspirant du texte constitutionnel, n'a-t-il pas édicté la loi du 5 octobre 1891, qui remplace la peine de mort en matière politique par une détention de trois à six ans? Il demeure évident que les art. 68, 70, 71, 72, etc., du Code pénal sont forcément abrogés par la nouvelle législation. Concluons que, dans tous les cas de délits et de crimes politiques, la peine de mort ne peut être légalement prononcée ni par un tribunal criminel, ni par une cour d'assises, ni par un conseil militaire. Seulement la loi devra bien définir, bien caractériser les délits et les crimes politiques, pour les distinguer des délits et des crimes mixtes, qui peuvent entraîner une peine plus forte sans être pour cela la peine capitale, dont les cas d'application, somme toute, doivent être très rares. Il est présumable que les art. 57 à 68 tombent sous la même prohibition que les articles précités en tant qu'ils ont rapport à des délits et à des crimes politiques. Au résumé et quant à la loi sur l'état de siège, dont on abuse tant, elle permet seulement à l'autorité militaire de faire des perquisitions, des visites domiciliaires, attendu que dans aucun cas « nul ne peut être détenu que sous la prévention d'un fait puni par la loi et sur le mandat d'un fonctionnaire légalement compétent (2) ».

Et cela continuera à être logique et vrai tant qu'on ne pourra prouver que le contenu de l'art. 4 de cette loi sur l'état de siège puisse anéantir des dispositions constitutionnelles fondamentales.

(1) *Constitution*, art. 15.
(2) *Constitution*, art. 14, 2e alinéa.

Cette loi sur l'état de siège fictif ou politique, que nous avons calquée sur la loi française de même nature, ne saurait avoir plus de portée que le texte original. Elle permet, là où elle est décrétée, que les visites domiciliaires, les perquisitions, les arrestations, l'instruction préliminaire soient faites par l'autorité militaire ou ses délégués. Mais une fois le prévenu incarcéré, son dossier remis au commissaire du gouvernement, il n'a plus à comparaître que devant les juges que la Constitution ou la loi lui assigne. Si le crime dont il est accusé n'est pas un crime militaire commis sous le drapeau, tel que le crime de trahison ou celui d'insubordination grave et flagrante, il est justiciable des tribunaux ordinaires.

Tout le territoire de la République peut être divisé en cinq grandes circonscriptions militaires, savoir : le Nord, le Nord-Ouest, l'Artibonite, l'Ouest et le Sud, correspondant à autant de corps d'armée placés chacun sous le commandement d'un général de division, ayant sous ses ordres des chefs de brigade, des adjudants-généraux, des colonels, des commandants, des capitaines, à la tête des différentes subdivisions des corps d'armée, placés sous la direction supérieure et le contrôle du ministre de la guerre. Chaque corps d'armée aura son service d'artillerie et du génie. Le recrutement ne devra pas être territorial absolument, ni le service actif durer plus de trois ans. Chaque corps d'armée se recrutera dans sa circonscription.

L'armée haïtienne, ainsi organisée en service public, mais non en corps politique, il sera possible de développer et de perfectionner nos institutions représentatives et autonomes dans l'arrondissement et dans la commune. Nous estimons que la nation a suffisamment évolué pour s'accommoder de ces institutions et de cette organisation générale qui caractérisent le véritable gouvernement représentatif de la souveraineté nationale.

Désormais, les offices de commandants de commune et d'arrondissement, etc., faisant double emploi d'une part avec les attributions militaires des chefs de corps, de brigades et de régiments ; d'autre part avec les attributions exécutives et civiles des magistrats communaux et des présidents des conseils d'arrondissement ou préfets ; ces offices, devenant ainsi inutiles, ne pourront plus être maintenus ; mais les aptitudes et l'expérience de ceux qui les exercent devront être utilisées au profit du peuple soit dans l'armée, soit dans les fonctions civiles.

Ce qu'il nous faut, avant tout, pour ramener peu à peu l'apaisement dans les esprits, la solidarité et l'harmonie au sein d'une société divisée et profondément troublée, c'est un gouvernement serviteur des intérêts du peuple et non pas un pouvoir qui dispose en maître des mêmes intérêts avec prodigalité et sans profit pour la nation. Au régime violent et décevant d'autorité, il nous faut substituer un régime de légalité et de liberté, respectueux des droits imprescriptibles et inaliénables de la personne humaine : « C'est pour le maintien [du] droit seulement que la police et la force publique doivent [être] mises en mouvement. »

CHAPITRE XIII

LES INSTITUTIONS COMMUNALES ET D'ARRONDISSEMENT (1)

Dant tout pays organisé, il existe des intérêts qui sont communs aux seuls habitants d'une même localité, et ces intérêts sont corrélatifs à des besoins dont eux seuls aussi peuvent apprécier l'utilité et l'étendue.

Si l'Etat est obligé de respecter le domaine privé où s'exercent les droits et où s'administrent les intérêts individuels, on conçoit que la commune et l'arrondissement, ces unités multiples, ces êtres collectifs, ont aussi des droits et des intérêts qui sont distincts de ceux qui tombent dans le domaine public. L'Etat ne peut s'attribuer la gestion de ces sortes d'intérêts sans étendre outre mesure et même abusivement son intervention et son action. En d'autres termes, les intérêts locaux de la commune ou de l'arrondissement créent des rapports qui ne sont pas identiques aux relations qui doivent exister entre l'individu et l'Etat. Leur consécration par la loi constitue ce qu'on appelle les *Libertés municipales*. A l'instar des autres Constitutions démocratiques, notre pacte fondamental les a consacrés et garantis.

(1) D'après la Constitution haïtienne.

Au-dessous donc de l'Etat, la loi reconnaît l'existence de ces personnes morales qui s'appellent la commune et l'arrondissement. Ils forment des groupes naturels distincts qui doivent avoir leur organisation propre, leur autonomie dans une certaine mesure et leurs institutions représentatives. Quant au département, en raison du peu de surface que présente le territoire de la République, il paraît n'être qu'une division géographique peu susceptible d'organisation administrative. Le moment n'est-il pas venu de compléter notre système d'administration locale en dotant l'arrondissement des organes normaux qui doivent le vivifier et le faire fructifier surtout sous le rapport des intérêts agricoles et industriels ?

Il est avéré que l'administration municipale des villes ne peut pas y suppléer et que, par cela même, toute une catégorie de services locaux restent sans organisation et dans l'abandon. Une simple comparaison entre les deux groupes d'intérêts suffira à faire ressortir toute la vérité de cette assertion.

Depuis l'organisation des communes en Europe, leurs attributions n'ont guère varié. En France, la loi du 14 décembre 1789 les déterminait comme il suit : 1° l'administration des biens et des intérêts communs ; 2° le vote des dépenses et des impositions locales ; 3° la voirie communale et les travaux publics à la charge de la communauté ; 4° la police municipale, c'est-à-dire le droit de faire des règlements sur tout ce qui concerne la propriété, la salubrité, la sûreté et la tranquillité des rues et des lieux publics, et le droit de faire exécuter ces règlements par des agents municipaux soutenus au besoin par une justice municipale ou tribunal de simple police. A ces divers services, la démocratie moderne en a ajouté quelques autres tels que, par exemple, les écoles communales, l'éclairage, les égouts, etc.

Assurément, il n'y a rien là qui puisse être une entrave

pour le pouvoir central, qui contracterait plutôt l'obligation de surveiller l'administration municipale, de la faire
contrôler et de veiller à ce qu'elle ne néglige aucune des
parties de ces multiples attributions, qui lui sont imposées
par l'ordre naturel des choses. Ce qui du reste demeurera
aisé tant que le Chef de l'Etat concourra à désigner les
maires qui ne doivent pas oublier qu'ils représentent deux
ordres d'intérêts, qu'ils ont pour devoir de respecter et de
concilier dans la pratique.

L'administration communale fonctionne régulièrement
dans le pays depuis le gouvernement de Geffrard, c'est-à-
dire depuis plus de quarante ans. Nous ne pouvons pas
en dire autant des conseils d'arrondissement, bien qu'ils
fussent créés, comme la première, par la Constitution
de 1843.

Deux lois organiques, il est vrai, ont été votées en 1845
et en 1876 sur la création des conseils d'arrondissement.
L'adoption de la dernière a été même suivie d'éxécution,
et les conseils d'arrondissement ont fonctionné de 1876 à
1879, c'est-à-dire pendant l'administration du général
Boisrond-Canal. Soupçonnés d'avoir aidé les insurgés de
juin, la suppression des conseils d'arrondissement fut
décrétée par le gouvernement provisoire, qui s'installa à
Port-au-Prince après la démission de Boisrond-Canal de
la présidence.

A l'avènement du gouvernement du 23 octobre, les
conseils d'arrondissement disparurent ainsi, en laissant le
triste souvenir de leurs déprédations, de leur incurie et
de leurs compétitions avec les administrations communales. De vrai, l'institution nouvelle n'était pas organisée
pour vivre. Il était urgent de réorganiser les conseils
d'arrondissement sur de nouvelles bases ; on aima mieux
les supprimer, et voilà comment nous n'avons pas dans
les institutions du pays un organe public des intérêts
agricoles et industriels de l'arrondissement.

La loi de 1876 comportait certaines défectuosités qui devaient nuire à son exécution. Les plus regrettables avaient trait à la circonscription des conseils d'arrondissement, au mode de contrôle de leurs actes et d'exécution de leurs travaux. Les administrations locales, en somme, ne sont que les parties afférentes d'un même tout. Les circonscriptions administratives de la commune ou de l'arrondissement, doivent être les mêmes pour tous les services municipaux et publics de la commune ou de l'arrondissement. Donner, par exemple, à l'arrondissement financier une circonscription autre que celle de l'arrondissement civil proprement dit, c'était s'écarter de la règle. La loi de 1876 ne fit pas autre chose en déterminant les circonscriptions de la nouvelle administration selon l'étendue des commandements militaires.

Les conseils d'arrondissement ne pouvaient se mouvoir à l'aise que dans le cercle des administrations financière, judiciaire, universitaire ; loin de là, ils furent parqués dans les étroites limites des arrondissements militaires, dont beaucoup, situés dans l'intérieur des terres, sont sans douane, sans commerce, sans industrie et sans ressources.

Les conseils d'arrondissement ne faisaient presque pas de recettes directes. Le trésor public mettait, chaque mois, à leur disposition un sixième environ du revenu total de la République qu'ils devaient répartir entre les communes de leurs circonscriptions pour l'exécution des travaux ordonnés par eux.

La loi, en prescrivant que les fonds alloués à chaque conseil d'arrondissement selon le nombre des communes de l'arrondissement, seraient répartis également entre elles, supposait faussement que les communes avaient toutes les mêmes besoins, et elle ne tenait ainsi aucun compte ni de leur étendue, ni de leur population, ni de leur importance. Dans cette répartition égale des

subsides, certaines communes, telles que Port-au-Prince,
le Cap, les Cayes, Jacmel, étaient réduites à la portion
congrue, tandis qu'on faisait la part trop belle à d'autres
localités de moindre importance. Comme la loi en
cette matière péchait contre le bon sens, il arriva que
son exécution même devenait l'objet de spéculations
et de concussions dont les parties prenantes se faisaient les agents actifs et qu'on n'a pas injustement
reprochées à cette administration frappée ainsi, dès
l'origine, d'un discrédit qu'on pourrait croire irrémé-
diable.

D'autre part, l'insuffisance du contrôle et le mode
d'exécution des travaux, n'ont pas été sans préjudicier à
l'institution des conseils d'arrondissement. Faire arrêter
et contrôler les budgets des administrations communales
par les conseils d'arrondissement et ceux de ces derniers par le secrétaire d'Etat de l'Intérieur ; faire exécuter les décisions des conseils d'arrondissement par les
conseils communaux, c'étaient là des pratiques administratives peu compatibles avec le caractère du peuple
haïtien. Les deux administrations locales, répondant à
deux ordres différents d'intérêts, ne pouvaient fonctionner bien ensemble que sur le principe de l'autonomie ou
de l'indépendance de l'une à l'égard de l'autre. De cette
manière, les actes de chacune d'elles, exécutés par elle
séparément, à l'aide d'un comité exécutif qu'elles éliraient
surtout dans l'arrondissement, seraient contrôlés par
l'administration centrale et le Corps législatif, et par administration centrale, nous entendons dire tout le pouvoir
exécutif, réuni expressément en conseil, sous la présidence du Chef de l'Etat. Nous terminerons cette étude par
quelques mots sur les attributions des conseils d'Arrondissement.

Les conseils d'Arrondissements étaient nommés au second degré par les assemblées électorales d'arrondisse-

ment, composées elles-mêmes par les assemblées primaires des communes. Leur mandat durait quatre années.
Quant à leurs attributions, elles étaient civiles et financières, comme le porte la Constitution en vigueur qui
les a maintenus, mais pas au même titre que celles
des administrations communales, formées par l'élection
directe pour une durée de trois ans et fonctionnant à
l'aide de leurs budgets particuliers qu'elles élaborent et
votent annuellement, sauf ratification du pouvoir exécutif.

Il est à peine besoin de rappeler que tout arrondissement est formé de la réunion d'un certain nombre de
communes. On distingue dans une commune : 1° une
partie où s'agglomère une population plus ou moins
dense, selon l'importance de cette commune, c'est la ville
ou la cité ; 2° une autre partie, quelquefois, où la population agglomérée est beaucoup moins dense, c'est le vil-
lage, c'est le bourg, c'est le hameau ; enfin une dernière
partie, formée de terrains plats et d'élévations plus ou
moins couverts d'arbres et d'une population clairsemée,
c'est la campagne.

L'administration communale avait dans sa mouvance
les villes, villages et bourgs ; les conseils d'arrondissement s'occupaient surtout des campagnes. De cette manière, la différence était non seulement dans les attributions des deux administrations locales, mais aussi dans
les lieux où s'exécutaient leurs travaux et où se portait
leur action.

En général, les conseils d'arrondissement délibéraient
sur tous les intérêts moraux et matériels de l'arrondissement et ils avaient dans leurs attributions :

L'administration et l'entretien des écoles secondaires
de l'arrondissement, l'établissement et l'entretien des
usines centrales agricoles, des ateliers d'arts et métiers ;
l'établissement et l'entretien des ponts, digues et canaux

d'irrigation ; l'administration des eaux et forêts ; la réparation, l'entretien et la surveillance des routes vicinales,
de la voirie rurale et des chemins d'intérêt commun ou
chemins publics de l'arrondissement ; enfin la police des
campagnes.

Le fonctionnement normal des conseils communaux et
d'arrondissement, ayant pour maires et présidents ou
préfets des citoyens dévoués, éclairés et probes, impliquera nécessairement la suppression des offices militaires
dans l'arrondissement, suppression qui permettra une organisation rationnelle et pratique de notre armée aujourd'hui composée de régiments sans liens entre eux, ni
une instruction sérieuse et uniforme. Tant qu'on n'aura
pas réalisé cette réforme utile, on éprouvera toujours du
malaise à dégager et à bien protéger les intérêts civils de
la nation. L'armée sera ainsi ramenée à sa mission, au
service qui lui est propre : maintenir et défendre au besoin la sûreté des intérêts et des personnes et l'honneur
du drapeau.

Chez un peuple essentiellement agricole, il faut une
administration spéciale, capable de donner impulsion
aux bonnes volontés individuelles dans les centres ru-
raux ; de réveiller, de diriger, de seconder ou d'encourager l'initiative privée ; de favoriser l'accroissement des
industries existantes et l'éclosion de toutes celles qui
n'existent pas, mais dont l'utilité est démontrée. Il faut la
créer, cette administration spéciale, avec ses inspecteurs
et son corps d'ingénieurs, avec ses agents et sa police,
enfin avec tous ses moyens d'action. C'est dans cet esprit
que les départements de l'Agriculture et des Travaux publics ont été établis, mais les populations en sont encore à
attendre l'organisation des services locaux de l'arrondissement, dont ces deux ministères ne sont pour ainsi dire
que des têtes de lignes.

Les institutions autonomes et représentatives de la

commune et de l'arrondissement sont, chez les peuples modernes, une des conditions nécessaires de la liberté publique. Aussi sont-elles à la base de toutes les Constitutions démocratiques avec lesquelles elles s'adaptent parfaitement.

FIN

APPENDICE

—

LIBERTÉ   EGALITÉ   FRATERNITÉ

RÉPUBLIQUE D'HAITI

—

CONSTITUTION

DE LA RÉPUBLIQUE D'HAITI

—

Le peuple haïtien proclame la présente Constitution pour consacrer ses droits, ses garanties civiles et politiques, sa souveraineté et son indépendance nationales.

TITRE PREMIER

CHAPITRE PREMIER

DU TERRITOIRE DE LA RÉPUBLIQUE

Art. 1er. — La République d'Haïti est une et indivisible, essentiellement libre, souveraine et indépendante. Son territoire et les îles qui en dépendent sont inviolables et ne peuvent être aliénés par aucun traité ou aucune convention.

Les îles adjacentes sont :

La Tortue, la Gonâve, l'Ile-à-Vaches, les Cayemittes, la Navase, la Grande-Caye et toutes les autres qui se trouvent placées dans le rayon des limites consacrées par le droit des gens.

Art. 2. — Le territoire de la République est divisé en départements.

Chaque département est subdivisé en arrondissements, et chaque arrondissement en communes.

Le nombre et les limites de ces divisions et subdivisions sont déterminés par la loi.

TITRE II

CHAPITRE PREMIER

DES HAÏTIENS ET DE LEURS DROITS

Art. 3. — Sont Haïtiens :

1° Tout individu né en Haïti ou ailleurs de père haïtien ;

2° Tout individu né également en Haïti ou ailleurs de mère haïtienne, sans être reconnu par son père ;

3° Tout individu né en Haïti, de père étranger, ou, s'il n'est pas reconnu par son père, de mère étrangère, pourvu qu'il descende de la race africaine ;

4° Tous ceux qui jusqu'à ce jour ont été reconnus comme haïtiens.

Art. 4. — Tout étranger est habile à devenir Haïtien suivant les règles établies par la loi.

Art. 5. — L'étrangère mariée à un haïtien suit la condition de son mari.

La femme haïtienne mariée à un étranger perd sa qualité d'haïtienne.

En cas de dissolution du mariage, elle pourra recouvrer sa qualité d'haïtienne, en remplissant les formalités voulues par la loi.

L'haïtienne qui aura perdu sa qualité par le fait de son mariage avec l'étranger, ne pourra posséder ni acquérir d'immeubles en Haïti, à quelque titre que ce soit.

Une loi réglera le mode d'expropriation des immeubles qu'elle possédait avant son mariage.

Art. 6. — Nul, s'il n'est Haïtien, ne peut être propriétaire de biens fonciers en Haïti, à quelque titre que ce soit, ni acquérir aucun immeuble.

Art. 7. — Tout Haïtien qui se fait naturaliser étranger en due forme, ne pourra revenir dans le pays qu'après cinq années ; et s'il veut redevenir Haïtien, il sera tenu de remplir toutes les conditions et formalités imposées à l'étranger par la loi.

CHAPITRE II

DES DROITS CIVILS ET POLITIQUES

Art. 8. — La réunion des droits civils et politiques constitue la qualité de citoyen.

L'exercice des droits civils, indépendant des droits politiques, est réglé par la loi.

Art. 9. — Tout citoyen âgé de 21 ans accomplis exerce les droits politiques, s'il réunit d'ailleurs les autres conditions déterminées par la Constitution.

Dorsainvil. 14

Les Haïtiens naturalisés ne sont admis à cet exercice qu'après cinq années de résidence dans la République.

Art. 10. — La qualité de citoyen d'Haïti se perd :

1° Par la naturalisation acquise en pays étranger ;

2° Par l'abandon de la Patrie au moment d'un danger imminent ;

3° Par l'acceptation non autorisée de fonctions publiques ou de pensions conférées par un gouvernement étranger ;

4° Par tous services rendus aux ennemis de la République ou par transaction faite avec eux ;

5° Par la condamnation contradictoire et définitive à des peines perpétuelles à la fois afflictives et infamantes.

Art. 11. — L'exercice des droits politiques est suspendu :

1° Par l'état de banqueroutier simple ou frauduleux ;

2° Par l'état d'interdiction judiciaire, d'accusation ou de contumace ;

3° Par suite de condamnation judiciaire emportant la suspension des droits civils ;

4° Par suite d'un jugement constatant le refus de service de la garde nationale et celui de faire partie du jury.

La suspension cesse avec les causes qui y ont donné lieu.

Art. 12. — La loi règle les cas où l'on peut recouvrer la qualité de citoyen, le mode et les conditions à remplir à cet effet.

CHAPITRE III

DU DROIT PUBLIC

Art. 13. — Les Haïtiens sont égaux devant la loi. Ils sont tous également admissibles aux emplois civils et militaires sans autre motif de préférence que le mérite personnel ou les services rendus au pays.

Une loi réglera les conditions d'admissibilité.

Art. 14. — La liberté individuelle est garantie.

Nul ne peut être détenu que sous la prévention d'un fait puni par la loi et sur le mandat ·d'un fonctionnaire légalement compétent. Pour que ce mandat puisse être exécuté, il faut :

1° Qu'il exprime formellement le motif de la détention et la disposition de loi qui punit le fait imputé ;

2° Qu'il soit notifié et qu'il en soit laissé copie à la personne détenue au moment de l'exécution.

Hors le cas de flagrant délit, l'arrestation est soumise aux formes et conditions ci-dessus.

Toute arrestation ou détention faite contrairement à cette disposition, toute violence ou rigueur employée dans l'exécution d'un mandat, sont des actes arbitraires contre lesquels les parties lésées peuvent, sans autorisation préalable, se pourvoir devant les tribunaux compétents, en poursuivant soit les auteurs, soit les exécuteurs.

— Art. 15. — Nul ne peut être distrait des juges que la Constitution ou la loi lui assigne.

Art. 16. — Aucune visite domiciliaire, aucune saisie de papiers ne peut avoir lieu qu'en vertu de la loi et dans les formes qu'elle prescrit.

Art. 17. — Aucune loi ne peut avoir d'effet rétroactif.

La loi rétroagit toutes les fois qu'elle ravit des droits acquis.

Art. 18. — Nulle peine ne peut être établie que par la loi, ni appliquée que dans les cas qu'elle détermine.

Art. 19. — La propriété est inviolable et sacrée.

Les concessions et ventes légalement faites par l'Etat demeurent irrévocables.

Nul ne peut être privé de sa propriété que pour cause d'utilité publique, dans les cas et de la manière établie par la loi, et moyennant une juste et préalable indemnité.

La confiscation des biens en matière politique ne peut être établie.

Art. 20. — La peine de mort est abolie en matière politique. La loi déterminera la peine par laquelle elle doit être remplacée.

Art. 21. — Chacun a le droit d'exprimer ses opinions en toutes matières, d'écrire, d'imprimer et de publier ses pensées.

Les écrits ne peuvent être soumis à aucune censure préalable.

Les abus de ce droit sont définis et réprimés par la loi, sans qu'il puisse être porté atteinte à la liberté de la presse.

Art. 22. — Tous les cultes sont également libres.

Chacun a le droit de professer sa religion et d'exercer librement son culte, pourvu qu'il ne trouble pas l'ordre public.

Art. 23. — Le Gouvernement détermine la circonscription territoriale des paroisses que desservent les ministres de la religion catholique, apostolique et romaine.

Art. 24. — L'enseignement est libre.

L'instruction primaire est obligatoire.

L'instruction publique est gratuite à tous les degrés.

La liberté d'enseignement s'exerce conformément à la loi et sous la haute surveillance de l'Etat.

Art. 25. — Le Jury est établi en matière criminelle et pour délits politiques et de la presse.

Néanmoins, en cas d'état de siège légalement déclaré, les crimes et délits contre la sûreté intérieure et extérieure de l'Etat, et en général tous les délits politiques commis par la voie de la presse ou autrement, seront jugés par les tribunaux criminels ou correctionnels compétents, sans assistance du Jury.

Art. 26. — Les Haïtiens ont le droit de s'assembler paisiblement et sans armes, même pour s'occuper d'objets politiques, en se conformant aux lois qui peuvent régir l'exercice de ce droit, sans néanmoins le soumettre à autorisation préalable.

Cette disposition ne s'applique point aux rassemblements dans les lieux publics, lesquels restent entièrement soumis aux lois de police.

Art. 27. — Les Haïtiens ont le droit de s'associer ; ce droit ne peut être soumis à aucune mesure préventive.

Art. 28. — Le droit de pétition est exercé personnellement, par un ou plusieurs individus, jamais au nom d'un corps.

Les pétitions peuvent être adressées soit au Pouvoir Législatif, soit à chacune des deux Chambres Législatives.

Art. 29. — Le secret des lettres est inviolable.

La loi détermine quels sont les agents responsables de la violation des lettres confiées à la poste.

Art. 30. — L'emploi des langues usitées en Haïti est facultatif ; il ne peut être réglé que par la loi et seulement pour l'autorité publique et pour les affaires judiciaires.

Art. 31. — Nulle autorisation préalable n'est nécessaire pour exercer des poursuites contre les fonctionnaires publics pour faits de leur administration, sauf ce qui est statué à l'égard des Secrétaires d'Etat.

Art. 32. — La loi ne peut ajouter ni déroger à la Constitution.

La lettre de la Constitution doit toujours prévaloir.

TITRE III

DE LA SOUVERAINETÉ NATIONALE ET DES POUVOIRS
AUXQUELS L'EXERCICE EN EST DÉLÉGUÉ

Art. 33. — La souveraineté nationale réside dans l'universalité des citoyens.

Art. 34. — L'exercice de cette souveraineté est délégué à trois pouvoirs.

Ces trois pouvoirs sont : le pouvoir législatif, le pouvoir exécutif et le pouvoir judiciaire.

Ils forment le Gouvernement de la République, lequel est essentiellement démocratique et représentatif.

Art. 35. — Chaque pouvoir est indépendant des deux autres dans ses attributions, qu'il exerce séparément.

Aucun d'eux ne peut les déléguer, ni sortir des limites qui lui sont fixées.

La responsabilité est attachée à chacun des actes des trois pouvoirs.

Art. 36. — La puissance législative est exercée par deux Chambres représentatives :

Une Chambre des Communes et un Sénat qui forment le Corps Législatif.

Art. 37. — Les deux Chambres se réunissent en Assemblée Nationale dans les cas prévus par la Constitution.

Les pouvoirs de l'Assemblée Nationale sont limités et ne peuvent s'étendre à d'autres objets qu'à ceux qui lui sont spécialement attribués par la Constitution.

Art. 38. — La puissance exécutive est déléguée à un

citoyen qui prend le titre de Président de la République d'Haïti et ne peut recevoir aucune autre qualification.

Art. 39. — La puissance judiciaire est exercée par un Tribunal de Cassation, des tribunaux d'appel, des tribunaux civils, de commerce et de paix.

Art. 40. — La responsabilité individuelle est formellement attachée à toutes les fonctions publiques.

Une loi réglera le mode à suivre dans le cas de poursuites contre les fonctionnaires publics pour faits de leur administration.

CHAPITRE PREMIER

DU POUVOIR LÉGISLATIF

SECTION PREMIÈRE

De la Chambre des Communes.

Art. 41. — La Chambre des Communes se compose des Représentants du peuple dont l'élection se fait directement par les Assemblées primaires de chaque Commune, suivant le mode établi par la loi.

Art. 42. — Le nombre des Représentants sera fixé en raison de la population de chaque Commune.

Jusqu'à ce que l'état de la population soit établi et que la loi ait fixé le nombre des citoyens que doit représenter chaque député à la Chambre des Communes, il y aura trois Représentants pour la Capitale, deux pour chaque chef-lieu de département, deux pour chacune des villes de Jacmel, de Jérémie et de Saint-Marc, et un pour chacune des autres Communes.

Art. 43. — Pour être Représentant du peuple, il faut :

1° Etre âgé de vingt-cinq ans accomplis ;

2° Jouir des droits civils et politiques ;

3° Etre propriétaire d'immeuble en Haïti, ou exercer une industrie ou une profession.

Art. 44. — Les Représentants du peuple sont élus pour trois ans. Ils sont indéfiniment rééligibles.

Le renouvellement de la Chambre des Communes se fait intégralement.

Art. 45. — En cas de mort, démission ou déchéance d'un Représentant du peuple, l'Assemblée primaire pourvoit à son remplacement pour le temps seulement qui reste à courir.

Art. 46. — Pendant la durée de la session législative, chaque Représentant du peuple reçoit du trésor public une indemnité de trois cents piastres fortes par mois.

Art. 47. — Les fonctions de Représentants du peuple sont incompatibles avec toutes autres fonctions rétribuées par l'Etat.

SECTION II

Du Sénat.

Art. 48. — Le Sénat se compose de trente-neuf membres.

Leurs fonctions durent six ans.

Art. 49. — Les Sénateurs sont élus par la Chambre des Communes sur deux listes de candidats, l'une présentée par les assemblées électorales, réunies dans les chefs lieux de chaque arrondissement, à l'époque déterminée par la loi ; et l'autre, par le Pouvoir Exécutif, à la session où doit avoir lieu le renouvellement décrété par l'article 51.

Le nombre constitutionnel des Sénateurs qui doit représenter chaque département de la République, sera tiré

inclusivement des listes présentées par les collèges
électoraux et le Pouvoir Exécutif pour ce département.

Les Sénateurs seront ainsi élus : Onze pour le département de l'Ouest, neuf pour le département du Nord, neuf
pour le département du Sud, six pour le département de
l'Artibonite et quatre pour le département du Nord-
Ouest.

Le Sénateur sortant d'un département ne pourra être
remplacé que par un citoyen du même département.

Art. 50. — Pour être élu Sénateur, il faut :

1° Etre âgé de trente ans accomplis ;
2° Jouir des droits civils et politiques ;
3° Etre propriétaire d'immeuble en Haïti ou exercer
une industrie ou une profession.

Art. 51. — Le Sénat se renouvelle par tiers tous les
deux ans.

En conséquence, il se divise par la voie du sort en
trois séries de treize Sénateurs, ceux de la première
série sortant après deux ans, ceux de la seconde après
quatre ans et ceux de la troisième après six ans, de sorte
qu'à chaque période de deux ans, il sera procédé à l'élection de treize Sénateurs.

Art. 52. — Les Sénateurs sont indéfiniment rééligibles.

Art. 53. — En cas de mort, démission ou déchéance
d'un Sénateur, la Chambre des Communes pourvoit à son
remplacement pour le temps seulement qui reste à courir.

L'élection a lieu sur les dernières listes des candidats
fournies par le Pouvoir Exécutif et par les Assemblées
électorales.

Art. 54. — Le Sénat ne peut s'assembler hors du temps
de la session du Corps Législatif, sauf les cas prévus dans
les articles 63 et 64.

Art. 55. — Les fonctions de Sénateurs sont incompatibles avec toutes autres fonctions publiques rétribuées par l'Etat.

Art. 56. — Lorsque le Sénat s'ajourne, il laisse un comité permanent.

Ce comité sera composé de sept Sénateurs et ne pourra prendre aucun arrêté que pour la convocation de l'Assemblée Nationale dans le cas déterminé par l'article 64.

Art. 57. — Chaque Sénateur reçoit du Trésor public une indemnité de cent cinquante piastres fortes par mois.

SECTION III

De l'Assemblée Nationale.

Art. 58. — A l'ouverture de chaque session annuelle, la Chambre des Communes et le Sénat se réunissent en Assemblée Nationale.

Art. 59. — Le président du Sénat préside l'Assemblée Nationale, le président de la Chambre des Communes en est le vice-président, les secrétaires du Sénat et de la Chambre des Communes sont les secrétaires de l'Assemblée Nationale.

Art. 60. — Les attributions de l'Assemblée Nationale sont :

1° D'élire le Président de la République et de recevoir de lui le serment constitutionnel ;

2° De déclarer la guerre sur le rapport du Pouvoir Exécutif et de statuer sur tous les cas y relatifs ;

3° D'approuver ou de rejeter les traités de paix ;

4° De reviser la Constitution lorsqu'il y a lieu de le faire.

SECTION IV

De l'exercice de la puissance législative.

Art. 61. — Le siège du Corps Législatif est fixé dans la Capitale de la République ou ailleurs, suivant les circonstances politiques.

Chaque Chambre a son local particulier, sauf le cas de la réunion des deux Chambres en Assemblée Nationale.

Art. 62. — Le Corps Législatif s'assemble de plein droit chaque année, le premier lundi d'avril.

La session est de trois mois. En cas de nécessité, elle peut être prolongée jusqu'à quatre, soit par le Corps Législatif, soit par le Pouvoir Exécutif.

Art. 63. — Dans l'intervalle des sessions, et en cas d'urgence, le Pouvoir Exécutif peut convoquer les Chambres ou l'Assemblée Nationale à l'extraordinaire.

Il leur rend compte alors de cette mesure par un message.

Art. 64. — En cas de vacance de l'office de Président de la République, l'Assemblée Nationale est tenue de se réunir dans les dix jours au plus tard, avec ou sans convocation du Comité permanent du Sénat.

Art. 65. — Les membres du Corps Législatif représentent la Nation entière.

Art. 66. — Chaque Chambre vérifie les pouvoirs de ses membres et juge les contestations qui s'élèvent à ce sujet.

Art. 67. — Les membres de chaque Chambre prêtent individuellement le serment de maintenir les droits du peuple et d'être fidèles à la Constitution.

Art. 68. — Les séances des Chambres et de l'Assemblée Nationale sont publiques.

Néanmoins, chaque Assemblée se forme en comité secret sur la demande de cinq membres.

L'Assemblée décide ensuite, à la majorité absolue, si la séance doit être reprise en public sur le même sujet.

Art. 69. — Le Pouvoir législatif fait des lois sur tous les objets d'intérêt public.

L'initiative appartient à chacune des deux Chambres et au Pouvoir Exécutif.

Néanmoins, les lois budgétaires, celles concernant l'assiette, la quotité et le mode de perception des impôts et contributions, celle ayant pour objet de créer des recettes ou d'augmenter les dépenses de l'Etat, doivent être d'abord votées par la Chambre des Communes.

Art. 70. — L'interprétation des lois par voie d'autorité n'appartient qu'au Pouvoir législatif : elle est donnée dans la forme d'une loi.

Art. 71. — Aucune des deux Chambres ne peut prendre de résolution qu'autant que les deux tiers de ses membres fixés par les articles 42 et 48 se trouvent réunis.

S'il arrive que dans les élections générales pour la formation de la Chambre, le résultat des urnes ne donne pas un nombre suffisant pour les deux tiers légaux, l'Exécutif est tenu d'ordonner immédiatement la reprise des élections dans les Communes non représentées.

Art. 72. — Toute résolution n'est prise qu'à la majorité absolue des suffrages, sauf les cas prévus par la Constitution.

Art. 73. — Les votes sont émis par assis et levé.

En cas de doute, il se fait un appel nominal, et les votes sont alors donnés par *oui* et par *non*.

Art. 74. — Chaque Chambre a le droit d'enquête sur les questions dont elle est saisie.

Art. 75. — Un projet de loi ne peut être adopté par l'une des deux Chambres qu'après avoir été voté article par article.

Art. 76. — Chaque Chambre a le droit d'amender et de diviser les articles et amendements proposés.

Tout amendement voté par une Chambre ne peut faire partie des articles de la loi qu'autant qu'il aura été voté par l'autre Chambre.

Les organes du Pouvoir Exécutif ont la faculté de proposer des amendements aux projets de loi qui se discutent même en vertu de l'initiative des Chambres; ils ont aussi la faculté de retirer de la discussion tout projet de loi présenté par le Pouvoir Exécutif tant que ce projet n'a pas été définitivement adopté par les deux Chambres.

La même faculté appartient à tout membre de l'une ou de l'autre Chambre qui a proposé un projet de loi, tant que ce projet n'a pas été voté par la Chambre dont l'auteur du projet fait partie.

Art. 77. — Toute loi admise par les deux Chambres est immédiatement adressée au Pouvoir Exécutif, qui, avant de la promulguer, a le droit d'y faire des objections.

Dans ce cas, il renvoie la loi à la Chambre où elle a été primitivement votée, avec ses objections. Si elles sont admises, la loi est amendée par les deux Chambres ; si elles sont rejetées, la loi est de nouveau adressée au Pouvoir Exécutif pour être promulguée.

Le rejet des objections est voté aux deux tiers des voix et au scrutin secret; si ces deux tiers ne se réunissent pas pour amener ce rejet, les objections sont acceptées.

Art. 78. — Le droit d'objection doit être exercé dans les délais suivants, savoir :

1° Dans les trois jours pour les lois d'urgence, sans que, en aucun cas, l'objection puisse porter sur l'urgence ;

2° Dans les huit jours pour les autres lois, le dimanche

excepté. Toutefois, si la session est close avant l'expiration de ce dernier délai, la loi demeure ajournée.

Art. 79. — Si dans les délais prescrits par l'article précédent, le Pouvoir Exécutif ne fait aucune objection, la loi est immédiatement promulguée.

Art. 80. — Un projet de loi rejeté par l'une des deux Chambres ne peut être reproduit dans la même session.

Art. 81. — Les lois et autres actes du Corps Législatif sont rendus officiels par la voie du *Moniteur* et insérés dans un bulletin imprimé et numéroté, ayant pour titre :

BULLETIN DES LOIS

Art. 82. — La loi prend date du jour où elle a été définitivement adoptée par les deux Chambres ; mais elle ne devient obligatoire qu'après la promulgation qui est faite, conformément à la loi.

Art. 83. — Les Chambres correspondent avec le Pouvoir Exécutif pour tout ce qui intéresse l'Administration des affaires publiques.

Elles correspondent également entre elles, dans les cas prévus par la Constitution.

Art. 84. — Nul ne peut en personne présenter des pétitions aux Chambres.

Chaque Chambre a le droit d'envoyer aux Secrétaires d'Etat les pétitions qui lui sont adressées. — Les Secrétaires d'Etat sont tenus de donner des explications sur leur contenu, chaque fois que la Chambre l'exige.

Art. 85. — Les membres du Corps Législatif sont inviolables du jour de leur élection jusqu'à l'expiration de leur mandat.

Ils ne peuvent être exclus de la Chambre dont ils font partie, ni être en aucun temps poursuivis et attaqués pour les opinions et votes émis par eux, soit dans l'exercice de leurs fonctions, soit à l'occasion de cet exercice.

Art. 86. — Aucune contrainte par corps ne peut être exercée contre un membre du Corps Législatif pendant la durée de son mandat.

Art. 87. — Nul membre du Corps Législatif ne peut être poursuivi, ni arrêté en matière criminelle, correctionnelle, de police, même pour délit politique, durant son mandat, qu'après l'autorisation de la Chambre à laquelle il appartient, sauf le cas de flagrant délit et lorsqu'il s'agit de faits emportant une peine afflictive et infâmante.

Dans ce cas, il en est référé à la Chambre, sans délai, dès l'ouverture de la session législative.

Art. 88. — En matière criminelle, tout membre du Corps Législatif est mis en état d'accusation par la Chambre dont il fait partie et jugé par le Tribunal criminel de son domicile avec l'assistance du Jury.

Art. 89. — Chaque Chambre, par son règlement, fixe sa discipline et détermine le mode suivant lequel elle exerce ses attributions.

CHAPITRE II

DU POUVOIR EXÉCUTIF

SECTION PREMIÈRE

Du Président de la République.

Art. 90. — Le Président de la République est élu pour sept ans ; il entre en fonction le 15 mai, et il n'est rééligible qu'après un intervalle de sept ans.

Art. 91. — L'élection du Président d'Haïti est faite par l'Assemblée Nationale. Cette élection se fait au scrutin secret et à la majorité des deux tiers des membres présents.

Si, après un premier tour de scrutin, aucun des candidats n'a obtenu le nombre de suffrages ci-dessus fixé, il est procédé à un second tour de scrutin.

Si, à ce second tour la majorité des deux tiers n'est pas obtenue, l'élection se concentre sur les trois candidats qui ont le plus de suffrages.

Si, après trois tours de scrutin, aucun des trois ne réunit la majorité des deux tiers, il y a ballotage entre les deux qui ont le plus de voix, et celui qui obtient la majorité absolue est proclamé Président d'Haïti.

En cas d'égalité de suffrages des deux candidats, le sort décide de l'élection.

Art. 92. — Pour être élu Président d'Haïti, il faut :

1° Être né de père haïtien et n'avoir jamais renoncé à sa nationalité ;

2° Être âgé de 40 ans accomplis ;

3° Jouir des droits civils et politiques ;

4° Être propriétaire d'immeuble en Haïti et y avoir son domicile.

Art. 93. — En cas de mort, de démission ou de déchéance du Président, celui qui le remplace est nommé pour sept ans et ses fonctions cessent toujours au 15 mai, alors même que la 7ᵉ année de son exercice ne serait pas révolue.

Pendant la vacance, le Pouvoir Exécutif est exercé par les Sécrétaires d'Etat, réunis en Conseil et sous leur responsabilité.

Art. 94. — Si le Président se trouve dans l'impossibilité d'exercer ses fonctions, le Conseil des Secrétaires d'Etat est chargé de l'autorité exécutive, tant que dure l'empêchement.

Art. 95. — Avant d'entrer en fonctions, le Président prête devant l'Assemblée Nationale, le serment suivant :

« Je jure devant Dieu et devant la Nation, d'observer,
« de faire fidèlement observer la Constitution et les lois
« du peuple haïtien, de respecter ses droits, de mainte-
« nir l'Indépendance nationale et l'intégrité du terri-
« toire. »

Art. 96. — Le Président fait sceller les lois du Sceau
de la République, et les fait promulguer immédiatement
après leur réception, aux termes de l'article 189.

Il fait également sceller ,promulguer les actes et décrets
de l'Assemblée Nationale.

Art. 97. — Il est chargé de faire exécuter les lois, actes
et décrets du Corps Législatif et de l'Assemblée Nationale.

Il fait tous règlements et arrêtés nécessaires à cet effet,
sans pouvoir jamais suspendre ou interpréter les lois,
actes et décrets eux-mêmes, ni se dispenser de les exécuter.

Art. 98. — Le Président nomme et révoque les Secrétaires d'Etat.

Art. 99. — Il commande et dirige les forces de terre et
de mer. Il confère les grades dans l'armée, selon le mode
et les conditions d'avancement établis par la loi.

Art. 100. — Il ne nomme aux emplois ou fonctions publiques qu'en vertu de la Constitution ou de la disposition expresse d'une loi et aux conditions qu'elle prescrit.

Art. 101. — Il fait des traités de paix, sauf la sanction
de l'Assemblée Nationale.

Il fait des traités d'alliance, de neutralité, de commerce,
et autres conventions internationales, sauf la sanction du
Corps Législatif.

Art. 102. — Le Président pourvoit, d'après la loi, à la
sûreté intérieure et extérieure de l'Etat.

Art. 103. — Il a droit d'accorder toute amnistie ; il

exerce le droit de grâce et celui de commuer les peines en toutes les matières en se conformant à la loi.

Art. 104. — Toutes les mesures que prend le Président d'Haïti sont préalablement délibérées en Conseil des Secrétaires d'Etat.

Art. 105. — Aucun acte du Président, autre que l'arrêté portant nomination ou révocation des Secrétaires d'Etat, ne peut avoir d'effet s'il n'est contresigné par un Secrétaire d'Etat qui, par cela seul, s'en rend responsable avec lui.

Art. 106. — Le Président d'Haïti n'est point responsable des abus de pouvoir ou autres illégalités qui se commettent dans une des branches de l'Administration relevant d'un Secrétaire d'Etat en fonction, et que celui-ci n'aurait pas réprimés.

Art. 107. — Il n'a d'autres pouvoirs que ceux que lui attribuent formellement la Constitution et les lois particulières votées en vertu de la Constitution.

Art. 108. — A l'ouverture de chaque session, le Président, par un message, rend compte à l'Assemblée Nationale de son administration pendant l'année expirée et présente la situation générale de la République, tant à l'intérieur qu'à l'extérieur.

Art. 109. — La Chambre des Communes accuse le Président et le traduit devant le Sénat en cas d'abus d'autorité et de pouvoir, de trahison ou de tout autre crime commis durant l'exercice de ses fonctions.

Le Sénat ne peut prononcer d'autre peine que celle de la déchéance et de la privation du droit d'exercer toute autre fonction publique pendant un an au moins et cinq ans au plus.

S'il y a lieu d'appliquer d'autres peines ou de statuer sur l'exercice de l'action civile, il y sera procédé devant les tribunaux ordinaires, soit de l'accusation admise par la Chambre des Communes, soit sur la poursuite directe des parties lésées.

La mise en accusation et la déclaration de culpabilité ne pourront être prononcées respectivement dans chaque Chambre qu'à la majorité des deux tiers des suffrages.

Art. 110. — La loi règle le mode de procéder contre le Président dans les cas de crimes ou délits commis par lui, soit dans l'exercice de ses fonctions, soit hors de cet exercice.

Art. 111. — Le Président d'Haïti reçoit du Trésor public une indemnité annuelle de vingt-quatre mille piastres fortes.

Art. 112. — Il réside au Palais National de la Capitale.

SECTION II

Des Secrétaires d'Etat.

Art. 113. — Il y a six Secrétaires d'Etat.

Les Départements ministériels sont : l'Intérieur, l'Agriculture, les Travaux publics, la Justice, l'Instruction publique, les Cultes, les Finances, le Commerce, les Relations Extérieures, la Guerre et la Marine.

Les Départements de chaque Secrétaire d'Etat sont fixés par l'Arrêté du Président d'Haïti portant sa nomination.

Art. 114. — Nul ne peut être Secrétaire d'Etat, s'il n'est âgé de trente ans accomplis ; s'il ne jouit de ses droits civils et politiques et s'il n'est propriétaire d'immeuble en Haïti.

Art. 115. — Les Secrétaires d'Etat se forment en Conseil, sous la présidence du Président d'Haïti, ou de l'un d'eux délégué par le Président. Toutes les délibérations sont consignées sur un registre et signées par les membres du Conseil.

Art. 116. — Les Secrétaires d'Etat correspondent directement avec les autorités qui leur sont subordonnées.

Art. 117. — Ils ont leur entrée dans chacune des

Chambres pour soutenir les projets de lois et les objections du Pouvoir Exécutif.

Les Chambres peuvent requérir la présence des Secrétaires d'Etat et les interpeller sur tous les faits de leur administration.

Les Secrétaires d'Etat interpellés sont tenus de s'expliquer.

S'ils déclarent que l'explication est compromettante pour l'intérêt de l'Etat, ils demanderont à la donner à huis-clos.

Art. 118. — Les Secrétaires d'Etat sont respectivement responsables tant des actes du Président qu'ils contre-signent que de ceux de leur département ainsi que de l'inexécution des lois ; en aucun cas l'ordre verbal ou écrit du Président ne peut soustraire un Secrétaire d'Etat à la responsabilité.

Art. 119. — La Chambre des Communes accuse les Secrétaires d'Etat et les traduit devant le Sénat, en cas de malversation, de trahison, d'abus ou d'excès de pouvoir, et de tout autre crime ou délit commis dans l'exercice de leurs fonctions.

Le Sénat ne peut prononcer d'autres peines que celles de la destitution et de la privation du droit d'exercer toute fonction publique, pendant un an au moins et cinq ans au plus.

S'il y a lieu d'appliquer d'autres peines ou de statuer sur l'exercice de l'action civile, il y sera procédé devant les tribunaux ordinaires soit sur l'accusation admise par la Chambre des Communes, soit sur la poursuite directe des parties lésées.

La mise en accusation et la déclaration de culpabilité ne pourront être prononcées, dans chaque Chambre, qu'à la majorité absolue des suffrages.

Art. 120. — Chaque Secrétaire d'Etat reçoit du trésor public, pour tous frais de traitement, une indemnité annuelle de six mille piastres fortes.

SECTION III

Des institutions d'arrondissement et communales.

Art. 121. — Il est établi, savoir :

Un conseil d'arrondissement ;
Un conseil communal par chaque Commune ;
Les attributions de ces Administrations sont à la fois civiles et financières.

Le conseil d'arrondissement est présidé par un citoyen auquel il est donné le titre de président du conseil d'arrondissement, avec voix délibérative, et le conseil de la commune par un citoyen qui prend le titre de Magistrat communal.

Ces institutions sont réglées par la loi.

Art. 122. — Les conseils d'arrondissement sont élus par les Assemblées électorales d'arrondissement nommées par les assemblées primaires de chaque Commune.

Le nombre des électeurs d'arrondissement est fixé par la loi.

Art. 123. — Le Président d'Haïti nomme les présidents des conseils d'arrondissement, mais il ne peut les choisir que parmi les membres des dits conseils.

Les Magistrats communaux et les suppléants sont élus par les Conseils communaux et parmi les membres des dits Conseils.

Art. 124. — Les principes suivants doivent former les bases des institutions d'arrondissement et communales :

1° L'élection par les Assemblées primaires, tous les trois ans, pour les conseils communaux, et l'élection au second degré, tous les quatre ans, pour les conseils d'arrondissement ;

2° L'attribution aux conseils d'arrondissement et aux conseil communaux de tout ce qui est d'intérêt communal et d'arrondissement, sans préjudice de l'approbation de leurs actes, dans les cas et suivant le mode que la loi détermine ;

3° La publicité des séances des conseils dans les limites établies par la loi ;

4° La publicité des budgets et des comptes ;

5° L'intervention du Président d'Haïti ou du Pouvoir législatif pour empêcher que les conseils ne sortent de leurs attributions et ne blessent l'intérêt général.

Art. 125. — Les présidents des conseils d'arrondissement sont salariés par l'Etat.

Les Magistrats communaux sont rétribués par leurs communes.

Art. 126. — La rédaction des actes de l'Etat civil et la tenue des registres sont dans les attributions de citoyens spéciaux nommés par le Président d'Haïti et prenant le titre d'officiers de l'Etat civil.

CHAPITRE III

DU POUVOIR JUDICIAIRE

Art. 127. — Les contestations qui ont pour objet des droits civils sont exclusivement du ressort des tribunaux.

Art. 128. — Les contestations qui ont pour objets des droits politiques, sont du ressort des tribunaux, sauf les exceptions établies par la loi.

Art. 129. — Nul tribunal, nulle juridiction contentieuse ne peut être établie qu'en vertu de la loi.

Il ne peut être créé de tribunaux extraordinaires, sous

quelque dénomination que ce soit, notamment sous le nom de cours martiales.

Art. 130. — Il y a pour toute la République un tribunal de Cassation composé de deux sections au moins.

Son siège est dans la Capitale.

Art. 131. — Ce tribunal ne connaît pas du fonds des affaires.

Néanmoins, en toutes matières, autres que celles soumises au Jury, lorsque, sur un second recours, une même affaire se présentera entre les mêmes parties, le tribunal de Cassation, admettant le pourvoi, ne prononcera point de renvoi, et statuera sur le fond, sections réunies.

Art. 132. — Il sera formé un tribunal d'appel dans chacun des départements du Nord, du Nord-Ouest, de l'Artibonite, de l'Ouest et du Sud.

Chaque commune a au moins un tribunal de paix.

Un tribunal civil est institué pour un ou plusieurs arrondissements.

La loi détermine leur ressort, leurs attributions respectives, et le lieu où ils sont établis.

Art. 133. — Les juges de paix et leurs suppléants, les juges des tribunaux civils et leurs suppléants, les juges des tribunaux d'appel et leurs suppléants et les membres du tribunal de Cassation, sont nommés par le Président de la République, d'après des conditions et suivant un ordre de candidatures qui seront réglées par les lois organiques.

Art. 134. — Les juges du tribunal de cassation, ceux des tribunaux civils et d'appel sont inamovibles.

Ils ne peuvent passer d'un tribunal à un autre ou à d'autres fonctions, même supérieures, que de leur consentement formel.

Ils ne peuvent être destitués que pour forfaiture légalement jugée ou suspendus que par une accusation admise.

Ils ne peuvent être mis à la retraite que, lorsque, par suite d'infirmités graves et permanentes, ils se trouvent hors d'état d'exercer leurs fonctions.

Art. 135. — Les juges de paix sont révocables.

Art. 136. — Nul ne peut être nommé juge ou officier du ministère public, s'il n'a trente ans accomplis pour le tribunal de Cassation, et vingt-cinq ans accomplis pour les autres tribunaux.

Art. 137. — Le Président d'Haïti nomme et révoque les officiers du ministère public près le tribunal de Cassation et les autres tribunaux.

Art. 138. — Les fonctions de juges sont incompatibles avec toutes autres fonctions publiques.

L'incompatibilité à raison de la parenté est réglée par la loi.

Art. 139. — Le traitement des membres du corps judiciaire est fixé par la loi.

Art. 140. — Il y a des tribunaux de commerce dans les lieux déterminés par la loi. Elle règle leur organisation, leurs attributions, le mode d'élection de leurs membres et la durée des fonctions de ces derniers.

Art. 141. — Des lois particulières règlent l'organisation des tribunaux militaires, leurs attributions, les droits et obligations des membres de ces tribunaux, et la durée de leurs fonctions.

Art. 142. — Tout délit civil commis par un militaire, à moins qu'il ne soit dans un camp ou en campagne, est jugé par les tribunaux criminels ordinaires. Il en est de même de toute accusation contre un militaire dans laquelle un individu non militaire est compromis.

Art. 143. — Les audiences des tribunaux sont publiques, à moins que cette publicité ne soit dangereuse pour l'ordre public et les bonnes mœurs, dans ce cas le tribunal le déclare par un jugement.

En matière de délits politiques et de presse, le huis-clos ne peut être prononcé.

Art. 144. — Tout arrêt ou jugement est motivé. Il est prononcé en audience publique.

Art. 145. — Les arrêts ou jugements sont rendus et exécutés au nom de la République. — Ils portent un mandement aux officiers du ministère public et aux agents de la force publique. Les actes de notaires sont mis dans la même forme, lorsqu'il s'agit de leur exécution forcée.

Art. 146. — Le Tribunal de Cassation prononce sur les conflits d'attribution, d'après le mode réglé par la loi.

Il connaît aussi des jugements des conseils militaires pour cause d'incompétence.

Art. 147. — Les tribunaux doivent refuser d'appliquer une loi inconstitutionnelle.

Ils n'appliqueront les arrêtés et règlements généraux d'administration publique qu'autant qu'ils seront conformes aux lois.

Art. 148. — En cas de forfaiture, tout juge ou officier du ministère public est mis en état d'accusation par l'une des sections du Tribunal de Cassation. S'il s'agit d'un tribunal entier, la mise en accusation est prononcée par le Tribunal de Cassation, sections réunies.

S'il s'agit du Tribunal de Cassation, de l'une de ses sections ou de l'un de ses membres, la mise en accusation est prononcée par la Chambre des Communes, et le jugement par le Sénat. — La décision de chacune des Chambres est prise à la majorité des deux tiers des membres présents, et la peine à prononcer par le Sénat ne peut être que la révocation des fonctions, et l'inadmissibilité pendant un certain temps à toutes charges publiques ; mais le condamné est renvoyé, s'il y a lieu, par devant les tribunaux ordinaires et puni conformément aux lois.

Art. 149. — La loi règle le mode de procéder contre

les juges, dans les cas de crimes ou délits par eux commis, soit dans l'exercice de leurs fonctions, soit hors de cet exercice.

CHAPITRE IV

DES ASSEMBLÉES PRIMAIRES ET ÉLECTORALES

Art. 150. — Tout citoyen âgé de 21 ans révolus a le droit de voter aux Assemblées primaires, s'il est propriétaire foncier, s'il a l'exploitation d'une ferme dont la durée n'est pas moindre de cinq ans, ou s'il exerce une profession, un emploi public ou une industrie.

Art. 151. — Les Assemblées primaires s'assemblent de plein droit, dans chaque commune, le 10 janvier de chaque année selon qu'il y a lieu et suivant le mode établi par la loi.

Art. 152. — Elles ont pour objet d'élire aux époques fixées par la Constitution, les Représentants du peuple, les Conseillers communaux et les membres des Assemblées électorales d'arrondissements.

Art. 153. — Toutes les élections se font à la majorité des suffrages et au scrutin secret.

Art. 154. — Les Assemblées électorales se réunissent de plein droit le 15 février de chaque année, selon qu'il y a lieu et suivant le mode établi par la loi.

Elles ont pour objet d'élire les membres des Conseils d'arrondissement, et les candidats à fournir à la Chambre des Communes pour l'élection des Sénateurs.

Art. 155. — Aucune élection ne peut avoir lieu dans une Assemblée électorale, qu'autant que les deux tiers au moins du nombre des électeurs élus soient présents.

Art. 156. — Les Assemblées primaires et électorales ne peuvent s'occuper d'aucun autre objet que de celui des élections qui leur sont attribuées par la Constitution.

Elles sont tenues de se dissoudre dès que cet effet est rempli.

TITRE IV

DES FINANCES

Art. 157. — Les Finances de la République sont décentralisées.

Une loi fixera incessamment la portion des revenus publics afférents aux Conseils d'arrondissement ou aux Conseils communaux.

Art. 158. — Aucun impôt au profit de l'Etat ne peut être établi que par une loi.

Aucune charge, aucune imposition soit d'arrondissement, soit communale, ne peut être établie que du consentement du Conseil d'arrondissement ou du Conseil communal.

Art. 159. — Les impôts au profit de l'Etat sont votés annuellement.

Les lois qui les établissent n'ont de force que pour un an si elles ne sont pas renouvelées.

Aucune émission de monnaie quelconque ne peut avoir lieu qu'en vertu d'une loi qui en détermine l'emploi et en fixe le chiffre qui, en aucun cas, ne pourra être dépassé.

Art. 160. — Il ne peut être établi de privilège en matière d'impôts.

Aucune exception, aucune augmentation ou diminution d'impôt ne peut être établie que par une loi.

Art. 161. — Hors les cas formellement exceptés par la loi, aucune rétribution ne peut être exigée des citoyens qu'à titre d'impôt au profit de l'État, de l'arrondissement ou de la commune.

Art. 162. — Aucune pension, aucune gratification, aucune allocation, aucune subvention quelconque, à la charge du Trésor public, ne peut être accordée qu'en vertu d'une loi.

Art. 163. — Le cumul des fonctions publiques salariées par l'Etat est formellement interdit, excepté pour celles de l'enseignement secondaire et supérieur.

Art. 164. — Le budget de chaque Secrétaire d'Etat est divisé en chapitres.

Aucune somme allouée pour un chapitre ne peut être reportée au crédit d'un autre chapitre et employée à d'autres dépenses sans une loi.

Le Secrétaire d'Etat des Finances est tenu, sur sa responsabilité personnelle, de ne servir chaque mois, à chaque département ministériel, que le douzième des valeurs votées dans son budget, à moins d'une décision du Conseil des Secrétaires d'Etat pour cas extraordinaires.

Les Comptes généraux des recettes et des dépenses de la République seront tenus en partie double par le Secrétaire d'Etat des Finances qui les présentera aux Chambres dans ce système de comptabilité en autant de livres qu'il sera nécessaire et avec la balance de chaque année administrative.

Aucun objet de recettes ou de dépenses ne sera omis dans les Comptes généraux.

L'année administrative commence le 1er octobre et finit le 30 septembre de l'année suivante.

Art. 165. — Aucune décision, impliquant une dépense, ne pourra être prise, dans l'une ou l'autre Chambre, sans consulter le Secrétaire d'Etat des Finances sur la possibilité d'y pourvoir en conservant l'équilibre du budget. Le Secrétaire d'Etat pourra demander qu'on lui donne les voies et moyens de satisfaire à cette dépense avant de prendre la responsabilité de l'exécuter.

Art. 166. — Chaque année, les Chambres arrêtent :

1°. Le compte des recettes et des dépenses de l'année écoulée ou des années précédentes, selon le mode établi par l'art. 164.

2°. Le Budget général de l'Etat contient l'aperçu et la proportion des fonds assignés pour l'année à chaque Secrétaire d'Etat.

Toutefois, aucune proposition, aucun amendement ne pourra être introduit à l'occasion du budget dans le but de réduire ou augmenter les appointements des fonctionnaires publics et la solde des militaires déjà fixés par des lois spéciales.

Art. 167. — Les Comptes généraux et les budgets prescrits par l'article précédent doivent être soumis aux Chambres par le Secrétaire d'Etat des Finances, au plus tard, dans les huit jours de l'ouverture de la Session Législative ; et elles peuvent s'abstenir de tous travaux législatifs tant que ces documents ne leur seront pas présentés. Elles refusent la décharge des Secrétaires d'Etat même le vote du budget lorsque les comptes présentés ne fournissent pas par eux-mêmes ou par les pièces à l'appui tous les éléments de vérification et d'appréciation nécessaires.

Art. 168. — La Chambre des Comptes est composée de neuf membres. Ils sont nommés par le Sénat sur deux listes de candidats fournies : l'une par le Pouvoir Exécutif, l'autre par la Chambre des Communes.

Ces listes porteront chacune deux candidats pour chaque membre à élire.

Art. 169. — La Chambre des Comptes est chargée de l'examen et de la liquidation des comptes de l'Administration générale et de tous comptables envers le trésor public.

Elle veille à ce qu'aucun article de dépense du budget ne soit dépassé et qu'aucun transport n'ait lieu.

Elle arrête les comptes des différentes administrations de l'Etat et est chargée de recueillir à cet effet tous renseignements et toutes pièces nécessaires.

Le compte général de l'Etat est soumis aux Chambres avec les observations de la Chambre des Comptes.

Cette Chambre est organisée par une loi.

Art. 170. — Il sera établi un mode de comptabilité uniforme pour toutes les administrations financières de la République.

Art. 171. — La loi règle le titre, le poids, la valeur, l'empreinte et la dénomination des monnaies.

TITRE V

DE LA FORCE PUBLIQUE

Art. 172. — La force publique est instituée pour défendre l'Etat contre les ennemis du dehors et pour assurer au dedans le maintien de l'ordre et l'exécution des lois.

Art. 173. — L'armée est essentiellement obéissante.

Nul corps armé ne peut, ni ne doit délibérer.

Art. 174. — L'armée sera réduite au pied de paix et son contingent est voté annuellement.

La loi qui le fixe n'a de force que pour un an si elle n'est pas renouvelée.

Nul ne peut recevoir de solde, s'il ne fait partie du cadre de l'armée.

Art. 175. — Le mode de recrutement de l'armée est déterminé par la loi.

Elle règle également l'avancement, les droits et les obligations des militaires.

Il ne pourra jamais être créé de corps privilégiés ;

mais le Président d'Haïti a une garde particulière soumise au même régime militaire que les autres corps de l'armée, dont l'effectif est voté par les Chambres.

Art. 176. — Nul ne peut être promu à un grade militaire s'il n'a été soldat, à moins de services éminents rendus à la Patrie.

Art. 177. — L'organisation et les attributions de la police de ville et de la campagne feront l'objet d'une loi.

Art. 178. — La garde nationale est composée de tous les citoyens qui ne font pas partie de l'armée active, sauf les exceptions prévues par la loi.

Tous les grades y sont électifs, à l'exception de ceux d'officiers supérieurs qui seront conférés par le Chef de l'Etat.

La garde nationale est placée sous l'autorité immédiate des conseils communaux.

Art. 179. — Tout Haïtien de 18 à 50 ans inclusivement qui ne sert pas dans l'armée active doit faire partie de la garde nationale.

Art. 180. — La garde nationale est organisée par la loi.

Elle ne peut être mobilisée, en tout ou en partie, que dans les cas prévus par la loi sur son organisation. Dans le cas de mobilisation, elle est immédiatement placée sous l'autorité du commandant militaire de la commune, et fait partie, tant que dure la mobilisation, de l'armée active.

Art. 181. — Les militaires ne peuvent être privés de leurs grades, honneur et pensions que de la manière déterminée par la loi.

TITRE VI

DISPOSITIONS GÉNÉRALES

Art. 182. — Les couleurs nationales sont le bleu et le rouge placés horizontalement.

Les armes de la République sont : le palmiste surmonté du bonnet de la Liberté, orné d'un trophée, avec la légende : « l'Union fait la Force. »

Art. 183. — La ville de Port-au-Prince est la Capitale de la République et le siège actuel du Gouvernement.

Dans les circonstances graves, l'Assemblée Nationale, sur la proposition du Pouvoir Exécutif, pourra autoriser la translation du siège du Gouvernement dans un autre lieu que la Capitale.

Art. 184. — Aucun serment ne peut être imposé qu'en vertu d'une loi.

Elle en détermine le cas et la formule.

Art. 185. — Tout étranger qui se trouve sur le territoire de la République jouit de la protection accordée aux Haïtiens, quant aux personnes et aux biens, sauf les exceptions établies par la loi.

En cas de pertes éprouvées par suite de troubles civils et politiques, nul Haïtien ou étranger ne peut prétendre à aucune indemnité. Cependant il sera facultatif aux parties lésées dans ces troubles de poursuivre par devant les tribunaux, conformément à la loi, les individus reconnus les auteurs des torts causés afin d'en obtenir justice et réparation légale.

Art. 186. — La loi établit un système uniforme de poids et mesures.

Art. 187. — Les fêtes nationales sont : celle de l'Indépendance d'Haïti et de ses Héros, le 1er janvier et celle de l'Agriculture, le 1er mai. — Les fêtes légales sont déterminées par la loi.

Art. 188. — Une loi détermine la nature des récompenses accordées annuellement le 1er mai aux cultivateurs et laboureurs, par suite de concours concernant leurs denrées et autres produits.

Elle réglera aussi le mode des concours.

Art. 189. — Aucune loi, aucun arrêté ou règlement d'administration publique n'est obligatoire qu'après avoir été publié dans la forme déterminée par la loi.

Art. 190. — Aucune place, aucune partie du territoire ne peut être déclarée en état de siège que dans le cas de troubles civils ou dans celui d'invasion imminente de la part d'une force étrangère.

L'acte du Président d'Haïti qui déclare l'état de siège doit être signé par tous les Secrétaires d'Etat.

Il en est rendu compte à l'ouverture des Chambres par le Pouvoir Exécutif.

Art. 191. — Les effets de l'état de siège sont réglés par une loi spéciale.

Art. 192. — Les codes de lois, civil, commercial, pénal et d'instruction criminelle et de toutes les lois qui s'y rattachent, sont maintenus en tout ce qui n'est pas contraire à la présente Constitution.

Toutes dispositions de lois, décrets, arrêtés, règlements et autres actes qui y sont contraires, demeurent abrogées.

Néanmoins, les décrets et actes rendus par le Comité Central révolutionnaire de Port-au-Prince et le premier Gouvernement provisoire (24 août au 28 septembre 1888); par les Comités révolutionnaires de l'Artibonite, du Nord et du Nord-Ouest et par le dernier Gouvernement provisoire (2 octobre 1888 au 8 octobre 1889 inclusivement), continueront à subsister jusqu'à ce qu'il y soit légalement dérogé.

Dorsainvil. 16

Art. 193. — La Constitution ne peut être suspendue en tout ni en partie, dans aucune partie du territoire.

Elle est confiée au patriotisme, au courage des grands Corps de l'Etat et de tous les citoyens.

TITRE VII

DE LA REVISION DE LA CONSTITUTION

Art. 194. — Le Pouvoir Législatif, sur la proposition de l'une des deux Chambres ou du Pouvoir Exécutif, a le droit de déclarer qu'il y a lieu à reviser telles dispositions constitutionnelles qu'il désigne.

Cette déclaration, qui ne peut être faite dans la dernière session d'une période de la Chambre des Communes, est publiée immédiatement dans toute l'étendue de la République.

Art. 195. — A la session suivante, les deux Chambres se réuniront en Assemblée Nationale et statueront sur la revision proposée.

Art. 196. — L'Assemblée Nationale ne peut délibérer sur cette revision, si les deux tiers au moins de ses membres élus ne sont présents. Aucune déclaration ne peut être faite, aucun changement ne peut être adopté, dans ce cas, qu'à la majorité des deux tiers des suffrages.

TITRE VIII

DISPOSITIONS TRANSITOIRES

Art. 197. — Le Président d'Haïti sera élu pour la première fois, par l'Assemblée Constituante.

Cette Assemblée recevra son serment et l'installera dans ses fonctions.

Art. 198. — L'Assemblée Nationale Constituante exercera la puissance législative, pour tous les cas d'urgence jusqu'à la réunion des deux Chambres.

Art. 199. — Le Conseil d'Etat est dissous.

Art. 200. — Les Assemblées primaires et électorales seront convoquées aux époques prévues par la loi pour la nomination des membres des Conseils communaux et d'arrondissement, des Députés des communes et pour le choix des candidats au Sénat.

Art. 201. — Après la prestation de serment du Président d'Haïti, l'Assemblée Nationale Constituante se transportera à la Capitale.

Art. 202. — La présente Constitution sera publiée et exécutée dans toute l'étendue de la République.

Art. Unique. — En conformité de l'article 197 ci-dessus, le citoyen Louis Mondestin Florvil HYPPOLITE, ayant obtenu l'unanimité des suffrages de l'Assemblée Nationale Constituante, est proclamé Président de la République d'Haïti.

Il entrera en charge immédiatement pour en sortir le 15 mai 1897.

Fait aux Gonaïves, le 9 octobre 1889, an 86e de l'Indépendance.

Cadieu Hibbert, S. Thébaud, D. S. Rameau, J. B. N. Desroches, L. Douyon, Paul Marsan, J. M. Grandoit, Dr Pouquet Arnoux, Marius Larosilière, T. Champagne, D. Lespinasse, A. Vastey. N. Apollon, A. L. Labossière fils, J. D. Martinez, P. Ambroise, M. Grand Pierre, M. Alexandre, Jn.-Joseph F. Charlot, J. Ed. Etienne, Léger Cauvin, avocat. Sapini, Barthélemy, Louis Bazile, Ctus. Leconte, A. Jh. Dessources, A. H. Maurepas, G. Guibert, L. P. Acluche, A. Boissonnière, E. Delbeau, Alfred William, Chicoye, N. Sandaire, P. Ménard, M. Pierre, B. Jn-Bernard, A. Firmin, Chéry Hyppolite, Plésance, C. D. Guillaume Vaillant,

M. Etienne, Figaro. E. V. Guillaume Sam, Dubreuil, A. Dé-
rac, Cimb. Jonas, Em. Jn-François, M^lo Jean-François, Louis
André fils, S. Jean-Baptiste Toussaint, Th. Poitevien, M. Pé-
ralte, J. N. Narcisse. M. Andral. M. Balthasar, D. Gabriel,
B. Gilles, Ph. A Simon, Barbot, Sidrac Lucas, S. Joseph,
Dr Bernier fils, D. Obas, J. B. Richard, M. Alexis fils, Pla-
nès Edouard. J. François, Félix Darbouze, Sobodker Louis
Gilles, Ed. Cambronne Lafond, D. Louis Jacques, Sfr. Sal-
vant, D. S. Thimothé, J. F. Pierre-Louis, M. S. Noel,
T. Audigé, O. Delphin, Tertulien Guilbaud, Alexis Phanor
fils, J. A. Guillaume Durosier, D. Voltaire, M. Mars,
Acloque jeune, St.-Paul, Dr M. Aubry Stewart, président ;
P. E. Latortue, vice-président : Jules Domingue et P. An-
glade, secrétaires.

Collationné à l'original :

Le président de l'Assemblée Nationale Constituante,

STEWART.

Le vice-président,

P. E. LATORTUE.

Les secrétaires,

Jules Domingue, P. Anglade.

TABLE ALPHABÉTIQUE

DES AUTEURS ET DES HOMMES D'ÉTAT CITÉS DANS L'OUVRAGE

TABLE DES MATIÈRES

PREMIÈRE PARTIE

DEUXIÈME PARTIE

BIBLIOTHÈQUES
COLLECTIONS ET REVUES

ÉDITÉES PAR

M. GIARD & É. BRIÈRE

LIBRAIRES-ÉDITEURS

16, RUE SOUFFLOT ET 12, RUE TOULLIER

PARIS (V^e)

—

1911-12

Envoi franco aux prix marqués sur ce Catalogue

BIBLIOTHÈQUE INTERNATIONALE DE DROIT PUBLIC

Honorée de souscriptions du Ministère de l'Instruction publique

PUBLIÉE SOUS LA DIRECTION DE **Gaston Jèze**

☛ Les volumes de cette Bibliothèque se vendent aussi reliés avec une augmentation
de 1 fr. pour la série in-8 et de 0 fr. 50 pour la série in-18

BRYCE (J.). — **La République américaine.** Préface de E. Chavegrin, 4 vol.
in-8. Tome I : Le Gouvernement national. Trad. Müller. Tome II : Le Gouvernement des Etats. Trad. Lestang. Tome III : Le système des partis ; l'Opinion
publique. Trad. de Lestang. Tome IV : Les Institutions sociales. Trad. Bouyssy.
L'ouvrage complet 1901-1902. 4 vol. in-8, broché . . . . 50 fr. »

LABAND (P.). — **Le Droit public de l'empire allemand.** Préface de
F. Larnaude. Edition française. Trad. de Gandilhon, Lacuire, Vulliod, Jadot et
Bouyssy. L'ouvrage complet 1900-1904. 6 vol. in-8, broché. . . . 60 fr. »

DICEY (A.-V.). — **Introduction à l'étude du droit constitutionnel.** Préface de A. Ribot. Trad. A. Batut et G. Jèze. 1902. 1 vol. in-8, br. . 10 fr. »

WILSON (W.). — **L'État,** avec une préface de L. Duguit. Trad. de J. Wilhelm.
1902. 2 vol. in-8, broché . . . . , 20 fr. »

HAMILTON (A.), JAY, MADISON. — **Le Fédéraliste,** nouvelle édition française, par G. Jèze, avec une préface de A. Esmein. 1902. 1 volume in-8, broché. . . . . 14 fr. »

KORKOUNOV. — **Cours de théorie générale du droit.** Traduction française de J. Tchernoff. 1903. 1 vol. in-8, broché . . . . 10 fr. »

KOVALEWSKY. — **Les institutions politiques de la Russie.** Traduction française, par Me Derocquigny. 1903. 1 vol. in-8, broché . . . 7 fr. 50

ANSON (Sir R.). — **Loi et pratique constitutionnelles de l'Angleterre.**
2 vol. in-8 :
Tome I : *Le Parlement.* 1903. 1 vol. in-8, broché . . . . . . 10 fr. »
Tome II : *La Couronne.* 1905. 1 vol. in-8, broché . . . . . . 10 fr. »

OTTO MAYER. — **Le droit administratif allemand,** édition française par l'auteur. 1903-1906. 4 vol. in-8 . . . . , 32 fr. »

NITTI (F.-S.). — **Principes de Science des finances,** avec une préface de A. Wahl, traduction de J. Chamard. 1904. 1 vol. in-8, broché . . 12 fr. »

CURTI (Th). — **Le referendum,** histoire de la législation populaire en Suisse. Traduction J. Ronjat, 1905, 1 vol. in-8, broché . . . . 10 fr. »

DICEY (A.-V.). — **Leçons sur les rapports entre le droit et l'opinion publique en Angleterre au cours du XIXe siècle.** Préface de A. Ribot, trad. de A. Batut et G. Jèze. 1906. 1 vol. in-8, broché. . . . . . 12 fr. »

MOREAU (F.) et DELPECH (J.). — **Les Règlements des Assemblées législatives.** Préface de Ch. Benoist. 1906-1907. 2 vol. in-8, brochés . . 30 fr. »

GOODNOW (F.-G.). — **Les principes du droit administratif des Etats-Unis.** Traduction A. et G. Jèze. 1907. 1 vol. in-8, broché . . . . 12 fr. »

STUBBS (W.). — **Histoire constitutionnelle de l'Angleterre,** avec introduction, notes et études de Ch. Petit-Dutaillis. Traduction par G. Lefebvre. Tome I. 1907. 1 vol. in-8, broché . . . . 16 fr. »

ERRERA (P.). — **Traité de droit public belge.** 1909. 1 fort volume in-8 broché . . . . 12 fr. 50

NÉRINCX (Alf.). — **L'organisation judiciaire aux Etats-Unis.** 1909. 1 vol. in-8, broché . . . . 10 fr. »

ERSKINE MAY. — **Traité des Lois, Privilèges, Procédures et Usages du Parlement.** 2 vol. in-8 . . . . 25 fr. »

LOWELL (A.-L.). — **Le Gouvernement de l'Angleterre.** Traduction de A. Nerincx, 2 vol. in-8 :

— Tome I. 1910. Un vol. in-8, broché. . . . . 15 fr. »
— Tome II. 1910. Un vol. in-8, broché . . . . 15 fr. »

REDLICH (J.). — **Le Gouvernement local en Angleterre.** Trad. Oualid, 1911. 2 vol. in-8, brochés. . . . . 24 fr. »
    Tome I : 1911. 1 vol. in-8, broché . . . . 12 fr. »
    Tome II : 1911. 1 vol. in-8, broché . . . . 12 fr. »

JELLINEK (G.). — **L'Etat moderne et son droit.** Tome I : Doctrine générale de l'Etat. Trad. Fardis, 1911. 1 vol. in-8 . . . . 12 fr. »

SÉRIE IN-18 :

TODD (A.). — **Le Gouvernement parlementaire en Angleterre.** Traduit sur l'édition anglaise de Spencer Walpole, avec une préface de Casimir-Périer. 1900. 2 vol. in-18, brochés . . . . 12 fr. »

WILSON (W.). — **Le Gouvernement congressionnel,** avec une préface de Henri Wallon. 1900. 1 vol. in-18, broché . . . . 5 fr. »

JENKS (Edward). — **Esquisse du Gouvernement local en Angleterre.** Trad. J. Wilhelm, préface de H. Berthélemy, 1902. 1 vol. in-18, br. 5 fr. »

DICKINSON (G.-L). — **Le développement du Parlement pendant le XIXe siècle.** Traduction et préface de M. Deslandres. 1906. 1 vol. in-18 broché . . . . 5 fr. »

SOUS PRESSE :

JELLINEK (G.). — **L'Etat moderne et son droit.** Tome II.

BIBLIOTHÈQUE INTERNATIONALE D'ÉCONOMIE POLITIQUE

Honorée de souscriptions du Ministère de l'Instruction publique

PUBLIÉE SOUS LA DIRECTION DE **Alfred Bonnet**

Les volumes de cette bibliothèque se vendent aussi reliés avec une augmentation de 1 fr. pour la série in-8 et de 0 fr. 50 pour la série in-18

COSSA (Luigi). — Histoire des doctrines économiques. Trad. Alfred Bonnet. Préface de A. Deschamps. 1899. 1 vol., broché I . . . . . 10 fr. »

ASHLEY (W.-J.) — Histoire et doctrines économiques de l'Angleterre. 1900. 2 vol., brochés II-III . . . . 15 fr. »

SEE (H.). — Les classes rurales et le régime domanial au Moyen Age en France. 1901. 1 vol. broché (IV) . . . . 12 fr. »

WRIGHT (C.-D.). — L'évolution industrielle des Etats-Unis. Trad. F. Lepelletier. Préface de E. Levasseur. 1901. 1 vol. broché V . . 7 fr. »

CAIRNES (J.-E.). — Le caractère et la méthode logique de l'économie politique. Trad. par G. Valran. 1902. 1 vol. broché VI) . . . . . 5 fr. »

SMART (W). — La répartition du revenu national. Trad. G. Guéroult. Préface de P. Leroy-Beaulieu. 1902. 1 vol. broché (VII . . . . . . 7 fr. »

SCHLOSS (David). — Les modes de rémunération du travail. Trad. Charles Rist. 1902. 1 vol. broché (VIII) . . . . 7 fr. 50

SCHMOLLER (G.). — Questions fondamentales d'économie politique et de politique sociale. 1902. 1 vol. broché (IX). . . . . 7 fr. 50

BOHM-BAWERK (E). — Histoire critique des théories de l'intérêt du capital. Trad. par Bernard. 1902. 2 vol. brochés X-XI . . . . . 14 fr. »

PARETO (Vilfredo). — Les systèmes socialistes. 1902. 2 volumes brochés (XII-XIII . . . . *Epuisé*

LASSALLE (F). — Théorie systématique des droits acquis. Avec préface de Ch. Andler. 1904. 2 vol. brochés (XIV-XV) . . . . 20 fr. »

RODBERTUS JAGETZOW (C.). — Le capital. Trad. Chatelain. 1904. 1 vol. broché (XVI. . . . . 6 fr. »

LANDRY (A). — L'intérêt du capital. 1904. 1 vol. broché (XVII) . 7 fr. »

PHILIPPOVICH (Eugène von). — La politique agraire. Traduit par S. Bouyssy, avec préface de A. Souchon. 1904. 1 vol. broché (XVIII). 6 fr. »

DENIS (Hector). — Histoire des systèmes économiques et socialistes :
Tome I : *Les Fondateurs.* 1904. 1 vol. broché XX . . . . . . 7 fr. »
Tome II : *Les Fondateurs.* 1907. 1 vol. broché (XXI) . . . . . 10 fr. »

WAGNER (Ad.). — Les fondements de l'économie politique :
Tome I. 1904. 1 vol. broché (XXII). . . . . 10 fr. »
Tome II. 1909. 1 vol. broché (XXIII) . . . . 12 fr. »

SCHMOLLER (G.). — **Principes d'économie politique**. Traduit par G. Platon et L. Polack. 5 vol. 1905-08 (xxvi à xxx) . . . . **50 fr. »**

PETTY (Sir W.). — **Œuvres économiques**. 1905. 2 vol. br. (xxxi-ii). **15 fr. »**

SALVIOLI. — **Le capitalisme dans le monde antique**. 1906. 1 vol. br. (xxxiii) . . . . **7 fr. »**

EFFERTZ (O.). — **Les antagonismes économiques**. Introduction de Ch. Andler. 1906. 1 vol. broché (xxxiv). . . . . **12 fr. »**

MARSHALL (A.). — **Principes d'économie politique**. 2 vol. in-8.
Tome I. 1907. 1 vol. broché (xxxv). . . . . **10 fr. »**
Tome II. 1909. 1 vol. broché (xxxvi) . . . . **12 fr. »**

FONTANA-RUSSO (L.). — **Traité de politique commerciale**. 1908. 1 vol. in-8 broché (xxxvii) . . . . **14 fr. »**

CORNELISSEN (C.). — **Théorie du salaire et du travail salarié**. 1909. 1 fort vol. in-8, broché (xxxviii). . . . . **14 fr. »**

JEVONS (W. Stanley). — **La théorie de l'économie politique**. Trad. H.-E. Barrault et M. Alfassa. 1909. 1 vol. in-8 br. (xxxix) . . . . **8 fr. »**

PARETO (Vilfredo). — **Manuel d'économie politique**. Trad. de A. Bonnet. 1909. 1 vol. broché (xl) . . . . **12 fr. 50**

CANNAN (Edwin). — **Histoire des théories de la production et de la distribution dans l'économie politique anglaise de 1776 à 1848**. Trad. E. Barrault et M. Alfassa. 1910. 1 vol. in-8 (lxi). . . . . . **12 fr. »**

CLARK (J.-B.). — **Principes d'Économie dans leur application aux problèmes modernes de l'Industrie et de la Politique économique**. Trad. W. Oualid et O. Leroy. 1911. 1 vol. in-8 (lxii) . . . . . . **10 fr. »**

FISHER. — **Nature du capital et du revenu**. Trad. S. Bouyssy. 1911. 1 vol. in-8 (xlii). . . . . **12 fr. »**

LORIA (A.). — **La synthèse économique. Etude sur les lois du Revenu**. Trad. C. Monnet. 1911. 1 vol. in-8 (xliii). . . . . **12 fr. »**

SÉRIE IN-18

MENGER (Anton). — **Le droit au produit intégral du travail**. Trad. A. Bonnet. Préface de Ch. Andler. 1900. 1 vol. broché (i) . . . . **3 fr. 50**

PATTEN (S.-N.). — **Les fondements économiques de la protection**. Trad. F. Lepelletier. Préface de P. Cauwès. 1889. 1 vol. broché (ii) . **2 fr. 50**

BASTABLE (C.-F.). — **La théorie du commerce international**. Trad. avec introd. par Sauvaire Jourdan. 1900. 1 vol. (iii) . . . . . . **3 fr. »**

WILLOUGHBY (W.-F.). — **Essais sur la législation ouvrière aux Etats-Unis**. Trad. Chaboseau. 1903. 1 vol. broché (iv). . . . . **3 fr. 50**

SOUS PRESSE :

WAGNER. — Fondements de l'Economie politique. Tome III.

BIBLIOTHÈQUE INTERNATIONALE DE DROIT PRIVÉ ET DE DROIT CRIMINEL

Honorée de souscriptions du Ministère de l'Instruction publique

PUBLIÉE SOUS LA DIRECTION DE

H. Lévy-Ullmann | **P. Lerebourg-Pigeonnière**
Professeurs aux Universités de Lille et de Rennes

COSACK (C.), *professeur à l'Université de Bonn.* — **Traité de droit commercial.** Avec préface de Ed. Thaller, traduction de Léon Mis. 1905-7 :

Tome I : **Théorie générale.** 1905. 1 vol. in-8, broché . . . . . 8 fr. »

— **Le même**, relié (reliure de la Bibliothèque) . . . . 9 fr. »

Tome II : **Opérations.** 1905. 1 vol. in-8 broché . . . . 8 fr. »

— **Le même**, relié (reliure de la Bibliothèque). . . . . 9 fr. »

Tome III : **Sociétés, assurances terrestres et maritimes.** 1907. 1 vol. in-8, broché . . . . 10 fr. »

— **Le même**, relié (reliure de la Bibliothèque). . . . . 11 fr. »

L'ouvrage complet. 3 vol. in-8 brochés . . . . 26 fr. »

— **Le même**, relié (reliure de la Bibliothèque) . . . . 29 fr. »

STEVENS (E. M.) D. C. L. de Christ Church (Oxford). — **Éléments de droit commercial anglais,** revus et corrigés par Herbert Jacobs, traduit par L. Escarti, avec introduction, par P. Lerebourg-Pigeonnière. 1909. 1 vol. in-8, broché . . . . 10 fr. »

— **Le même**, relié (reliure de la Bibliothèque) . . . . 11 fr. »

LISTZ (Dr F. Von), *professeur ordinaire de droit à Berlin.* — **Traité de droit pénal allemand.** Traduit sur la 17e édition allemande (1908) par R. Lobstein.

Tome I : **Partie générale.** 1910. 1 vol. in-8 . . . . 10 fr. »

— **Le même**, relié (reliure de la Bibliothèque) . . . . 11 fr. »

VIVANTE (C.), *professeur ordinaire de droit commercial à l'Université de Rome.* — **Traité de droit commercial,** avec préface de M. Albert Wahl. Traduction par Jean Escarra. 4 vol. in-8 :

Tome I : **Les Commerçants.** 1910. 1 vol. in-8 . . . . *(Paru)*
Tome II : **Les Sociétés commerciales** . . . . *(Paru)*
Tomes III et IV . . . . *(Sous presse)*

☛ Cet ouvrage formera 4 volumes qui paraîtront très rapidement, est en souscription au prix de : broché, 112 fr.; relié . . . . 116 fr. »

Les Tomes III et IV seront livrés franco de port, aux souscripteurs, à leur apparition.

SOUS PRESSE :

VIVANTE — Droit commercial. Tomes III et IV.

LISTZ. — Droit pénal allemand. Tome II.

BIBLIOTHÈQUE SOCIOLOGIQUE INTERNATIONALE

Honorée de souscriptions du Ministère de l'Instruction publique

PUBLIÉE SOUS LA DIRECTION DE René Worms

☞ Les volumes I à XXX de la Collection peuvent aussi être achetés reliés avec une augmentation de 2 fr. et XXXI et suite avec une augmentation de 1 fr. seulement

SÉRIE IN-8 :

WORMS (René). — **Organisme et société**. 1896. 1 vol. in 8 (i) .   6 fr. »

LILIENFELD (Paul de). — **La pathologie sociale**. 1896. 1 volume in-8 (ii) . . . . 6 fr. »

NITTI (Francesco S.). — **La population et le système social**. 1897. 1 vol. in-8 (iii) . . . . , ... 5 fr. »

POSADA (A.). — **Théories modernes sur les origines de la Famille, de la Société et de l'Etat**. 1896. 1 vol. in-8 (iv). . . . . 4 fr. »

BALICKI (S.). — **L'Etat comme organisation coercitive de la société politique**. 1896. 1 vol. in-8 (v) . . . . *(Epuisé)*.

NOVICOW (J.). — **Conscience et volonté sociales**. 1897. 1 volume in-8 (vi) . . . . 6 fr. »

GIDDINGS (Franklin H.). — **Principes de sociologie**. 1897. 1 volume in-8 (vii). 6 fr. »

LORIA (A.). — **Problèmes sociaux contemporains**. 1897. 1 vol. in-8 (viii) . . . . 4 fr. »

VIGNES (M.). — **La science sociale d'après les principes de Le Play et de ses continuateurs**. 1897. 2 vol. in-8 (ix-x). . . . . 16 fr. »

VACCARO (M.-A.). — **Les bases sociologiques du droit et de l'Etat**. 1898. 1 vol. in-8 (xi). . . . . 8 fr. »

GUMPLOWICZ (L.). — **Sociologie et politique**. 1898. 1 volume in-8 (xii) . . . . 6 fr. »

SIGHÈLE (Scipio). — **Psychologie des sectes**. 1898. 1 vol. in-8 (xiii)   5 fr. »

TARDE (G.). — **Études de psychologie sociale**. 1898. Un volume in-8 (xiv) . . . . 7 fr. »

KOVALEWSKY (M.). — **Le régime économique de la Russie**. 1898. 1 vol. in-8 (xv) . . . . 7 fr. ·

STARCKE (C.). — **La famille dans les diverses sociétés**. 1899. 1 vol. in-8 (xvi) . . . . 5 fr. »

LA GRASSERIE (Raoul de). — **Des religions comparées au point de vue sociologique**. 1899. 1 vol. in-8 (xvii) . . . . 7 fr. »

BALDWIN (J.-M.). — **Interprétation sociale et morale des principes du développement mental**. 1899. 1 vol. in-8 (xviii). . . . . 10 fr. »

DUPRAT (G.-L.). — Science sociale et démocratie. 1900. 1 volume in-8 (XIX) . . . . 6 fr. »

LAPLAIGNE (H.). — La morale d'un égoïste ; essai de morale sociale. 1 vol. in-8 (XX). 5 fr. »

LOURBET (Jacques). — Le problème des sexes. 1900. Un volume in-8 (XXI) . . . . 5 fr. »

BOMBARD (E.). — La marche de l'humanité et les grands hommes d'après la doctrine positive. 1900. 1 vol. in-8 (XXII) . . . . . 6 fr. »

LA GRASSERIE (Raoul de). — Les principes sociologiques de la criminologie. 1901. 1 vol. in-8 (XXIII) . . . . 8 fr. »

POUZOL (Abel). — La recherche de la paternité. 1902. 1 volume in-8 (XXIV) . . . . 10 fr. »

BAUER (A.). — Les classes sociales. 1902. 1 vol. in-8 (XXV). . . 7 fr. »

LETOURNEAU (Ch.). — La condition de la femme dans les diverses races et civilisations. 1903. 1 vol. in-8 (XXVI) . . . . 9 fr.

WORMS (René). — Philosophie des sciences sociales. 3 vol. in-8 :

Tome I. Objet des sciences sociales. 1903. 1 vol. (XXVII) . . . . 4 fr. »

Tome II. Méthode des sciences sociales. 1903. 1 vol. (XXVIII) . . . 4 fr. »

Tome III. Conclusion des sciences sociales. 1907. 1 vol. (XXIX) . . 4 fr. »

RIGNANO (E.). — Un socialisme en harmonie avec la doctrine économique libérale. 1904. 1 vol. in-8 (XXX) . . . . 7 fr. »

NICEFORO (A.). — Les classes pauvres. Recherches anthropologiques et sociales. 1905. 1 vol. in-8 (XXXI) . . . . 8 fr. »

LESTER-WARD (F.). — Sociologie pure. 1906. 2 vol. in-8 (XXXII-III). 16 fr. »

LA GRASSERIE (R. de). — Les principes sociologiques du droit civil. 1906. 1 vol. in-8 (XXXIV) . . . . 10 fr. »

CAIRD (Edw.). — Philosophie sociale et religion d'Auguste Comte. 1907. 1 vol. in-8 (XXXV) . . . . 4 fr. »

BAUER (A.). — Essai sur les révolutions. 1908. 1 vol. in-8 (XXXVI) 6 fr. »

SIGHÈLE (S.). — Littérature et criminalité. 1908. 1 vol. in-8 (XXXVII) 4 fr. »

LACOMBE (P.). — Taine historien et sociologue. 1909. Un volume in-8 (XXXVIII) . . . . 5 fr. »

KOVALEWSKY (M.). — La France économique et sociale à la veille de la Révolution :

' Les Campagnes. 1909. 1 vol. in-8 (XXXIX) . . . . 8 fr. »

'' Les Villes. 1911. 1 vol. in-8 (XL) . . . . 7 fr. »

STEIN. — Le sens de l'existence. 1909. 1 vol. in-8 (XLI). . . . . 12 fr. »

MAUNIER (R.). — L'origine et la fonction économique des Villes. 1910. 1 vol. in-8 (XLII) . . . . 6 fr. »

BOCHARD (A.). — L'évolution de la fortune de l'Etat. 1910. 1 vol. in-8 (XLIII) . . . . 6 fr. »

SIGHÈLE (S.). — Le crime à deux. 1909. 1 vol. in-8 (XLIV) . . . 4 fr. »

CORNEJO. — **Sociologie générale.** 1911. 2 vol. in-8 (XLV-XLVI) . . . 20 fr. »

LA GRASSERIE (R. de). — **Les principes sociologiques du droit public.**
1 vol. in-8 (XLVII). . . . . 10 fr. »

SÉRIE IN-18 (volumes brochés) :

WORMS (René). — **Principes biologiques de l'évolution sociale.** 1910.
1 vol. in-18 (A). . . . . 2 fr. »

BALDWIN (J.-Mark). — **Psychologie et Sociologie.** 1 vol. in-18 (B)   2 fr. »

MAUNIER (R.). — **L'économie politique et la sociologie.** 1910. 1 vol
in-8 (D) . . . . 2 fr. 50

OSTWALD (W.). — **Les Fondements energétiques de la Science et de
la Civilisation.** 1910. 1 vol. in-18 (B) . . . . 2 fr. »

SOUS PRESSE :

COMTE (A.). — **Système de politique positive ou traité de Sociologie**
d'Auguste Comte. Condensé par Christian Cherfils. 1 vol.

BIBLIOTHÈQUE INTERNATIONALE
DE SCIENCE ET DE LÉGISLATION FINANCIÈRES

Honorée de souscriptions du Ministère de l'Instruction publique

DIRECTION DE **Gaston Jèze**

SELIGMAN (Edw. R.-A.). — **L'impôt progressif en théorie et en pratique.** Edition française revue et augmentée par l'auteur. Traduction de **A.**
Marcaggi. 1909. 1 vol. in-8 : broché, 10 fr. ; relié . . . . 11 fr. »

WAGNER (Ad.), professeur à l'Université de Berlin. — **Traité de la Science
des finances.** Traduction de M. Vouters. 2 vol. :

> Première partie : **Théories générales. Le Budget. Les Besoins finan-
ciers. Les Recettes d'Economie privée.** 1909. 1 vol. in-8 : br. 15 fr.,
relié toile . . . . 16 fr. »

> Deuxième partie : **Théorie de l'Imposition. Théorie des taxes et
Théorie générale des Impôts.** Traduction de Jules Ronjat. 1909. 1 vol.
in-8 : broché, 15 fr. ; relié. . . . . 16 fr. »

MYRBACH-RHEINFELD (Baron Fr. Von), professeur à l'Université
d'Innsbruck. — **Précis de droit financier.** Traduction française de **Bouché-
Leclercq.** 1910. 1 fort vol. in-8 : broché, 15 fr. ; relié toile . . . . 16 fr. »

SELIGMAN (Edw. R.-A.). — **Théorie de la Répercussion et de l'Inci-
dence de l'Impôt.** Edition française d'après la 3e édition américaine. Traduction par Louis Suret. 1910. 1 vol. in-8 : broché, 15 fr. ; relié toile.   16 fr. »

ÉTUDES ÉCONOMIQUES ET SOCIALES

Honorées de souscriptions du Ministère de l'Instruction publique

PUBLIÉES AVEC LE CONCOURS DU COLLÈGE LIBRE DES SCIENCES SOCIALES

I. — **FARJENEL (F.). — La morale chinoise.** Fondement des sociétés d'Extrème-Orient. 1906. 1 vol. in-8, broché, 5 fr. ; relié toile.   6 fr. »

II. — **MARIE (Dr A.). — Mysticisme et folie.** (Etude de psychologie normale et de pathologie comparées. 1907. 1 vol. in-8, broché, 6 fr. ; relié toile. . . . .   7 fr. »

III. — **LEROY (M.). — La transformation de la puissance publique.** Les syndicats de fonctionnaires. 1907. 1 vol. in-8, broché, 5 fr. ; relié toile. . . . .   6 fr. »

IV. — **BONNET (H.). — Paris qui souffre. La misère à Paris. Les agents de l'assistance à domicile.** Avec une préface de M. Ch. Benoist. 1908. 1 vol. in-8, broché, 5 fr. ; relié toile. . . .   6 fr. »

V. — **SICARD DE PLAUZOLES (Dr). — La fonction sexuelle.** 1908. 1 vol. in-8, broché, 6 fr. ; relié. . . . .   7 fr. »

VI. — **LEROY (M.). — La loi.** Essai sur la théorie de l'autorité dans la démocratie. 1908. 1 vol. in-8, broché, 6 fr. ; relié . . . .   7 fr. »

VII. — **RECLUS (Elie). — Les croyances populaires.** La Survie des Ombres. Avec avant-propos, par Maurice Vernes. 1908. 1 vol. broché, 5 fr. ; relié toile. . . . .   6 fr. »

VIII. — **RYAN (G.-A.). — Salaire et droit à l'existence,** traduction de L. Collin. 1909. 1 vol. in-8, broché, 8 fr. ; relié . . . . . .   9 fr. »

IX. — **SERRIGNY. — Conséquences économiques et sociales de la prochaine guerre** avec préface de Frédéric Passy. 1909. 1 vol. in-8, broché, 10 fr. ; relié . . . .   11 fr. »

X. — **BRUN (Ch.). — Le Roman social en France au** xixe **siècle.** 1910. 1 vol. in-8, broché, 6 fr. ; relié . . . .   7 fr. »

XI. — **REGNAULT (Dr F.). — La genèse des miracles.** 1910. 1 vol. in-8, broché, 6 fr. ; relié . . . .   7 fr. »

XIbis. — **VERNES (M.). — Histoire sociale des Religions.** I. Les Religions occidentales. 1911. 1 vol. in-8, broché, 10 fr. ; relié . . . .   11 fr. »

XII. — **MÉTHODES JURIDIQUES (Les).** Leçons faites par MM. Berthélemy, Garçon, Larnaude, Pillet, Tissier, Thaller, Truchy et Gény. Préface de P. Deschanel. 1911. 1 vol. in-8, broché, 5 fr. ; relié . . . .   6 fr. »

XIII. — **OLPHE-GAILLARD. — L'organisation des forces ouvrières.** Avec préface de P. de Rousiers. 1911. 1 vol. in-8 broché, 8 fr. ; relié.   9 fr. »

SERIE IN-18 :

ATGER (F.). — La crise viticole et la viticulture méridionale. (1900-1907). 1907. 1 vol. in-18, broché, 2 fr. ; relié toile . . . .   2 fr. 50

SOUS PRESSE :

AMBROSIO (D'). — La Passivité économique. 1 vol. in-8.

ŒUVRE SOCIALE (L') de la Troisième République. 1 vol. in-8.

BIBLIOTHÈQUE SOCIALISTE INTERNATIONALE

PUBLIÉE SOUS LA DIRECTION DE Alfred Bonnet

SERIE IN-18 :

I. — **DEVILLE** (G.). — **Principes socialistes.** 1898. 2e édition. 1 volume in-18 . . . . **3 fr. 50**

II. — **MARX** (Karl). — **Misère de la philosophie.** Réponse à la philosophie de la misère de M. Proudhon. 1908. Nouvelle édit. 1 vol. in-18   **3 fr. 50**

III. — **LABRIOLA** (Antonio). — **Essais sur la conception matérialiste de l'histoire.** 2e édit. 1902. 1 vol. in-18 . . . . **3 fr. 50**

IV. — **DESTRÉE** (J.) et **VANDERVELDE** (E.). — **Le socialisme en Belgique.** 2e édit. 1903. 1 vol. in-18 . . . . **3 fr. 50**

V. — **LABRIOLA** (Antonio). — **Socialisme et philosophie.** 1899. 1 vol. in-8 . . . . **2 fr. 50**

VI. — **MARX** (Karl). — **Révolution et contre-révolution en Allemagne.** Traduit par Laura Lafargue. 1900. 1 vol. in-18 . . . . . **2 fr. 50**

VII. — **GATTI** (G.). — **Le socialisme et l'agriculture.** Préface de G. Sorel. 1901. 1 vol. in-18 . . . . **3 fr 50**

VIII. — **LASSALLE** (F.). — **Discours et pamphlets.** 1903. 1 vol in-18   **3 fr. 50**

IX. — **LASSALLE** (F.). — **Capital et travail.** 1904. 1 vol. in-18 .   **3 fr. 50**

X. — **LAFARGUE** (P.). — **Le déterminisme économique de Karl Marx.** 1909. 1 vol. in-18 . . . . **4 fr. »**

XI. — **MARX** (Karl). — **Critique de l'économie politique,** traduction Laura Lafargue. 1909. 1 vol. in-18 . . . . **3 fr. 50**

XII. — **TARBOURIECH** (E.). — **Essai sur la propriété.** 1905. Un volume in-18 . . . . **3 fr. 50**

XIII. — **BERTHOD** (A.). — **P.-J. Proudhon et la propriété.** 1910. 1 volume in-18. . . . . **3 fr. »**

SÉRIE IN-8 :

I. — **WEBB** (Béatrix et Sydney). — **Histoire du trade-unionisme.** 1897. Traduit par Albert Métin. 1 vol. in-8 . . . . **10 fr. »**

II. — **KAUTSKY** (Karl). — **La question agraire.** Etude sur les tendances de l'agriculture moderne. Traduit par Edgard Milhaud et Camille Polack. 1 vol. in-8. . . . . **8 fr. »**

III. — **MARX** (Karl). — **Le capital.** Traduit à l'Institut des sciences sociales de Bruxelles, par J. Borchardt et H. Vanderrydt :

IV. — Livre II. — **Le procès de circulation du capital.** 1900. 1 vol. in-8 . . . . **10 fr. »**

IV-V. — Livre III. — **Le processus d'ensemble de la production capitaliste.** 1901-1902. 2 vol. in-8. . . . . **20 fr. »**

VI. — **KAUTSKY** (K.). — **La politique agraire du parti socialiste.** Trad. C. Polack. 1903. 1 vol. in-8 . . . . **4 fr. »**

VII. — **AUGÉ-LARIBÉ** (M.). — **Le problème agraire du socialisme. La viticulture industrielle du midi de la France.** 1907. 1 vol. in-8   **6 fr. »**

VIII. — **ENGELS** (F.). — **Philosophie. Economie politique. Socialisme** (Contre Eugène Dubring). 1911. 1 vol. in-8 . . . . **10 fr.**

COLLECTION DES DOCTRINES POLITIQUES

PUBLIÉE SOUS LA DIRECTION DE **A. Mater**

II. — **CHEVALIER, LEGENDRE** et **LABERTHONNIÈRE**. — **Le catholicisme et la société**. 1907. 1 volume in-18, broché, 3 fr. 50 ; relié toile . . . . 4 fr. »

III. — **SABATIER** (C.). — **Le morcellisme**. Avec introduction, par M. Faure. 1907. 1 vol. in-18, broché, 2 fr. ; relié toile . . . . . . 2 fr. 50

IV. — **BOUGLÉ** (G.). — **Le solidarisme**. 1907. 1 vol. in-18, broché, 3 fr. 50 ; relié toile . . . . 4 fr. »

V. — **BUISSON** (F.). — **La politique radicale**. 1908. 1 vol. in-18, broché, 4 fr. 50 ; relié . . . . 5 fr. »

VI. — **AVRIL DE SAINTE CROIX** (Mme). — **Le féminisme**. Préface de V. Marguerite. 1907. 1 vol. in-18, br., 2 fr. 50 ; rel. toile . 3 fr. »

VII. — **GUYOT** (Yves). — **La démocratie individualiste**. 1907. 1 vol. in-18, broché, 3 fr. ; relié toile . . . . 3 fr. 50

IX. — **LAGARDELLE** (H.). — **Le socialisme ouvrier**. 1911. 1 vol. in-18, broché, 4 fr. 50 ; relié toile . . . . 5 fr. »

X. — **VANDERVELDE** (E.). — **Le socialisme agraire**. 1908. 1 vol. in-18, broché, 5 fr. ; relié toile . . . . 5 fr. 50

XI. — **HERVÉ** (G.). — **L'internationalisme**. 1910. 1 vol. in-18, broché, 2 fr. 50 ; relié toile . . . . 3 fr. »

XIV. — **MATER** (André). — **Le socialisme conservateur ou municipal**. 1909. 1 vol. in-18, broché, 6 fr. ; relié toile. . . . . . . 6 fr. 50

XVI. — **FOURNIÈRE** (Eug.). — **La Sociocratie**. (Essai de politique positive). 1910. 1 vol. in-18, broché, 2 fr. 50 ; relié toile . . . . . 3 fr. »

XVII. — **MAYBON** (A.). — **La politique chinoise**. Etude sur les doctrines des partis en Chine. 1907. 1 vol. in-18, broché, 4 fr. ; rel. toile . 4 fr. 50

SOUS PRESSE :

A. LEBEY. — **Le Maçonnisme**. 1 vol. in-18.

BIBLIOTHÈQUE PACIFISTE INTERNATIONALE

Honorée de la souscription des Ministères de l'Instruction publique et du Commerce

PUBLIÉE SOUS LA DIRECTION DE **Stéfane-Pol**

Ont paru :

BEAUQUIER (Ch.) Ed. **GIRETTI** et **STÉFANE-POL**. — **France et Italie,** avec préface de M. Berthelot *de l'Institut.* 1904. 1 vol. in-18. . . .   1 fr. »

DUMAS (J.). — **La colonisation (Essai de doctrine pacifiste),** avec préface de Ch. Gide. 1904, 1 vol. in-18 . . . .   1 fr. 25

ESTOURNELLES DE CONSTANT (D'). — **France et Angleterre.** 1904. 1 vol. in-18. . . . .   1 fr. »

FINOT (J.). — **Français et Anglais devant l'anarchie européenne.** 1904. 1 vol. in-18. . . . .   1 fr. »

FOLLIN (H.). — **La marche vers la paix.** 1903. 1 vol. in-18 . .   0 fr. 75

FONTANES (E.). — **La guerre,** avec préface de F. Passy. 1904. Un volume in-18 . . . .   0 fr. 50

JACOBSON (J.-A.). — **Le premier grand procès international de la Haye (notes d'un témoin).** 1904. 1 vol. in-18. . . . . . . , . .   0 fr. 50

LAFARGUE (A.). — **L'orientation humaine.** 1904. 1 vol. in-18 .   1 fr. »

LA GRASSERIE (R. de). — **De l'ensemble des moyens de la solution pacifiste.** 1905. 1 vol. in-18. . . . .   1 fr. »

MESSIMY. — **La paix armée. (La France peut en alléger le poids).** 1903. 1 vol. in-18. . . . .   0 fr. 75

MOCH (G.). — **Vers la fédération d'Occident. Désarmons les Alpes.** 1905. 1 vol. in-18, avec 6 graphiques . . . .   0 fr. 50

NATTAN-LARRIER. — **Les menaces des guerres futures.** 1904. 1 vol. in-18 . . . .   1 fr. »

NOVICOW (J.). — **La possibilité du bonheur.** 1904. 1 vol. in-18.   2 fr. »

PASSY (Fr.). — **Historique du mouvement de la paix.** 1904. 1 volume in-18 . . . .   0 fr. 75

PRUDHOMMEAUX (J.). — **Coopération et pacification.** 1904. 1 volume in-18 . . . .   1 fr. »

RICHET (Ch.). — **Fables et récits pacifiques,** avec une préface de Sully-Prudhomme. 1904. 1 vol. in-18. . . . .   1 fr. »

RUYSSEN (Th.). — **La philosophie de la paix.** 1904. 1 vol. in-18   0 fr. 75

SEVERINE. — **A Sainte-Hélène,** pièce en 2 actes. 1904. 1 vol. in-18.   1 fr. »

SPALIKOWSKI (Ed.). — **Mortalité et paix armée,** avec une préface de C. Flammarion. 1904. 1 vol. in-18. . . . .   0 fr. 50

STÉFANE-POL. — **L'esprit militaire. (Histoire sentimentale).** 1904. 1 vol. in-18 . . . .   2 fr. »

STÉFANE-POL. — **Vers l'avenir.** Histoire dramatique. 1903. Un volume in-18 . . . .   1 fr. »

STÉFANE-POL. — **Les deux évangiles.** Considérations sur la peine de mort, le duel, la guerre, etc. 1903. 1 vol. in-18 . . . .   0 fr. 50

SUTTNER (Bᵗᵉ de). — **Souvenirs de guerre.** 1904. 1 vol. in-18. .   0 fr. 50

ENCYCLOPÉDIE INTERNATIONALE D'ASSISTANCE, DE PRÉVOYANCE, D'HYGIÈNE SOCIALE ET DE DÉMOGRAPHIE

Honorée de souscriptions du Ministère de l'Instruction publique

PUBLIÉE SOUS LA DIRECTION DU Dr **A. Marie**

ASSISTANCE :

I. — **MARIE** (D^r) et (R.) **MEUNIER**. — **Les Vagabonds**, avec un avant-propos, par Henry Maret. 1908. 1 vol. in-18, relié toile . . .   4 fr. »

II. — **MARIE** (D^r) et **DECANTE** (R.). — **Les accidents du travail**. Etude critique des améliorations à apporter au régime du risque professionnel en France. 1 vol. in-18, relié toile . . . . 4 fr. »

III. — **BEAUFRETON** (M.). — **Assistance publique et Bienfaisance privée**. 1911. 1 vol. in-18, relié toile . . . . 4 fr. »

IV. — **RODIET** (Dr A.). — **Les auxiliaires des médecins d'asile** (ouvrage couronné par l'Académie de médecine). 1910. 1 volume in-18, relié toile . . . . 3 fr. 50

V. — **LASVIGNES**. — **Essai d'assistance comparée**. 1911. 1 vol. in-18, relié toile . . . . 4 fr. »

PRÉVOYANCE :

I. — **SICARD DE PLAUZOLES** (D^r). — **La maternité et la défense nationale contre la dépopulation**. 1909. 1 vol. in-18, rel. toile.   4 fr.   »

II. — **DECANTE** (R.). — **La lutte contre la prostitution**. Avec préface par Henri Turot. 1909. 1 vol. in-18, relié toile. . . . . 4 fr. »

III. — **DUBIEF** (D^r). — **L'apprentissage et l'enseignement technique**. 1 vol., relié toile. . . . . 6 fr. »

IV. — **VIVIANI** (R.), *ministre du Travail*. — **Les retraites ouvrières et paysannes**, avec préface. 1910. 1 vol in-18, relié toile. . .   6 fr. »

HYGIÈNE :

I. — **MARTIAL** (Dr R.). — **Hygiène individuelle du travailleur**. Avec préface de M. le sénateur Strauss. 1907. 1 vol. in-18, relié toile. 4 fr. »

II. — **MARIE** (Dr A.). — **La Pellagre**. Avec une préface de M. le professeur Lombroso. 1908. 1 vol. in-18, relié toile . . . . 4 fr. »

III. — **BERNARD** (M.). — **Pour protéger la santé publique**. Avec une préface du Dr Fernand Dubief, *ancien ministre de l'Intérieur*. 1909. 1 vol. in-18, relié toile . . . . 4 fr. »

IV. — **BERNARD** (M.). — **L'hygiène publique obligatoire en France**. La lutte administrative contre le choléra et les autres maladies transmissibles, avec préface du Dr A. Marie. 1910. 1 vol. in-18, relié toile.   4 fr. »

V. — **BRETON** (J.-L.), *député*. — **Le Plomb**. 1910. Un volume in-18, relié toile . . . . 4 fr. »

DÉMOGRAPHIE :

I. — **BRON** (Dr G.). — **Les origines sociales de la maladie**. Avec préface du Dr A. Marie. 1908. 1 vol . . . . 3 fr. 50

II. — **WAHL** (D^r). — **Le Crime devant la science**. 1910. 1 vol. in-18, relié toile . . . . , . . 4 fr. »

III. — **ROECKEL** (P.). — **L'éducation sociale des races noires**. 1911. 1 vol. in-18, relié toile. . . . . 3 fr. 50

PETITE ENCYCLOPÉDIE
SOCIALE ÉCONOMIQUE ET FINANCIÈRE

I. — **Leçons d'économie politique**, par André Liesse, avec une préface de Courcelle-Seneuil, de l'Institut. 1 vol. in-18, 1892. . . . **3 fr. »**

II. — **La Réforme des frais de justice**, par E. Manuel et R. Louis, docteurs en droit, 2e édition. 1 vol. in-18, 1892. . . . . . . **3 fr. »**

III-V. — **Code manuel de droit industriel**, par M. Dufourmantelle. 3 v. in-18 :

III. — **Législation ouvrière** en France et à l'Étranger. 2e édition. 1 vol. in-18. 1893 . . . . **3 fr. »**

IV. — **Brevets d'invention**, contrefaçon. etc. 1 vol. in-18. 1893. **3 fr. »**

V. — **Dessins et marques de fabrique**, nom commercial, concurrence déloyale, etc. 1 vol. in-18. 1894 . . . . . . **3 fr. »**

VI. — **Code manuel des électeurs et des éligibles avec formules**, par A. Maugras, avocat-publiciste, 2e édition. Un volume in-18. 1898 . . . . **3 fr. »**

VII. — **Législation générale des cultes protestants en France, en** Algérie et dans les colonies, par Penel-Beaufin. Un volume in-18. 1894 . . . . **3 fr. »**

VIII. — **Commentaire de la loi du 27 décembre 1892 sur la conciliation et l'arbitrage facultatifs**, par A. Lelong. Un volume in-12. 1894 . . . . **1 fr. 50**

IX. — **Législation générale du culte israélite en France, en Algérie et** dans les colonies, par Penel-Beaufin. 1 vol. in-18. 1894 . . **3 fr. »**

X. — **Code manuel du propriétaire-agriculteur**, par Daniel Zolla, prof. à l'Ecole nationale d'agriculture de Grignon, 2e édition. 1 vol. in-18. 1902. . . . . **3 fr. 50**

XI. — **Les questions ouvrières**, par Léon Milhaud. Un volume in-18. 1894 . . . . **2 fr. 50**

XII. — **Cours de droit professé dans les lycées de jeunes filles de** Paris, par Jeanne Chauvin, 2e édition. Un volume in-18, relié toile. 1908 . . . . **3 fr. 50**

XIII. — **Guide théorique et pratique, général et complet des Clercs** de notaire et des aspirants au notariat, par Jean Martin, notaire. 1 vol. in-18. 1895 . . . . **3 fr. »**

XIV. — **La question monétaire considérée dans ses rapports avec la condition sociale des divers pays et avec les crises économiques**, par Léon Poinsard. 1 vol. in-18. 1895. . . . . **3 fr. »**

— **Les budgets français.** Etude analytique et pratique de législation financière, par MM. P. Bidoire et A. Simonin. 3 volumes :

XV. — **Projet de budget 1895.** 1 vol. in-18. 1895 . . . . . **3 fr. »**

XVI. — **Budget de 1895 et Projet de budget de 1896.** 1 vol. in-18. 1896 . . . . **3 fr. »**

XXII. — **Budget de 1896 et Projet de budget de 1897**. 1 vol. in-18.
1897 . . . . 3 fr. »

XVII. — **La saisie-arrêt sur les salaires et petits traitements**. 2e édition
revue et augmentée par V. Emion. 1 vol. in-18. 1896 . . . 3 fr. »

XVIII. — **La question sanitaire**, dans ses rapports avec les intérêts et les
droits de l'individu et de la société, par le Dr J. Procer. Un vol. in-18.
1895 . . . . 5 fr. »

XIX. — **Les banques d'émission**, par G. François. 1895. 1 vol. in-18.   3 fr. »

XX. — **La science et l'art en économie politique**, par René Worms.
1 vol. in-18. 1896 . . . . 2 fr. »

XXI. — **Code de l'abordage**, par Robert Frémont. 1 vol. in-18. 1897.   3 fr. »

XXIII. — **L'éducation nationale**, par Maurice Worer. Un volume in-18.
1897 . . . . 3 fr. »

XXIV. — **Mélanges féministes**, par L. Bridel. 1 vol. in-18. 1897 .   3 fr. »

XXV. — **La justice gratuite et rapide par l'arbitrage amiable**. par
A. Charmole. 2e édition. 1 vol. in-18. 1902 . . . . 1 fr. »

XXVI. — **Petit manuel pratique du Juré d'assises**, par J. Poncet. 1 vol.
in-18. 1898 . . . . 2 fr. »

XXVII. — **Finances communales**, par R. Accolas. 1 vol. in-18. 1898.   3 fr. »

XXVIII. — **Esquisse d'un tableau raisonné des causes de la production**,
de la circulation, de la distribution et de la consommation de la richesse, par M. Tessonneau. 1 vol. in-18. 1898 . . . . . . 2 fr. »

XXIX. — **Code manuel du chasseur**, par G. Lecouffe, 3e édition. 1 vol. in-18.
1909 . . . . 2 fr. »

XXX. — **Code manuel du pêcheur**, par G. Lecouffe. 2e édition. 1 vol. in-18.
1900 . . . . 1 fr. »

XXXI. — **Manuel pratique des sociétés de commerce et par actions**.
Participations coopératives. Syndicats professionnels. Sociétés de
Secours mutuels. Associations et Congrégations, par A. Lambert. 1 vol.
in-18. 1902 . . . . 1 fr. 50

XXXII. — **Manuel de la propriété industrielle et commerciale**, par A.
Lambert. 1 vol. in-18. 1903 . . . . 3 fr. »

XXXIII. — **Etudes d'économie et de législation rurales**, par R. Worms.
1 vol. in-18. 1906 . . . . 4 fr. »

XXXIV — **Code manuel du cycliste**, par G. Lecouffe. 1 volume in-18.
1909 . . . . 2 fr. »

PÉRIODIQUES

REVUE DU DROIT PUBLIC ET DE LA SCIENCE POLITIQUE EN FRANCE ET A L'ÉTRANGER

FONDÉE PAR **F. Larnaude**

PUBLIÉE SOUS LA DIRECTION DE **M. Gaston Jèze**

Avec la collaboration des plus éminents professeurs des Universités de France, Allemagn
Angleterre, Autriche-Hongrie, Australie. Belgique, Canada, Chili, Danemark, Es
Etats-Unis, Grèce, Hollande, Italie, Japon, Norvège, Portugal, Roumanie. Russie, u'
Suisse, Turquie.

Paraît tous les trois mois depuis 1894, par fascicule de plus de 200 pages gr. in-8. Cha
année forme un très fort volume. Prix . . . . 20 fr.

Abonnement annuel : France : 20 fr. Etranger : 22 fr. 50. Le numéro . . 5 fr.

REVUE DE SCIENCE ET DE LÉGISLATION FINANCIÈRES

PUBLIÉE SOUS LE PATRONAGE DE

**MM. Casimir Périer, Ribot, Stourm, Berthélemy,
Chavegrin, Esmein et Haurion**

ET SOUS LA DIRECTION DE **M. Gaston Jèze**

Avec la collaboration des membres les plus éminents du Conseil d'Etat, de la Cour
comptes, de l'Inspection des finances, des Professeurs des Universités de France, A
magne, Australie, Belgique, Etats-Unis, Grèce, Italie, Roumanie, Suisse.

Paraît tous les trois mois depuis 1903, par fascicule de près de 200 pages gr. in-8. C
année forme un très fort volume. Prix . . . . 18 fr.

Abonnement annuel : France : 18 fr. Etranger : 20 fr. Le numéro . . . 5 fr.

REVUE INTERNATIONALE DE SOCIOLOGIE

PUBLIÉE SOUS LA DIRECTION DE **M. René Worms**

Secrétaire général de l'Institut international de Sociologie et de la Société de Sociologie de P

Avec la collaboration des membres de l'Institut international de Sociologie et des prin'
paux sociologues du monde entier.

Paraît tous les mois depuis 1893, par fascicule de 80 pages gr. in-8. Chaque année fo
un très fort volume. Prix . . . . 18 fr.

Abonnement annuel : France : 18 fr. Etranger : 20 fr. Le numéro . . . 2 fr.

**La Collection complète (année 1893 à 1910 inclus, abonnement'
l'année 1911).** Prix réduit . . . . 250 fr.

REVUE BIBLIOGRAPHIQUE des ouvrages de Droit, de Jurisprudence, d'Économie politique, de Science Financière et de Sociologie

Paraît tous les mois depuis 1894, par fascicule de 16 pages gr. in-8. Les Abonnemen
partent du 1er janvier de chaque année.

Abonnement annuel : France : 1 fr. Etranger : 1 fr. 50. Le numéro . . . 0 fr 1

Le MOUVEMENT SOCIALISTE

DIRECTEUR : Hubert Lagardelle

Paraît tous les mois depuis 1899, par fascicule de 80 pages, gr. in-8. Chaque année form
un fort volume. Prix . . . . 15 fr.

Abonnement annuel : France : 15 fr. Étranger : 18 fr. Le numéro . . . 1 fr. 5

LE DEVENIR SOCIAL

(Revue internationale d'économie, d'histoire et de philosophie). La collection complète (1895-
1898). 4 forts volumes gr. in-8 . . . . 50 fr.

ANNALES DE L'INSTITUT INTERNATIONAL DE SOCIOLOGIE

(Volumes in-8, brochés). Voir Catalogue 2e partie

IMPRIMERIE DE LA LIBRAIRIE M. GIARD ET E. BRIÈRE, PARIS.

www.ingramcontent.com/pod-product-compliance
Lightning Source LLC
La Vergne TN
LVHW010107070726
842525LV00017B/878